UN PARAÍSO HERIDO

De cómo Hollywood reinventó las islas Canarias

Un paraíso herido. De cómo Hollywood reinventó las islas Canarias

LeCanarien ediciones
Avda. de Canarias, 12
La Orotava - S/C de Tenerife
www.lecanarienediciones.com
686 186 730

Diseño y maquetación
Yurena Cabrera Vera

Primera edición
Santa Cruz de Tenerife, mayo 2025

ISBN: 978-84-19694-63-8
DL: TF 50-2025

UN PARAÍSO HERIDO

De cómo Hollywood reinventó las islas Canarias

Gonzalo M. Pavés

A Clara, a Mario,
de ojos transparentes como el mar

...Yo te buscaba y llegaste,
y has refrescado mi alma
que ardía de ausencia
(Safo)

SUMARIO

1. INTRODUCCIÓN 15

2. A. J. CRONIN. HACEDOR DE BESTSELLERS 17

2.1. *Grand Canary*, la novela 22

2.2. Cronin y las Islas 27

3. LA PRODUCCIÓN DE *GRAND CANARY* 47

3.1. La elaboración del guion 48

3.1.1. La primera aproximación / 48

3.1.2. Los borradores de Dudley Nichols / 50

3.1.3. El guion definitivo de Ernest Pascal / 59

3.2. La mano de la censura 61

3.2.1. El efecto Breen sobre *Grand Canary* / 66

3.3. A lomos de un haz de luz 72

3.3.1. Las islas reinventadas / 84

3.4. La recepción de la crítica 91

4. LAS ALEGRES VISIONES DEL CINEMA YANQUI 97

4.1. La polémica en Canarias 97

4.2. En defensa del honor patrio 105

4.2.1. La prohibición republicana / 107

4.2.2. La intervención en Hollywood / 117

5. ANÁLISIS SECUENCIAL DE *GRAND CANARY* 123

5.1. Títulos de crédito 125

5.2. Rumbo a las islas Canarias 126

5.3. Un paraíso herido 136

5.4. La hora de la redención 158

5.5. Epílogo. De vuelta a casa 165

6. A MODO DE CODA 167

7. FICHA ARTÍSTICA Y TÉCNICA 169

8. BIBLIOGRAFÍA 171

9. ANEXO: GUION DE MONTAJE 177

Sólo se obtiene de la vida
lo que se pone en ella
(Mary Fielding, *Grand Canary*)

1. INTRODUCCIÓN

Nada se sabía de ella. Como tantos otros títulos de la extensa producción cinematográfica americana, *Grand Canary*, una película menor producida por la Fox en un tiempo de grandes dificultades financieras, había caído en el más oscuro de los olvidos. Tras una mediocre carrera comercial, el filme de Irving Cummings había pasado de ocupar un lugar destacado en las luminosas marquesinas de los teatros a engrosar el largo catálogo de películas sepultadas por el polvo y el paso del tiempo. El descubrimiento de su existencia a principios de los noventa causó cierta sorpresa y suscitó curiosidad en torno a ella. Que una película americana, financiada por uno de los grandes estudios de Hollywood, hubiera desarrollado su trama teniendo a las Islas como telón de fondo, ofrecía para cualquier investigador no pocos puntos de interés. En esos primeros momentos no se entendió muy bien por qué el filme había pasado desapercibido durante tantos años. Poco a poco, en una larga y provechosa labor de arqueología fílmica, la investigación comenzó a desvelar algunas de esas razones.

Esta producción de la *Fox Film Corporation* de 1934, dirigida por Irving Cummings, pasó sin pena ni gloria por las salas de cine de medio mundo. En España nunca llegó a exhibirse. El Gobierno español, presionado por una opinión pública soliviantada, trató de sofocar la indignación expresada por las fuerzas vivas del Archipiélago canario, movilizando todo su aparato diplomático para frenar lo que se consideró en aquel momento un verdadero agravio para la imagen y el futuro de las Islas. Los periódicos isleños alertados por las comunidades de canarios emigrantes, se hicieron eco de las protestas y orquestaron, especialmente en Gran Canaria, una campaña en contra de un filme que conocían tan sólo por referencias. Emigrantes canarios en Argentina, Cuba, Londres y EEUU movilizaron sus fuerzas para dar a conocer la afrenta cometida, sin rastro de pudor, por uno de los grandes estudios de cine de la época. De esta forma, sin conocimiento directo de los acontecimientos narrados en la película, sin saber exactamente en qué consistían esas supuestas ofensas para las Islas, el Gobierno republicano tomó la resolución de prohibir el estreno y, por ende, la exhibición del filme en todo el territorio nacional.

Ajena a todo el escándalo que se estaba organizando en aquel lejano archipiélago atlántico, la Fox continuó con la proyección de la película de forma rutinaria, y si accedió a retirar el filme en última instancia, no fue tanto por el temor a perder el mercado español como por el hecho de que la cinta, cuando comenzaron a llegar a sus oídos las protestas de los españoles, ya estaba ofreciendo los últimos estertores de su carrera comercial. *Grand Canary* no murió, comercialmente hablando, por una muerte súbita; fue un óbito natural.

Lo que sigue a continuación no es más que el relato de su producción en Hollywood a partir de la novela de A. J. Cronin, y su rechazo por parte de la sociedad canaria. Esta película también forma parte de nuestra historia, la historia de la imagen de las Islas en el mundo y su defensa de la industria del turismo como única fuente de riqueza del archipiélago frente a posibles distorsiones exteriores.

Si se presta atención, detrás de esta película, solapado intramuros, no sólo se advierte el runrún del estéril pleito insular, sino también la miopía americana ante los países y culturas que se extienden más allá de sus fronteras. Esta es la historia de *Grand Canary,* una película que quedó oculta, olvidada por el paso de los años[1]. Tal vez no fuera una obra maestra, incluso es posible que ni tan siquiera sea un buen filme, pero sin lugar a dudas representa un capítulo más, hasta ahora desconocido, de la historia del cine en Canarias.

---

[1] Durante mucho tiempo se pensó que la película se había perdido para siempre. Más tarde se descubrió que el MOMA en Nueva York conservaba una copia en 16 mm de la película que sirvió de punto de partida para este trabajo. Hoy en día, gracias al desarrollo de la red y las nuevas tecnologías, este filme en versión original puede visualizarse e incluso descargarse legalmente en esta dirección de internet: https://archive.org/details/grand-canary-1934-.

2. A. J. CRONIN. HACEDOR DE BESTSELLERS

Grand Canary fue la tercera novela del escritor católico escocés A. J. Cronin, editada en Nueva York en 1933. Cronin, tras abandonar su profesión como doctor en Medicina y publicar en 1930 su primera obra, *Hatter's Cattle,* había iniciado una carrera literaria fulgurante que lo llevaría a convertirse en uno de los escritores, en lengua inglesa, más vendidos del siglo XX[2]. Tal fue el reconocimiento popular que obtuvo, que hizo que su obra literaria fuese comparada, por su estilo y contenidos, con las de Charles Dickens, Thomas Hardy y Honoré de Balzac[3].

Pese a ser el autor de dieciocho novelas y una pieza teatral, Cronin nunca contó con el favor de la crítica. Sus detractores le acusaban de haberse vendido a las exigencias del mercado[4]. Para unos, Cronin se limitaba a explotar con habilidad una receta en la que el amor y la aventura se mezclaban a partes iguales, para otros sus obras eran el resultado de agitar en el caldero del melodrama los principios y costumbres de la moralidad victoriana. En la actualidad Cronin tiende a ser clasificado como uno de los pioneros en la aplicación, en el campo de la novela, de una fórmula concienzuda para obtener un éxito tras

[2] *The Annual Obituary.1981,* edición a cargo de Janet Podell, St. Martin Press, Nueva York, 1982, p.16.

[3] SALWAK (1985), p.1.

[4] Además de las dos obras ya mencionadas, Cronin fue autor de, entre otras, *Three Loves* (1932), *The Stars Look Down* (1935), *Kaleidoscope in K* (1936), *The Citadel* (1937), *Jupiter Laughs* (1940), *The Keys of the Kingdom* (1941), *The Green Years* (1944), *Shannon's Way* (1948), *The Spanish Gardener* (1950), *Adventures in Two Worlds* (1952), *Beyond This Place* (1953), *A Thing of Beauty* (1956), *The Northern Light* (1958), *The Judas Tree* (1961), *A Song of Sixpence* (1964), *A Pocketful of Rye* (1969), *Adventures of a Black Bag* (1969), *Desmonde* (1975) y *Doctor Finlay of Tannochbrae* (1978).

A. J. Cronin.

otro. Se ganó el favor de sus lectores en parte gracias a su perspicaz editor, Victor Gollancz. Hombre temperamental e implacable, Gollancz, en aquellos primeros años de la década, se había hecho un hueco en el difícil negocio de la edición gracias a sus innovadores métodos publicitarios. Sus ideas, consideradas como demasiado "descaradas y poco elegantes" por sus competidores más conservadores, habían demostrado, con resultados fehacientes, su capacidad de prever las inquietudes y satisfacer los deseos del mercado editorial[5]. Aun así la fama alcanzada por Cronin durante cuatro décadas de vida literaria es un hecho innegable que viene además avalado por el interés que la industria cinematográfica siempre mostró hacia la adaptación de sus novelas.

Nacido en Cardross (Escocia) el 19 de julio de 1896, Archibald Joseph Cronin creció en el seno de una familia con padre católico y una madre que, por amor, había renegado del protestantismo. Este "revoltijo" doctrinal nunca gustó a los habitantes, de severa moral, de esta pequeña localidad escocesa que, con no poco recelo y resentimiento, consideraron aquel matrimonio como un desafortunado episodio en la crónica social de la comunidad. Católico, huérfano desde muy joven, Cronin creció sintiéndose desplazado en el ambiente austero e intolerante de su pueblo natal.

Su formación estuvo marcada por una estricta tradición, intransigente con el error, que consideraba que "si uno hacía algo malo debía ser castigado por ello. A esto lo llamaban justicia"[6]. Pero no sólo tuvo que hacer frente a una atmósfera moral represiva. Cuando Cronin rememoraba sus primeros años de vida lo hacía siempre con cierta amargura: "Tuve una infancia miserable", recordaría tiempo después el novelista; "fui un niño no deseado y además pobre"[7].

Buscando una válvula de escape, se refugió desde muy temprano en los libros. Los relatos de Robert Louis Stevenson, Walter Scott, Guy de Maupassant, W. Somerset Maugham, Samuel Butler y Charles Dickens poblaron su imaginación y se convirtieron en su tabla de salvación. En la escuela y, más tarde en la

[5] DAVIES (2011), p.94.
[6] SALWAK (1985), *op. cit*, p.3.
[7] *The Annual Obituary, op. cit.*, p.17.

Academia Dumbarton, demostró su pasión por la escritura obteniendo varios premios en diversos concursos literarios. Su facilidad para utilizar las palabras, sin embargo, no consiguió transformar un entorno que, bien por envidia, bien por resentimiento, le era claramente hostil.

Su adolescencia tampoco fue un período especialmente grato; su familia veía con malos ojos su afición por las novelas, que juzgaba como la prueba palpable de que algo no funcionaba bien dentro de su cabeza. El fanatismo religioso, la delicada situación económica familiar y su innata curiosidad modelaron la personalidad del joven. Tímido, sensible, solitario, consciente de sus peculiaridades y deseoso de obtener el reconocimiento de sus conciudadanos, Cronin terminó por desarrollar una manifiesta desconfianza hacia cualquier organización o jerarquía religiosa. Durante su juventud y hasta la muerte de su padre, fue un católico devoto que llegó incluso a plantearse la posibilidad de ordenarse sacerdote. Su actitud de recelo e indiferencia hacia todo lo que tuviera que ver con la religión vino más tarde, imponiéndose e impregnando toda su producción literaria. A pesar de este materialismo, de su escepticismo y sus conflictos religiosos, Cronin siempre se mostró como una persona sensible, y aunque no lo admitiese de buena gana, era evidente que la integridad espiritual del ser humano constituía para él un principio rector fundamental en su vida. Si se tiene en consideración todas estas circunstancias, no es extraño que su principal motivación en esta etapa de su vida fuera la de hacerse "rico, obtener cierta posición social y fama"[8].

Ese deseo de dejar atrás sus humildes orígenes y abrirse camino en la sociedad explica su ingreso, en 1914, en la Universidad de Glasgow para cursar Medicina. A poco de comenzar sus estudios, el estallido de la Primera Guerra Mundial le obligó a abandonar la carrera y enrolarse en la *Royal Navy Volunteer Reserve*. Cuando fue desmovilizado en 1918, no tuvo dudas acerca de cuál debía ser su siguiente paso, el objetivo era claro. Estaba firmemente determinado a cerrar de forma definitiva su etapa de formación universitaria.

Tras obtener el título de doctor en medicina en 1919, Cronin se embarcó, como médico naval, en un vapor que, zarpando del puerto de Liverpool, se dirigía a la lejana Calcuta. Durante esta larga travesía, el aprendiz de novelista acumuló las experiencias, recuerdos y anécdotas que, a la postre, constituirían el material y la fuente de inspiración para algunas de las escenas y personajes de su futura novela *Grand Canary*. Cronin documentó cuidadosamente todo el viaje, tomando incluso notas detalladas de algunos de los miembros del pasaje[9].

En 1921 contrajo matrimonio con Agnes Mary Gibson, una antigua compañera de estudios, que habría de jugar un papel crucial en su vida y su trayectoria

[8] SALWAK (1985), *op. cit.*, p.5.
[9] SALWAK (1985), *op. cit.*, p.8.

literaria. Ese mismo año abrió su primera consulta médica en una pequeña localidad minera del País de Gales y allí permaneció hasta que, en 1930, se trasladó a la capital del imperio británico.

Durante toda esta etapa Cronin vivió entregado a su primera vocación. Parece lógico que el ejercicio de su profesión a lo largo de este intenso período marcara y alimentara toda su producción literaria posterior. "Sin lugar a dudas, para sus novelas Cronin se inspiró claramente en sus propias experiencias como doctor. Le dedicó nueve años a la medicina, desde 1921, cuando ejerció en una comunidad minera del País de Gales, hasta 1930, cuando se estableció como un acomodado doctor en el West End londinense"[10]. Este período vital le ofreció una oportunidad única. A través de sus pacientes, pudo compilar en su memoria una gran cantidad de caracteres y de personalidades diferentes. "Se dice que la profesión médica es el mejor terreno de entrenamiento para un escritor porque se puede ver a las personas despojadas de sus máscaras"[11]. Aprendió también a enfrentarse con los hechos más duros de la vida: el dolor, las enfermedades incurables, la desolación y el sentimiento de pérdida ante la muerte de un ser querido. Cronin se despojó de prejuicios y, con una actitud compasiva -algo que, a juicio de Dale Salwak, puede rastrearse con claridad en todas sus novelas-[12], se acercó a los más intrincados vericuetos del alma humana.

Desde un punto de vista literario, 1930 debe considerarse como un momento crucial en la vida de Cronin. Ese año dio por concluida su etapa como médico, cerró su consulta y se trasladó a Escocia con toda su familia para disfrutar de unas largas vacaciones. El joven y brillante doctor se sentía, por aquel entonces, hastiado por un trabajo que, salvo por la urgencia de unas pocas visitas a domicilio, se había convertido en una labor rutinaria y burocrática. Pero, además, el estrés y la presión habían comenzado a pasarle factura. Un colega le diagnosticó una úlcera duodenal crónica y le recomendó un periodo de descanso absoluto. No fue una decisión fácil. Suponía abandonar de la noche a la mañana todo por lo que había estado luchando durante años. Pero para él no existía otra alternativa.

Fue entonces cuando, ante su sorpresa, le comunicó a su mujer que se marchaban a Dalchena Farm, cerca de Invery, y que su intención era dedicarse por completo a la literatura. En tan sólo tres meses Cronin tuvo redactado el manuscrito de su primera novela *Hatter's Castle*. Lo envió al editor Victor Gollancz que accedió a publicarlo y se convirtió en uno de los grandes éxitos de la temporada. Esta obra lo catapultó, lo consolidó financiera y editorialmente, y pasó a ser uno de los escritores de *bestsellers* más populares del siglo XX. En 1939, cuando su fulgurante carrera literaria apenas había comenzado, ya tres de sus obras habían

[10] SALWAK (1985), *op. cit*, p.10.

[11] *Ibídem*.

[12] *Ibídem*.

sido llevadas a la pantalla. La primera de ellas fue *Grand Canary* (1934), cuatro años más tarde sería *La ciudadela* (*The Citadel*, King Vidor, 1938)[13] la que sería adaptada para el cine y, a finales de la década, le llegaría el turno a *The Stars look Down* (Carol Reed, 1940)[14]. Ayudado por los buenos resultados obtenidos en taquilla por las adaptaciones cinematográficas de sus primeras novelas[15], Cronin vio abiertas las puertas del mercado de los Estados Unidos y ante la inminencia de la guerra, emigró a Nueva Inglaterra donde residió durante más de tres lustros.

En los años posteriores a la Segunda Guerra Mundial, Cronin y su esposa viajaron por Viena, Italia y Francia, periplo que constituyó un revulsivo decisivo para el novelista. Los horrores de un continente devastado por la guerra hicieron mella en él; sus creencias religiosas, tantos años apartadas, afloraron nuevamente y Cronin dejó atrás su escepticismo y se reencontró con su fe católica. "Cronin era esencialmente un moralista", escribe Dale Salwak, "y un hombre de sentimientos, profundamente conmovido por el sufrimiento humano cuando éste era provocado por una injusticia deliberada o por la crueldad innecesaria. Creía en el orden; creía que las personas debían actuar decente y honestamente en aquellos ámbitos de la vida en los que habían sido llamados. Probablemente su amplia experiencia en la observación del dolor ajeno, sus propias luchas, y su

[13] Considerada como su mejor novela fue publicada en 1937, y tan sólo un año más tarde la MGM produjo, en sus recién inaugurados estudios británicos, una película basada en esta obra de Cronin. El film fue dirigido por King Vidor, y protagonizado por Robert Donat y Rosalind Russell.

[14] Producción británica dirigida por Carol Reed e interpretada por Michael Readgrave y Margaret Lockwood. La novela de igual título había salido a la luz en 1935.

[15] Más adelante se realizaron las siguientes adaptaciones: Su serial *Vigil in the Night* fue la siguiente obra de Cronin en ser traducida en imágenes. La RKO, en 1940, encargó este proyecto a George Stevens y protagonizaron este largometraje, entre otros, Carole Lombard, Brian Aherne y Anne Shirley. En España se estrenó bajo el título *Noche de angustia*. La exitosa *opera prima* del novelista fue adaptada por los estudios británicos de la Paramount en plena Segunda Guerra Mundial bajo el título *El castillo del odio* (*Hatter's Cattle*, Lance Comfort, 1941). Sus intérpretes fueron Robert Newton, Deborah Kerr y James Mason. *Las llaves del reino* (*They Keys of the Kingdom*, Joseph L. Stahl, 1944), fue producida y guionizada -junto a Nunnaly Johnson- por Joseph L. Manckiewicz. El filme estaba protagonizado por Gregory Peck, Thomas Mitchell y Vicent Price. La película estuvo nominada al mejor actor, mejor dirección de fotografía (Arthur Miller) y mejor banda sonora (Alfred Newman). La adaptación de la novela *Los verdes años* (*The Green Years*, 1946) estuvo a cargo de Victor Saville y fue protagonizada por Charles Coburn, Dean Stockwell y Tom Drake. La novela *The Spanish Gardener* fue publicada en 1950, seis años más tarde la compañía Rank la llevó al cine, siendo Philip Leacock su director y con tando, en sus principales papeles, con Dick Bogarde, Michael Harden y Jon Whiteley. En 1959 le llegaría el turno a *Beyond This Place*, relato que sería producido en Gran Bretaña, dirigido por Jack Cardiff y protagonizado por Van Johnson y Vera Miles. Su obra teatral *Jupiter Laughs* de 1940, fue llevada al cine por la Warner con el título *The Shinning Victory* (Irving Rapper, 1941). Cronin también fue el creador de la serie de televisión *Doctor Finlay's Casebook*, una de las de mayor éxito y popularidad de la televisión en Gran Bretaña en la década de los setenta.

capacidad para penetrar en las personas le ayudó a desarrollar una filosofía del *vive-y-deja-vivir*"[16].

En una entrevista realizada en 1964 en la cúspide de su carrera, la actitud de Cronin ante la vida había cambiado: "Vivo modestamente. El dinero no me interesa para nada. Mi única extravagancia es comprar pintura. Y me gusta contribuir a cualquier cosa que pueda ayudar a los jóvenes"[17]. A mediados de los años cincuenta se trasladó a Suiza, donde se instaló definitivamente y siguió escribiendo hasta su muerte, en enero de 1981.

2.1. *Grand Canary*, la novela

Al parecer *Grand Canary* apareció primero publicada por partes en la revista Good Housekeeping entre los meses de enero y junio de 1933. Curiosamente, esta novela sería la que inauguraría un extenso ciclo de adaptaciones cinematográficas inspiradas en las obras del exitoso novelista escocés. En ella Cronin, por primera vez, convertía en protagonista a un doctor en Medicina y lo adornaba con una peculiar forma de entender la integridad personal. La trama de la novela era, como es habitual en toda su producción, ligera y directa. Al igual que en sus textos precedentes, también aquí el relato gira en torno a un personaje central, el doctor Harvey Leith, cuyo comportamiento, al menos durante la primera parte de la novela, está impregnado de alcohol y grávido de amargura y resentimiento. Si la novela es significativa en la carrera de Cronin no es tanto por su calidad y originalidad sino porque fue la primera de muchas otras posteriores que se centró en la figura de un doctor[18].

El argumento de *Grand Canary* es el siguiente: Harvey Leith, un brillante doctor londinense, ha visto arruinada su carrera por un escándalo profesional injusto tras haber intentado salvar, sin éxito, a tres pacientes moribundos con un suero de su invención. Amargado y frustrado, su amigo Gerald Ismay le obliga a embarcarse en un pequeño buque de carga, el Aureola, en un viaje de ida y vuelta hacia las islas Canarias con la esperanza de recuperarlo para la ciencia. Junto a Leith embarcan otros siete pasajeros, los hermanos Susan y Robert Tranter, que viajan al archipiélago como misioneros de la iglesia adventista del Séptimo Día; Jimmy Corcoran, antiguo boxeador y asiduo lector de Platón; Daisy Hemingway,

[16] SALWAK (1985), *op. cit.*, pp.18-19.

[17] "A.J. Cronin, Author of 'The Citadel', Dies", en *Los Angeles Times,* 10 de enero 1981.

[18] DUX (2012), p.2.

madame de un prostíbulo en Santa Cruz; Lady Mary Fielding, que parte con el permiso de su marido en busca de un lugar de reposo en La Orotava, y a la que acompañan, Elissa Bayham, mujer de naturaleza sensual, y Daines-Dibben, un parásito social.

Portada de la edición en castellano (1965).

Tras haberse automarginado del resto del pasaje, durante la travesía, el Dr. Leith conoce a Mary de la cual se enamorará sin llegar a confesarle nunca sus verdaderos sentimientos. Mary, por su parte, le hará partícipe de su sensación de haberse conocido en una existencia anterior, en un lugar ignoto y en una mansión conocida como la Casa de los Cisnes.

Elissa, mientras tanto, mantendrá un idilio de una noche con el joven fanático religioso, Robert, con la única intención de humillarlo y demostrarle que, tras su fachada inmaculada, se esconde un hombre como todos los demás. Más adelante, casi al final de la novela, esta línea argumental secundaria dará el contrapunto realmente dramático a la romántica historia de *Grand Canary*. Al sentirse rechazado por Elissa, Robert decide perderse y acude al local de Hemingway donde lo encuentra su hermana Susan, después de haberse dado cuenta ella misma que Leith, en realidad, quiere a Mary. En una noche de lluvia Robert decide suicidarse tirándose por un barranco. Susan será la que muera ahogada tratando de salvar a su hermano de la torrentera.

Después de breves escalas en Las Palmas y La Orotava, donde desembarcan Mary Fielding, Elissa Bayham y Daines-Dibbin, el barco continúa su periplo hasta Santa Cruz de Tenerife, donde los recién llegados se encuentran con una epidemia de fiebre amarilla cuyo brote se localiza en la Casa de los Cisnes, una mansión cerca de La Laguna. Es entonces cuando el Dr. Leith conoce la leyenda que habla de un caballero inglés que, en tiempos del ataque de Nelson a la ciudad, había escondido a su amada en aquella hacienda para nunca más volver a saber nada de ella. Leith se presenta como voluntario para luchar contra la plaga y se encamina a la villa. Allí tropieza con Mary, que creía que Leith había ya regresado a Londres, y en los jardines de la casa, por fin, se declararán su amor, pero Mary inesperadamente cae presa de las fiebres. Día y noche la velará junto a su cama. Desesperado logra salvarla haciéndole una transfusión con su propia sangre. Es entonces cuando aparece su marido, Sir Michael Fielding, con el propósito de llevársela en el avión en el que ha viajado desde Inglaterra. Amigablemente le pide a Leith que los acompañe en el vuelo de regreso. Dándose cuenta Mary y Leith que su amor es imposible, deciden separarse para siempre y Leith, rehabilitado, vuelve al ejercicio de su profesión.

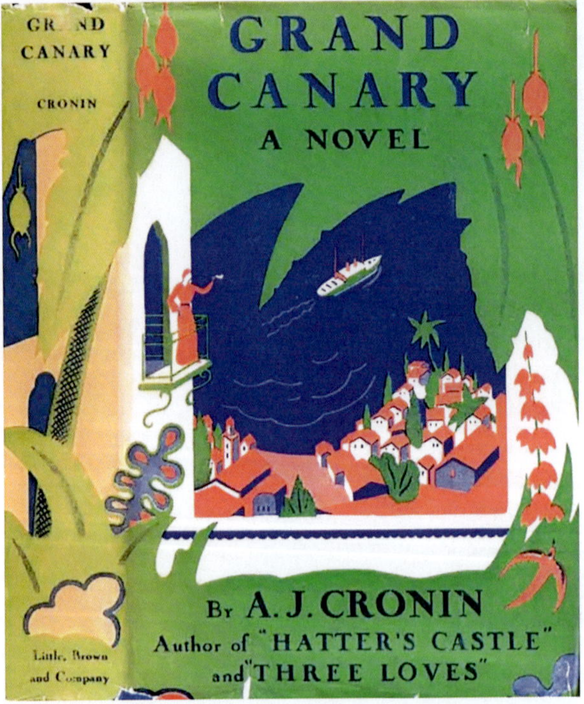

Portada de la primera edición de la novela (1933).

En el último capítulo, Leith, solo en su casa, cree oír unos pasos, pero no ve a nadie; repentinamente la habitación es invadida por un aroma de flores, las mismas que Mary describió en su primer encuentro, las mismas que vieron crecer en los jardines de la Casa de los Cisnes.

Al contrario que en *Hatter's Castle* y *Three Loves*, la trama de *Grand Canary* no es ni oscura, ni sombría. Lejos de los ambientes escoceses grises y opresivos de sus anteriores obras, para su tercera novela Cronin recurrió a los escenarios misteriosos y exóticos que le ofrecían las islas Canarias para contar, en esencia, una historia de feliz redención. Varios son los mimbres con los que Cronin urdió el argumento de este relato. En primer lugar, el joven novelista, atento al mercado y al gusto de los lectores de la época, se acogió a un modelo narrativo que comenzó a explotarse tras el éxito literario y cinematográfico de la novela de Vicki Baum *Grand Hotel* (1930). Se trataba de desarrollar una historia a partir de las situaciones de conflicto que pudiesen generarse al aislar en un espacio limitado, ya fuera un tren, un barco o un hotel, a un grupo de personajes de diferente origen y condición con el fin de observarlos, con ojos de etólogo, y describir las relaciones que se establecían entre ellos, sus conductas y reacciones.

Tampoco debe desdeñarse la posibilidad de que Cronin buscase inspiración en las experiencias que había tenido como médico en un buque de pasajeros al finalizar la Primera Guerra Mundial. Ese período le sirvió, a buen seguro, como se ha señalado con anterioridad, para tomar "apuntes del natural" sobre el comportamiento humano en espacios cerrados, pero también para conocer la vida a bordo de un barco, y los peligros que entrañaban las largas travesías.

Por último, sobre esta estructura narrativa, Cronin va añadir un motivo-fuerza que es el que, de una forma patente, va a constituirse en el motor de toda la trama. Al modo de las grandes novelas de la época victoriana, en *Grand Canary* subyace la reconfortante historia de una redención. Aunque todos y cada uno de los personajes están concebidos para jugar un papel en este camino de regeneración es, sin lugar a dudas, la joven Mary la que determinará la salvación del protagonista. Su benefactora influencia hará que el Dr. Leith pase de ser un hombre egoísta, resentido y amargado a una persona movida por el amor y el compromiso social. Esta metamorfosis espiritual sólo se produce cuando el personaje principal acepta y admite sus defectos y sus orígenes; sólo entonces Leith se abrirá, como una flor, al amor que Mary representa. El sentimiento que surge entre ellos es tan poderoso que Leith se siente renacer descubriéndose en los demás, recuperándose para sí mismo y comprendiendo, por primera vez en su vida, cuáles son sus virtudes y necesidades. De esta forma abandona la fría y desapegada actitud científica que había dominado su existencia y desarrolla, gracias a la cálida marea que provocan en él los sentimientos que siente hacia Mary, una profunda y sincera comprensión por el dolor humano. Curiosamente para ser una novela ligera que cuenta una historia de amor, *Grand Canary* no tiene un final feliz convencional. Cuando regresan a Inglaterra ambos han cambiado, pero las circunstancias imposibilitarán un futuro juntos como pareja. Leith y Mary recuperan su vida anterior: ella, más madura y sabia, vuelve con su marido, determinada a tomar las riendas de su destino, mientras que él, libre ya de su soberbia, esa antigua "omnisciencia presuntuosa" como él mismo la denomina, se pone al servicio de la sociedad para ejercer su profunda vocación con humildad e intensidad.

Quizá por todos estos ingredientes la novela se convirtió en un nuevo éxito editorial, y uno de los *bestsellers* de 1933. Sin embargo, como ocurrió a lo largo de toda su dilatada vida, la aceptación de los lectores no estuvo acompañada del reconocimiento por parte de la crítica. La salida al mercado de la nueva novela de Cronin suscitó sentimientos encontrados. Aunque algunos la elogiaron y encontraron en ella buena parte de los elementos que habían convertido a Cronin en un escritor popular, un sector importante de los críticos literarios consideró *Grand Canary* como un producto muy inferior a *Hatter's Castle*, la novela con la que Cronin se había dado a conocer.

Para algunos sólo constituía un "respiro poético" después del tono sombrío y amargo de sus obras anteriores[19]: "Este es un nuevo experimento para el Dr. Cronin, sin embargo, carece de la intensidad de sus dos anteriores libros"[20]. En general para los críticos, la obra era mucho menos efectiva, menos ácida y menos trágica que sus predecesoras, porque el autor había diluido su fuerza narrativa enmarañando el argumento con demasiados personajes y extrañas situaciones[21], y había construido la historia con recursos narrativos fáciles y puramente mecánicos. "Es difícil creer que esta novela haya sido escrita por el mismo autor de *Hatter's Castle* y *Three Loves*, porque "no tiene nada en común con la dureza de esas dos obras maestras, salvo por su carácter melodramático"[22]. El poeta, ensayista y novelista Gerald Gould después de calificar el argumento como pasado de moda y poco original, trazó -sin llegar acusar a Cronin de plagio-, el árbol genealógico de la obra reconociendo en ella la huella de la influencia de la obra de Harold Frederic, Somerset Maugham y Robert Louis Stevenson[23]. Graham Green se mostró mucho más irónico en su valoración del relato de Cronin al que consideraba el perfecto ejemplo de novelista popular. "Teniendo en cuenta esto, sus defectos se convierten en cualidades. Uno agradece su incapacidad para construir

[19] Peter Quennell, "New Novels", en *New Statesman and Nation,* 5, (3 de junio 1933):736, citado por SALWAK (1982), p.12.

[20] Peter Abelard, "New Novels: Grand Canary", en *Times Literary Supplement,* 18 de mayo 1933, p. 346, citado por SALWAK (1982), *op. cit.*, p.8.

[21] M.I McD., "A.J. Cronin Writes of a Man's Regeneration through New Love", en *Milwaukee Journal,* 17 de junio 1933, p.11, citado por SALWAK (1982), *op. cit.*, p.11.

[22] Basil Davenport, "Unhand Me, Villain", en *Saturday Review of Literature,* 9, (20 de mayo 1933):605, citado por SALWAK (1982), *op. cit.*, p.10.

[23] DAVIES (2011), *op. cit.*, p.115.

un ser humano plausible, porque un personaje real hubiera puesto en cuestión la obra, y el Dr. Cronin se vería convertido en un terrible modelo a seguir”[24].

En la actualidad la consideración que se tiene de esta novela ha variado, y para Dale Salwak, con *Grand Canary* Cronin cerró una primera trilogía en su carrera, un grupo de novelas de aprendizaje literario, entre las cuales esta obra, “bellamente escrita, con un estilo que roza lo poético, (...) de las tres, es el mejor libro de Cronin”[25].

Pese a la mala recepción por parte de un sector de la crítica, *Grand Canary* abrió las puertas a una larga y fructífera relación de Cronin con la industria del cine y la televisión. En 1934 fue la primera de sus obras en ser adaptada para la pantalla y ese mismo año, la Columbia, rodó un filme titulado *Once to Every Woman* y dirigido por Lambert Hillyier a partir de un cuento publicado en la revista Cosmopolitan tan sólo un año antes[26].

2.2. Cronin y las Islas

Una parte importante de la efectividad literaria de la novela reside en el marco exótico sobre el que se desarrolla esta historia de amor y salvación espiritual. Efectivamente para algunos autores, Cronin sabía utilizar magistralmente diferentes escenarios y atmósferas gracias a las experiencias que había ido acumulando en los diversos viajes que realizó durante toda su vida. Sabemos que este novelista era un observador minucioso, que gustaba tomar notas acerca de los pequeños detalles e incidentes que se sucedían a su alrededor. Los perfiles de algunos de sus personajes son precisamente producto de estas anotaciones[27].

> *En estos viajes no había indolencia alguna; al contrario, cada uno de ellos era una abundante fuente literaria. El escritor necesita refrescarse con frecuentes cambios de escenario y el*

---

[24] Graham Green, “Fiction”, en *Spectator* 150, (19 de mayo 1933): 728, citado por SALWAK (1982), *ibídem*.

[25] SALWAK (1982), *op. cit.*, p.47.

[26] DAVIES (2011), *op. cit.*, p.188.

[27] En el tiempo en que Cronin estuvo trabajando como médico naval en el buque de pasajero que hacía la travesía Liverpool-Calcuta, sabemos que el escritor recogía y anotaba todos aquellos incidentes que le parecían relevantes. Según Salwak, en ese viaje conoció a una pareja británica que le llamó especialmente la atención y que, años después, le sirvieron para delinear algunos personajes de *Grand Canary*. [SALWAK (1982), *op. cit.*, p.8].

mayor privilegio de su oficio es el de poder trabajar cuando guste. Y en mi caso, como no utilizaba máquina de escribir, mi único equipaje indispensable era una pluma estilográfica.

De todas estas peregrinaciones obtuve un montón de notas que servirían de base para mis futuros libros. Y a menudo también se producía algún incidente inesperado, algún extraño contacto con lo misterioso y lo imprevisible, causante de esa tristeza o de ese encanto de las cosas raras de la vida, que es el elemento básico de la actitud del novelista[28].

Canarias en los años treinta seguía siendo un territorio desconocido, pero cuyo nombre resultaba evocador y pintoresco; una tierra que trataba de dar los primeros pasos para consolidar una industria incipiente que iba a marcar su desarrollo posterior. Cronin, como muchos otros ingleses, no desconocía las islas[29]. De hecho, desde el siglo XIX, el Archipiélago había sido visitado reiteradamente por los británicos, llegando incluso a consolidar pequeñas colonias en distintos puntos de la geografía insular. El benévolo clima de las islas era motivo más que suficiente para que muchos turistas, la mayoría procedentes del Norte de Europa, hicieran la travesía desde el continente europeo hasta estas islas perdidas en medio del océano Atlántico[30]. Por eso no es de extrañar que Cronin pudiera escoger las Canarias como escenario de su tercera novela. Cabría preguntarse si realmente Cronin visitó alguna vez el Archipiélago. A la luz de lo escrito por Cronin en su novela, es obvio que, para su redacción, contó con un mínimo de información sobre las islas, algo que le permitió construirse un marco geográfico e histórico de ellas más o menos aceptable. Sus innumerables referencias y correctos emplazamientos de pueblos y enclaves naturales del archipiélago,

---

[28] CRONIN (1952), p.281.

[29] D. Nicolás González Lemus, autor que ha investigado profundamente sobre la presencia británica en Tenerife en la segunda mitad del s.XIX, confirma que el interés por las Canarias se había manifestado en Inglaterra desde finales del s.XVIII, con las traducciones de los clásicos canarios sobre la historia de las islas -concretamente las obras de Abreu Galindo y de Viera y Clavijo-. A éstas también habría que añadir el libro publicado en 1764 por George Glas, *Descripción de las Islas Canarias.*

A mediados del s.XIX, el florecimiento de la navegación a vapor, facilitó las comunicaciones con Canarias y la afluencia de turistas se vio incrementada. En este momento surgen dos libros, de carácter diferente, pero que tuvieron una notable difusión y repercusión a través de sus sucesivas reediciones. Por un lado, el libro de Olivia Stone, publicado en 1883, *Tenerife y sus seis satélites,* especie de ensayo de etnografía, antropología, historia y cultura de las islas y, por otro, la guía de Alfred Samler Brown, *Madeira and Canary Guide* de 1890, de la cual llegarían a hacerse hasta una treintena de ediciones reactualizadas. Es, por tanto, indudable que a principios del nuevo siglo el archipiélago era suficientemente conocido no sólo en Inglaterra como en toda Europa en general.

[30] GONZÁLEZ LEMUS (1995).

sus diversas alusiones a personajes y acontecimientos históricos locales, parecen reforzar esta suposición.

Es posible que el conocimiento que de las islas tenía Cronin, tuviera su origen en uno o varios de los numerosos libros[31] que, a lo largo del siglo XIX, viajeros ingleses habían ido publicando con las experiencias e impresiones obtenidas en sus visitas al Archipiélago canario[32]. Tampoco habría que desdeñar, teniendo en cuenta la profesión de Cronin, que en él tuviera influencia otro factor. El novelista debía conocer la excelente reputación que habían gozado las islas entre sus compañeros de profesión desde hacía más de un siglo. Fueron médicos ingleses precisamente los que, a principios del XIX, habían "descubierto" la benignidad del clima insular para la curación de ciertas enfermedades. Tenerife, por ejemplo, reunía "una temperatura cálida, aire seco y unos vientos suaves y moderados"[33] que resultaban especialmente recomendables para recuperarse sobre todo de dolencias pulmonares tales como la tisis, la bronquitis y la neumonía. Para los médicos de la época no había ningún otro lugar que, para estos casos, pudiera compararse a las islas. De este modo, no pocos pacientes británicos fueron aconsejados, como hace el Dr. Ismay con su amigo Leith en la ficción, a embarcarse rumbo a Canarias. Se estableció así un turismo terapéutico que, en cierta forma, fue el origen del auge del sector durante la centuria siguiente. Sin embargo, tenemos constancia a través de su autobiografía que el contacto que Cronin tuvo con el archipiélago fue más allá de esta tradición benefactora de las islas o de los libros de viajes escritos por sus compatriotas:

> *No acaba aquí la oportunidad que se nos brindó de viajar por el mundo entero tomando posesión de él. Ya no había una lista de pacientes que nos obligara a volver, ni un teléfono sonando a todas horas del día, ni ningún timbre nocturno del cual convertirme en esclavo descontento. En lugar de ello, España, con su sol y su lánguida dignidad; las verdes montañas de Tenerife, Madeira y Estoril y sus espléndidas mimosas y camelias; Brujas tan plácida y pacífica, en cuya plaza revolotean las palomas*[34].

[31] Para profundizar en este tema, además de los numerosos trabajos publicados por Nicolás González Lemus, ver también José Luis García Pérez, *Viajeros ingleses en las Islas Canarias durante el siglo XIX*, Ediciones Idea, Santa Cruz de Tenerife, 2009.

[32] En ese sentido habría que mencionar el ejemplo de Julio Verne que, sin haber nunca pisado las islas, en su novela *Agencia Thompson y CIA* (1907), realiza extensas y minuciosas descripciones de las mismas que, a buen seguro, fueron fruto de la lectura de este tipo de literatura de viajes.

[33] GONZÁLEZ LEMUS (1995), *op. cit.*, p.67.

[34] CRONIN (1952), *op. cit.*, pp.280-281.

Parece claro que Cronin estuvo en Canarias, al menos en la isla de Tenerife[35]. Su biógrafo, Alan Davies, va más allá, pues sostiene que la novela fue concebida en el propio viaje que el autor y su mujer realizaron a las islas[36]. Canarias, especialmente a partir del último cuarto del siglo XIX, va a entrever en la industria del turismo una alternativa más para evitar sus cíclicas, y casi inevitables, crisis económicas. El final de la bonanza originada por la explotación de la cochinilla provocó estragos en toda la sociedad canaria del momento. Ninguno de los estamentos sociales se vio libre de sus dramáticas consecuencias[37]: "En estos momentos, de desánimo y búsqueda desesperada de nuevos recursos alternativos para salir de esta dramática situación, es cuando aquellos isleños pertenecientes a las clases más acomodadas se deciden por la solución más fácil al alcance de sus manos, y que, a la vez, no le causaba problema alguno: la puesta de sus hermosas viviendas al servicio de los inversores extranjeros -fundamentalmente ingleses- para el establecimiento de empresas hoteleras o, simplemente, para su alquiler a título individual"[38]. A partir de entonces comenzaron a florecer en Tenerife diversos establecimientos, no sólo en el Puerto de la Cruz, sino también en el resto de la isla, "fundamentalmente, en La Laguna, Santa Cruz y Güímar"[39]. El desarrollo turístico de las islas mayores estuvo favorecido por la benignidad del clima del Archipiélago, y los bajos precios ofertados tanto por las distintas navie-

[35] Infructuosamente hemos tratado de ratificar documentalmente esta visita a la isla a través del registro de turistas en esos años en el Puerto de la Cruz, en aquel momento, principal lugar de destino de muchos visitantes procedentes de otros países. [Archivo Municipal Puerto de la Cruz, legajos números 147 Q(9), 148 Q(10), 149 Q(11), 150 Q(12), 151 Q(13), *Policía, Orden y Seguridad*, correspondientes a los años 1925 a 1933]. Sin embargo hay que tener en cuenta que este municipio contaba ya en esa época con una significativa colonia inglesa y, por esta misma razón, no hay que descartar que el novelista se alojase con algún conocido que tuviera su residencia en la isla, o simplemente se hospedase en Santa Cruz. Desde el siglo XIX no fueron pocos los viajeros, especialmente los procedentes del Reino Unido, que arrendaban casas para pasar largas temporadas disfrutando del benigno clima del Valle de La Orotava. Esta costumbre favoreció el asentamiento, sobre todo en el término municipal del Puerto de la Cruz, de una significativa colonia de británicos. A (...) Era una colonia atomizada, cuyas residencias se encontraban ubicadas en las afueras del Puerto, siguiendo las preferencias de las clases acomodadas inglesas. Como miembros de la clase alta, se establecían en Puerto Orotava en villas o quintas solitarias, tranquilas y alejadas de los núcleos urbanos. (...) Es decir, haciendas aisladas de la población con jardines a su alrededor. Normalmente viviendas de dos plantas y todas tenían en común una buena vista sobre la costa y el Valle. Estas características mostraban el aislamiento físico y emocional de sus ocupantes, solamente interrumpido cuando se reunían entre ellos, para tomar té, jugar a los bolos, croquet o tenis. Este aislamiento físico y emocional al que me refiero, no es consecuencia de un estado anímico "insano", sino la expresión de su distanciamiento de la sociedad que les rodeaba y, a la vez, la expresión de esa necesidad de descanso y comodidad [GONZÁLEZ LEMUS (1995), *op. cit*, p.413].

[36] DAVIES (2011), *op. cit.*, p.113.

[37] GONZÁLEZ LEMUS (1995), *op. cit*, pp.332-339.

[38] GONZÁLEZ LEMUS (1995), *op. cit.*, p.335.

[39] GONZÁLEZ LEMUS (1995), *op. cit.*, p.352.

ras que operaban con las islas como por los diferentes hoteles y residencias que comenzaron a abrir sus puertas en esos años. Todo ello contribuyó a que se desatase una "verdadera fiebre de viajeros que querían conocer las Islas Canarias"[40].

Las motivaciones de estos visitantes para trasladarse desde la lejana Europa, especialmente desde Gran Bretaña, hasta nuestro Archipiélago eran de muy diversa índole. Algunos llegaron con mirada curiosa, trasladándose de un punto a otro de la geografía insular "en busca de la observación, tanto de lo pintoresco del lugar como su civilización, aunque en muchas ocasiones con muchas incomodidades"[41]. Son fotógrafos[42] y escritores que con una cámara o con un cuaderno de notas irán proyectando sus miradas sobre un paisaje, sobre unas formas de ser y unas costumbres completamente ajenas a su realidad. Existía un segundo grupo, mucho más importante en cuanto a su número, que realizaban este largo periplo persiguiendo, durante los meses fríos, fundamentalmente ocio y placer. Los sectores sociales más acomodados aspiraban a que el gozo del descanso formase parte -como señala Nicolás González Lemus- de su vida cotidiana. El disfrute de la naturaleza de las islas, el paseo y las excursiones se convirtieron así en la principal fuente de placer para esta clase de turistas[43]. También existieron aquellos que arribaron por motivos profesionales, científicos o, simplemente, como una escala dentro de un viaje aún más largo. Y finalmente, hubo también un nutrido grupo de viajeros, pertenecientes a las clases más acaudaladas de la sociedad europea, que practicaban un turismo terapéutico que va a constituir el grueso de los visitantes a las islas hasta bien entrado el siglo XX[44].

Es por tanto bastante probable que A. J. Cronin perteneciera a esta última clase de turistas, puesto que hay que recordar que, tras abandonar su carrera médica, lo primero que hizo fue llevar a cabo un largo viaje por diferentes países europeos para restablecerse de su úlcera intestinal.

En ese sentido la novela está plagada de detalles que, como hemos dicho, si bien es posible que Cronin aprendiera a través de guías o libros de viajes, confir-

---

40 GONZÁLEZ LEMUS (1995), *op. cit*, p.479.

41 GONZÁLEZ LEMUS (1998), p.19.

42 De todos estos fotógrafos viajeros cabría destacar a George Graham Toler que llegó a Tenerife en la década de los ochenta del siglo XIX aquejado de una dolencia pulmonar y que terminó asentándose en la isla, desarrollando una labor fotográfica de primer orden. "La isla que Graham Toler recogió en sus imágenes era la isla evocada y recorrida por el viajero: la isla desde el barco, la entrada en el puerto de Santa Cruz, los pueblos y los rincones pintorescos (Puerto de la Cruz, La Orotava, Icod), las fiestas populares (procesiones, alfombras, carnavales), etc. Pero en su obra destaca como tema preponderante el paisaje natural de la isla: el bosque, los barrancos (especialmente los de La Palma), Las Cañadas y, sobre todo, el Teide". [VEGA (1995), pp.66-67].

43 GONZÁLEZ LEMUS (1998), *ibídem.*

44 GONZÁLEZ LEMUS (1998), *op. cit.*, p.18.

man su estancia en Canarias. En el texto se hace referencia a lugares concretos que, por lo general, evidencian un perfecto conocimiento de la geografía y toponimia de las islas. Cronin menciona, aunque sólo una vez, los nombres de cuatro de las siete islas: Tenerife, Gran Canaria, Gomera y Palma[45]. Por el contrario, son mucho más frecuentes sus referencias a diferentes localidades o puntos de las dos islas capitalinas que, además, sitúa correctamente. Así en la novela se hace alusión a Arucas[46] y Telde en Gran Canaria, y a La Laguna[47], La Orotava, La Matanza, La Cuesta[48] y Anaga, en Tenerife. En la ciudad de Las Palmas, el barco hace escala de un día y los pasajeros aprovechan la ocasión para desembarcar, coger una *tartana*[49] y darse un baño en la playa de "arena amarilla"[50] de Las Canteras. A través de los ojos de su protagonista, el Doctor Harvey Leith, Cronin nos hace una curiosa descripción de la ciudad y del ambiente del puerto grancanario:

> *El cielo estaba azul, el aire parecía radiactivo. El sol, elevándose sobre los montes, llenaba el mar de resplandores. Ante él, se extendía la bahía, bordeada por una cinta de colores hacia*

[45] Se hace referencia a las islas de Tenerife, Gran Canaria, Gomera y Palma en las páginas 30, 100, 35 y 39 respectivamente. [CRONIN (1942)].

[46] Los hermanos Tranter aprovechan la escala en Las Palmas para viajar hasta Arucas y visitar a unos amigos norteamericanos que se habían instalado en una villa conocida como "Bella Vista". Allí tenían que recoger una carta de presentación para el señor Rodgers de La Laguna. [CRONIN (1965), *op. cit.*, p.87].

[47] Cuando en la novela se hace alusión a este municipio siempre se habla de la ciudad de Laguna, sólo en una ocasión se refiere al mismo como San Cristóbal de La Laguna o La Laguna [CRONIN (1965), *op. cit.*, p.175]. Los personajes nunca llegan a visitar La Laguna, se menciona porque cerca de allí, en Hermosa, un pueblo inventado por Cronin, se encuentra localizado el foco de la epidemia de fiebre amarilla.

[48] Cuando menciona en su relato a la aldea de La Cuesta, Cronin sólo nos ofrece un breve cuadro realizado con unas pocas y rápidas pinceladas: *Un puñado de casa, una urna de cristal con el reflejo de luces vacilantes, una iglesia de blancos muros.* [CRONIN (1965), *op. cit.*, p.132]

[49] En español en el original. No es este el único vocablo que Cronin utiliza en nuestro idioma en su texto. La obra está salpicada, posiblemente para darle una nota de color y hacer más verosímil la narración con las letras de canciones, con términos como *boyero, mañana, cochinilla, caballero, finca, bella, tintura, químico, carcajada, ensalada, condesa, marquesa, cardo, carretera real, gaceta, peseta* y *guanche*, y de expresiones tales como *Pero yo no entiendo, ¡Carajo!, ¡Madre de Dios!, ¡Sabe!, !Dios mío!, ¡Pobre de mí!, ¡Adiós!,* y *¡Sea por Dios!*. Aunque no llega a nombrarlo Cronin también hace una poética descripción de un drago a través del personaje de la Marquesa de Luego:

> *-Pero, señor, usted no comprende. ¿Qué es mucho tiempo? No meses ni años. No, señor. Es más que eso. -Se calló con expresión soñadora y, levantando la mano, dirigió la vista, a través de la estrecha ventana, al patio, donde a la tenue luz del crepúsculo, se veía un árbol fantástico, cuyas ramas tubulares se retorcían de modo inverosímil, como los miembros de una bestia en dolorosa agonía.– ¿Ve usted ese árbol señor? Es un dragón. Es todavía joven, a pesar de sus cuatrocientos años.* [CRONIN (1965), *op. cit.*, pp.183-184].

[50] CRONIN (1965), *op. cit.*, p.92.

las amarillas alturas. Había una profusión cálida: los rojos, los verdes y los blancos se combinaban en una belleza tropical llena de vida. Y encima de todo, trascendiendo de la ciudad y de la bahía, triunfando sobre las cumbres que lo rodeaban, se elevaba un pico distante, en cierto modo evasivo y misterioso, como un espejismo, con su cono cubierto de nieve sobresaliendo sobre el algodón de las nubes, como algo suspendido entre la tierra y el cielo (...).

Con un esfuerzo, dejó de mirar, fue al lado de tierra y observó el muelle amarillo y polvoriento, que ahora se estaba llenando de una especie de vida lánguida. Sobre las soleadas piedras, unos veinte peones descalzos y con pantalones de percal descargaban sacos con pintoresca indiferencia. No tenían prisas. Charlaban, fumaban, escupían, quedaban inmóviles, y ponían accidentalmente las manos en los sacos, como si el terminar fuera lo último que desearan. Uno de ellos, con una camisa que, muy ajada cantaba con voz aguda una tonada de irritante dulzura (...).

Con impaciencia, como si buscara un antídoto para aquel dulzor, dirigió la vista a un punto algo lejano del muelle, donde había varios carros de altas ruedas tirados por unas mulas esqueléticas y melancólicas. Estaban a la espera de la carga. Una de las cuales tosió como un ser humano y agito su corona de moscas, antes de tumbarse casi de pura debilidad. Pero el conductor, instalado en el pescante, no se alarmó en lo más mínimo; con las manos cruzadas sobre el vientre y una flor colocada tras la oreja, roncaba plácidamente[51].

Es difícil saber cuánto de realidad y cuánto de ficción hay en este paisaje descrito por el escritor en su obra. Evidentemente no resulta complicado imaginar el choque cultural que suponía para un ciudadano del imperio británico llegar a Canarias en la década de los treinta, pero detrás de sus palabras hay, especialmente en el retrato de los personajes nativos que pululan por el puerto, un cierto desdén, una mirada menospreciativa, cargada de ciertos tópicos aplicados, por costumbre, a los pueblos del sur de Europa. Canarias además estaba cerca de África, y esta circunstancia, reforzaba aún más esa imagen prejuiciada. “Muchos creen que somos aquí primitivos” dice en la novela Wilfred Carr, un británico

[51] CRONIN (1965), *op. cit.*, p.83.

asentado en Las Palmas[52], dando a entender que la realidad económica y social de Canarias en aquella época no era, ni de lejos, una prolongación de la europea.

Cuando después de una jornada más de travesía atracan en el muelle de Santa Cruz, el Doctor Leith decide finalmente bajar a tierra y dar una vuelta, momento que Cronin aprovecha para darnos también su visión de Santa Cruz de Tenerife:

> *El aire era fresco. Disminuyó el ritmo de sus pasos. Llegó al extremo del muelle, cruzó la calle más allá de la oficina de aduanas y penetró en la plaza. Y aquí se detuvo.*
>
> *Las tiendas estaban cerradas; la resplandeciente fachada del hotel repelía. Harvey se vio rodeado de desconocidos. ¿Qué podía hacer? Entre las palmeras, la gente paseaba arriba y abajo. Los hombres separados de las mujeres; eran dos ordenadas corrientes de paseo. No había excitación ni emociones; era simplemente el indolente disfrute del fresco del anochecer. La presencia del mal en la ciudad no turbaba la superficie de aquella plácida vida. La vida continuaba, lánguida y serena; hoy aquí y mañana también; era una filosofía sublime. Harvey estuvo contemplando la escena durante unos instantes; después se alejó bruscamente. Seguía sintiendo la inquietud de su sangre. Se dirigió a la izquierda, fuera de la calle principal, lejos de las luces, y penetró en una red de callejas, donde al doblar una esquina, se encontró ante un antiguo edificio. Era la catedral; obedeciendo a un impulso repentino, penetró en ella. Aparentemente, acababa de terminar una función religiosa; se olía a cera e incienso y algunas mujeres estaban todavía arrodilladas ante el altar mayor, inmóviles, en una actitud de gran recogimiento, hundidas en la azul vaguedad del ambiente. Harvey permaneció inmóvil, con una sensación extraña. Le parecía ver la iglesia tal como ésta era hace muchos años; escuchaba los ecos de pasos que se dieron en otros tiempos; creyó percibir el olor de una antorcha de madera de cedro. Se desplazó lentamente bajo la nave invisible, como el que busca algo en vano algo, tal vez la paz del espíritu. Se detenía de cuando en cuando y contemplaba las bordadas vestimentas, las reliquias, el fémur del Papa Clemente, la cruz plantada por los conquistadores[53]. Y después se acercó a las banderas.*

[52] CRONIN (1965), *op. cit.*, p.106.

[53] Todavía hoy se pueden encontrar tanto la reliquia como la cruz de la Conquista al lado derecho de la nave de la Epístola de la iglesia de la Concepción. La reliquia de San Clemente se

> *Ante él, en su caja de vidrio, colgaban inertes las dos banderas arrancadas a Nelson en el asalta contra la ciudad*[54]*. Contempló aquellos trofeos, pensando en las manos que hacía tiempo los tocaron. Y sintió repentinamente el deseo de palpar la contextura de aquellas ajadas telas. Sintió un prurito en sus dedos y una curiosa angustia en el espíritu. No era precisamente dolor. Era una emoción curiosa e indefinible, provocada por la vista de aquellas banderas. Sentía la melancolía de lo retrospectivo. Había habido algo que ya no había. No podía ubicar la extraña sensación; la fuente era inexplicable. Pero todo ello turbaba el espíritu y dejaba un vacío triste*[55].

Parece evidente que el protagonista de la novela de Cronin no visita, por razones obvias, la Catedral de La Laguna, sino la iglesia de la Concepción en Santa Cruz. Este edificio tenía un significado muy singular para los británicos porque en su interior se conservaban las banderas arrebatadas a Nelson el 25 de julio de 1797. Este hecho hizo que la Concepción se convirtiera en un lugar de peregrinación inexcusable para todos los viajeros ingleses, puesto que para ellos "desembarcar en Santa Cruz era hacerlo en el muelle inmortalizado por la derrota del héroe nacional"[56]. Olivia M. Stone, a finales del siglo XIX, en su famoso libro de viajes *Tenerife y sus seis satélites,* nos dejó un singular testimonio de su visita a las banderas perdidas por el más famoso de los almirantes del imperio:

> *(...) fuimos a ver las banderas de Nelson. Tenemos una carta del Sr. Edwards para el beneficiado, que por suerte se hallaba en casa, así que sacaron las banderas de las vitrinas y las bajaron para que pudiéramos inspeccionarlas. Generalmente las guardan en dos cajas largas, algo parecidas a relojes de caja alargados, sin la esfera, pero como están muy altas, una a cada lado en paredes opuestas de una capilla lateral, donde no hay ventanas y muy poca luz, es casi imposible conseguir*

---

puede contemplar en la parte inferior del cuerpo central del Retablo de la Virgen del Carmen, justo debajo de la imagen principal.

[54] Aunque desde enero de 1988, las banderas se encuentran depositadas en el Museo Militar de Almeida de la capital tinerfeña, hasta hace unos años se podían contemplar en la parroquia de la Concepción de Santa Cruz. Estas banderas fueron donadas a la iglesia como trofeos arrebatados al Almirante Nelson durante el desgraciado ataque que el famoso navegante británico efectuó a la ciudad en 1797. Eran banderas de grandes dimensiones. Según Alejandro Cioranescu, "es de suponer que habían venido con las lanchas de desembarco, en previsión de una rápida ocupación de la plaza, para ser izadas en señal de victoria". [CIORANESCU (1977), p.217].

[55] CRONIN (1965), *op. cit*, pp.154-155.

[56] GONZÁLEZ LEMUS (1998), *op. cit.*, p.84.

distinguirlas, ni siquiera vagamente. Se han tomado estas precauciones porque los ingleses que venían aquí solían cortar trozos de las banderas para llevarse y como todo el mundo las tocaba se estaban deteriorando rápidamente. Ahora están bajo llave, como debería ser. Sin embargo, seguramente sería mejor colocarlas donde les diera la luz solar para beneficio de aquellos viajeros que no tienen la suerte de poder inspeccionarlas de cerca. El 25 de julio, en el aniversario del día en que cayeron en manos españolas, las banderas se bajan y colocan en un altar lateral durante todo el día. Generalmente durante el sermón se hace alusión a cuando fueron "tomadas" y a la suerte que tuvieron de que los ingleses no conquistaran la isla. Sin embargo, en privado muchos isleños piensan que es una gran pena que Nelson no venciese[57].

Pero no va a ser ésta la única referencia a la historia de las islas que aparecerá en la novela de A. J. Cronin. El novelista escocés aprovecha los momentos de distensión narrativa para introducir al lector, con unas breves pinceladas, en el pasado del Archipiélago. Por ejemplo, al describir a Renton, capitán del *Aureola*, el escritor lo presenta como un admirador de las hazañas de Horacio Nelson:

Y cuando se sentía de buen humor, hablaba sagazmente de todos estos hombres y sus relaciones con las islas que periódicamente visitaba: de Colón zarpando de la Gomera para descubrir América, del Asalto a Las Palmas por Drake y

---

[57] STONE (1995), pp.527-528. En una nota a pie de página de la obra se recoge la descripción de estas dos banderas: *Hay dos banderas; la mayor tiene catorce pies y nueve pulgadas y media de largo por siete pies de ancho, junto al asta. El asta al que está fijada tiene ocho pies y siete pulgadas y media de largo y cuatro pulgadas y media de circunferencia. Se encuentra bastante carcomida en la base. La bandera no tiene reborde y el azul es más pálido que el utilizado hoy en día; claro está, pude que esté descolorida por el tiempo. En el centro tiene una cruz roja bordeada de blanco y una cruz de San Andrés, con el fondo en azul.*

La otra bandera es más pequeña. Tiene siete pies y siete pulgadas de largo por cinco pies y dos pulgadas de ancho. El asta se encuentra en buen estado y tiene siete pies y siete pulgadas y media de largo, incluyendo una punta de hierro o acero, de diez pulgadas de largo. La circunferencia del asta en la base es de cuatro pulgadas y tres cuartos. La madera penetra en la punta de hierro y tiene clavada una pestaña de hierro. También tiene un agujero para un clavo. Los colores y las cruces de esta bandera son exactamente iguales que los de la otra pero, además, ésta lleva la palabra "EMERALD" (Esmeralda). Las letras, con trazos terminales, están pintadas y sombreadas. Tienen siete pulgadas de alto. El nombre está pintado sobre un trozo de tela aparte y luego cosido. Como la tela no era lo suficientemente larga para toda la palabra, hubo de añadir un trozo más con la letra D. La bandera ha recibido bastante uso ya que la tela azul está remendada en algunos lugares con hilo blanco. [STONE (1995), *op. cit.*, p.527].

> *Hawkins, de Nelson perdiendo un brazo en Santa Cruz y de Trowbridge*[58] *abriéndose paso por la Plaza de la Iglesia, cuando todo además del tesoro español parecía perdido*[59].

Hay también alusiones a la crisis económica que se vivió en las islas a finales del siglo XIX como consecuencia del hundimiento del mercado de la cochinilla[60], y otras, no siempre muy precisas, a los guanches, a la Conquista, a la matanza de Acentejo e incluso al Adelantado que, en la novela, aparece bajo el nombre de don Cortéz Alonso de Luego y como noble antecesor de la dueña de la *Casa de Los Cisnes*, la marquesa Isabel de Luego[61]. Uno de los elementos fundamentales del drama narrado por Cronin es la lucha que su protagonista lleva a cabo contra la epidemia de fiebre amarilla en Tenerife. Esta circunstancia, no exenta de una cierta base histórica, va a ser, como veremos más adelante, una más de las pintorescas cuestiones que hicieron estallar la polémica cuando a las islas llegaron las primeras noticias de la proyección de la película. Aunque algunos periódicos trataron de negar la posibilidad del desarrollo de una crisis sanitaria semejante, lo cierto es que ocultaban que, en la isla, la última epidemia importante de esta dolencia había tenido lugar a mediados del siglo XIX, y que Tenerife junto con las seis islas restantes, fue considerada zona de receptividad de fiebre amarilla por la OMS hasta la década de los setenta del siglo XX[62].

Además, no fueron casos aislados y puntuales. Cuando se desataron provocaron altas tasas de mortalidad que permiten afirmar que la fiebre amarilla, junto con la peste bubónica, provocaron en esta isla capitalina las "epidemias más importantes desde el punto de vista de la morbilidad y mortalidad ocasionadas"[63].

---

[58] Los capitanes Trowbridge y Hood fueron los dos oficiales que, liderando dos grupos de marinos ingleses, lograron penetrar en la ciudad y mantener diversos escarceos con las tropas canarias durante el ataque de 1797. Trowbridge estuvo al mando del grupo de asalto que desembarcó en la Playa de la Caleta. Hood, de acuerdo con Trowbridge, fue el que propuso al General Gutiérrez unas condiciones honrosas para poder retirar con dignidad a sus tropas de las islas [Ver CIORANESCU (1977), *op. cit.*, pp.194-219].

[59] CRONIN (1965), *op. cit.*, p.35.

[60] CRONIN (1965), *op. cit.*, p.184.

[61] CRONIN (1965), *ibídem*. No sabemos si esta transformación del nombre del conquistador de las islas, Alonso Fernández de Lugo, fue algo intencionado o involuntario por parte de Cronin, pero todo hace pensar que cuando lo hace se refiere al Adelantado. Puede ser que, al querer emparentar a uno de sus personajes, la marquesa de Luego, con este personaje histórico estimase más conveniente cambiar el nombre del personaje histórico y hacer más verosímil la relación familiar entre ambos.

[62] DÍAZ PÉREZ y DE LA FUENTE PERDOMO (1990), p.162. Este concepto cambió gracias al catedrático de Microbiología y Medicina, Dr. D. Antonio Sierra López, y a la del entomólogo, D. José Fernández López, quienes llevaron a cabo un estudio que dio como resultado la total erradicación de la enfermedad y de su agente transmisor el mosquito *Aedis Aegyti*.

[63] DÍAZ PÉREZ y DE LA FUENTE PERDOMO (1990), *op. cit.*, p.155.

De esta enfermedad infecciosa[64], endémica de América Central y Meridional, así como en las regiones occidentales y centrales del continente africano, "se tienen noticias documentadas desde que en 1648 se extendió el Yucatán, y sería en 1694, en Pernambuco, cuando recibió el nombre de fiebre amarilla, debido a sus manifestaciones hepáticas y digestivas, similares a la ictericia"[65].

El agente transmisor de la fiebre amarilla era el mosquito *Aedes Aegypti*, que pasa la infección de hombre a hombre, causando grandes pandemias. Este insecto propio de los climas tropicales, de carácter doméstico y cosmopolita, solía poner sus huevos en aguas próximas a las viviendas, generalmente de baja pureza y composición[66].

A partir de 1700 y hasta 1864[67], esta enfermedad va a presentarse periódicamente en la isla de Tenerife, en la que penetró aprovechándose del continuo y floreciente comercio que mantenía, particularmente, con algunos puertos peninsulares y con las Antillas. Todas llegaron formando parte del cargamento de los buques que arribaban a la isla. No se debe olvidar que Cronin era doctor en medicina, un hombre muy curioso y observador, y posiblemente, durante su estancia puede que mostrara interés por la situación sanitaria del archipiélago. Cuando utiliza la fiebre amarilla como elemento dramático para su novela, no parece que lo haga sin conocimiento de causa, aunque comete algunos errores quizás por no tener la información profunda y suficiente de las características esenciales de esta enfermedad:

> *Fiebre amarilla. Mala cosa, malísima. Dicen que ha venido del África, traída por un mercante de Liberia. Pero yo creo que se trata de un castigo de cielo. Nada más y nada menos*[68].

---

[64] La fiebre amarilla va a ser conocida bajo diferentes y muy variadas denominaciones: fiebre americana, fiebre marinera, fiebre de los trópicos, calentura amarilla, mal o calentura de Siam, vómito negro, vómito prieto, tifo americano, tifus icterodes, synochus maligna y synochus atrabiliosa. [DÍAZ PÉREZ y DE LA FUENTE PERDOMO (1990), *op. cit.*, p.97].

[65] COLA BENÍTEZ (1996), p.103. El proceso se inicia por un pródromo de fiebres, dolores de cabeza y quebrantamiento del estado general y continúa con las manifestaciones hepáticas y digestivas ya citadas. Se añaden hemorragias cutáneo-mucosas que dan lugar a hematemesis, lo que explica su otra denominación de vómito negro. Generalmente, un fallo renal agudo precipita el desenlace fatal.

[66] DÍAZ PÉREZ y DE LA FUENTE PERDOMO (1990), *op. cit.*, p.99.

[67] Hasta siete veces azotó esta enfermedad a la isla, casi siempre afectando a poblaciones costeras como Santa Cruz y Puerto de la Cruz. Concretamente se produjeron epidemias los años 1701, 1771-72, 1810, 1811, 1846, 1862-63, y 1873, donde sólo se registraron dos casos aislados en Santa Cruz de Tenerife. [DÍAZ PÉREZ y DE LA FUENTE PERDOMO (1990), *op. cit.*, pp.60-61]. Las de mayor mortalidad fueron las de 1701, en la que murieron nueve mil personas, y la de 1811, donde las muertes se elevaron hasta la cifra de dos mil sesenta y cuatro personas. [DÍAZ PÉREZ y DE LA FUENTE PERDOMO (1990), *op. cit.*, p.154].

[68] CRONIN (1965), *op. cit.*, p.146.

Como hemos señalado todas estas epidemias llegaron a la isla por el mar, pero en honor a la verdad histórica, en el caso canario, la fiebre amarilla nunca vino de África como afirma el personaje de Aaron Rodgers en la novela, sino fundamentalmente a través de barcos procedentes de La Habana y, sólo en una ocasión, por uno llegado de Cádiz[69]. En cualquier caso, no se trata de algo totalmente descabellado, sólo una cuestión de probabilidad; el vómito negro también era endémico del continente africano y podía haber alcanzado a la isla en algún momento de su historia. Más evidente es la incorrección que comete Cronin al señalar a la ciudad de los Adelantados como foco principal de la infección:

> *El brote es en La Laguna. Es en toda la zona alta. Están haciendo esfuerzos ímprobos para que la epidemia no llegue a Santa Cruz. Tantos que no pueden dedicar ninguno a nosotros. Y además la epidemia avanza hacia el oeste. Ya ha aparecido en otras islas. Según me ha dicho, ha comenzado en Las Palmas la semana última. Pero el centro es La Laguna. Hay una finca en las afueras de la ciudad, inmediata a la mía. La Casa de los Cisnes. Pertenece a una vieja señora española, muy necia. (...) Ahí es donde está el foco*[70].

En este punto Cronin se equivoca. Todas las epidemias comenzaron en núcleos costeros, nunca en las medianías. Es cierto que en La Laguna se establecieron durante el siglo XIX, más por desconocimiento de la epidemiologia de la fiebre amarilla que por otra razón, cordones sanitarios para impedir el acceso de la gente procedente de Santa Cruz, pero esto era algo totalmente innecesario, puesto que el mosquito transmisor sólo puede sobrevivir en cotas no superiores a los 250 metros, altitud por encima de la cual se encuentra localizada la ciudad de San Cristóbal de La Laguna[71].

Los principales puertos de las islas fueron, en ocasiones, medios propicios para la propagación de este tipo de calamidades por nuestro frágil territorio. Sin embargo, eran también fuentes de vida, eran en realidad los que suministraban el pulso vital necesario para estimular el desarrollo económico y social de Canarias. La mayoría de los visitantes extranjeros llegaban al Archipiélago por barco. En los años treinta los puertos canarios todavía constituían la principal, por no decir la única, vía de comunicación de la sociedad isleña con el exterior. A través

---

69 DÍAZ PÉREZ y DE LA FUENTE PERDOMO (1990), *op. cit.*, p.85. Concretamente la fiebre amarilla fue introducida en la isla desde este puerto andaluz en septiembre 1810, con el arribo en el puerto de Santa Cruz de los barcos *San Luis Gonzaga* y *Fenix*.

70 CRONIN (1965), *op. cit.*, pp.146-47.

71 Por este mismo motivo, la enfermedad tampoco pasó del Puerto de la Cruz a Los Realejos o La Orotava. [DÍAZ PÉREZ y DE LA FUENTE PERDOMO (1990), *op. cit.*, p.62].

de sus muelles los productos agrícolas podían ser exportados y comercializados en diferentes puntos de Europa, y al mismo tiempo, permitían la entrada de toda una gran cantidad de víveres muy apreciados por los habitantes de las islas[72].

Aunque no existe constancia documental, creemos que Cronin debió utilizar este medio para llegar hasta Canarias. Existe un indicio en la novela que permite aventurar la hipótesis de que muy posiblemente, la naviera utilizada por este escritor para viajar hasta las islas, fue la compañía inglesa Yeoward Brothers. Esta naviera mantuvo una línea regular entre Liverpool y los puertos del Archipiélago canario desde 1894 hasta 1955. Fundada en 1885 por los hermanos Richard Joseph y Lewis Herbert Yeoward, esta sociedad se dedicó fundamentalmente a la importación de fruta. Como contraseña eligieron los colores de la bandera de España con las iniciales "YB" en la franja gualda[73]. A principios de los años treinta, la naviera operaba con cuatro buques de carga que, por lo general, hacían cada uno de ellos, al menos, un trayecto al mes[74]. Las salidas de los vapores se producían los viernes y, aunque fundamentalmente eran barcos destinados al transporte de mercancías, estaban habilitados para llevar un número reducido de pasajeros.

> *Todos estos vapores (...) cargaban y descargaban en el North Coburg Dock, en Liverpool, y antes de zarpar hacia las Canarias embarcaban a los pasajeros en el Prince Landing Stage o también por medio de un ténder, (...). Desde Liverpool los barcos de la Yeoward arrumbaban a Santa Cruz de Tenerife, haciendo escala en Funchal, desde aquí seguían al Puerto de la Cruz. Allí, fondeados a la gira, realizaban faenas de carga por medio del tren de lanchas que a boga pausada -eran aquellos recios botes caleteros los que hacían el traslado de la fruta hasta las bandas del barco- iban y venían en la mar. Desde el Puerto de la Cruz volvían a Santa Cruz de Tenerife, donde en el muelle sur cargaban y hacían consumo, para luego seguir a Las Palmas. Allí completaban la carga de fruta y posteriormente, regresaban a Liverpool*[75].

---

72 Por ejemplo, desde Londres se recibían en las islas galletas, chocolates, té, mermeladas, mantequilla danesa, vinos, telas, loza, etc [GONZÁLEZ LEMUS (1995), *op. cit.*, p.228].

73 GÓMEZ GÓMEZ (1992), p.698.

74 La prensa de la época en Tenerife solía insertar con regularidad el anuncio de la Yeoward Bothers donde con antelación se comunicaba a los lectores la fecha de la salida de sus barcos a lo largo del mes. Así, por ejemplo, el 6 de noviembre de 1934, en el periódico *La Tarde,* se publicaba la relación de barcos de esta compañía que iban a partir durante las siguientes semanas: el 2 de noviembre, el vapor *Alondra;* el viernes 9, el *Alca;* el 16, el *Ardeola;* el 23, el *Aguila,* y el 30 de noviembre, volvía de nuevo a zarpar el *Alondra.*

75 GÓMEZ GÓMEZ (1992), *op. cit.*, p.700.

Los nombres de estos vapores eran el *Alondra*, el *Alca*, el *Aguila* y, curiosamente, el *Ardeola*. Existe la posibilidad de que detrás del buque imaginado por Cronin para trasladar a sus personajes a las Canarias se encuentra en realidad este último barco perteneciente a la Yeoward Brothers. Resulta sospechoso que escogiese el nombre de *Aureola* para el vapor de su novela. El barco original, el *Ardeola* "era de unas 3150 toneladas, con 310 pies de eslora y 44 de manga. Su silueta -gallarda y fina- se remataba con tres palos que como la chimenea tenían mucha guinda e iban en caída"[76]. Cronin, por su lado, en la historia describe su navío de ficción como "un barco pequeño construido para carga, pero también era un barco bonito, con proa y popa muy finas y un casco gracioso y tenso"[77], y también hace mención a cómo burlonamente, se le conocía como "la lancha de las bananas"[78]. Esa cercanía fonética entre el barco real y el de ficción, junto con la descripción hecha por el novelista, induce a pensar que el escritor escocés pudo haber viajado perfectamente en esta línea. Pero no son éstas los únicos puntos de contacto entre la realidad y la ficción construida por Cronin.

En *Grand Canary* el navío pertenece a una naviera importadora de fruta al Reino Unido, la Slade Brothers[79], cuya base de operaciones se encuentra en Liverpool. Tal y como ocurría en los vapores de la compañía Yeoward Bros., en la novela se describe al *Aureola* como una embarcación dedicada fundamentalmente al transporte de mercaderías, aunque también preparada para llevar a un grupo pequeño de viajeros[80]. Asimismo, coinciden en el detalle de que,

[76] GÓMEZ GÓMEZ (1992), *op. cit.*, p.699. En realidad, existieron tres buques que llevaron este mismo nombre durante todo el período en que la Yeoward Brothers estuvo operando con Canarias. El primero había sido construido en 1888, pero tuvo una vida muy corta bajo la contraseña de esta naviera pues, cuando navegaba de Santa Cruz de Tenerife a Liverpool, el 10 de diciembre de 1903 fue abordado y hundido por la fragata *Natura*. Para reponer este barco perdido, se encargó la construcción de un nuevo *Ardeola* que fue entregado en 1904 y se incorporó a la línea frutera ese mismo año. En 1911, la Yeoward vendió este segundo *Ardeola* a la naviera St. Lawrence Shipping Co., bajo cuya contraseña navegaba cuando fue torpeado y hundido por un submarino alemán en 1915. El último *Ardeola* fue adquirido por la compañía en 1912 y se mantuvo en línea regular hasta mediados de 1915 dado que la IGM significó la retirada momentánea de la Yeoward Brothers de su línea regular con los puertos canarios. Una vez finalizado el conflicto la compañía reanudó sus operaciones con las islas y, el *Ardeola* continúo viajando entre Liverpool y Canarias hasta 1941 [GÓMEZ GÓMEZ (1992), *op. cit.*, pp.699-700]. "El 4 de noviembre de 1942 cuando el *Ardeola* navegaba rumbo a Malta fue capturado por un patrullero francés a la altura del Cabo Bon y fue llevado a Bizerta. Allí los alemanes se incautaron de él y con el nuevo nombre de *Aderno* y la bandera de la cruz gamada, navegó como transporte en aguas del Mediterráneo hasta que el 23 de julio de 1943 fue torpeado y hundido por un submarino de la Royal Navy" [GÓMEZ GÓMEZ (1992), *op. cit.*, p.701].

[77] CRONIN (1965), *op. cit.*, p. 8.

[78] CRONIN (1965), *op. cit.*, p.35.

[79] CRONIN (1965), *op. cit.*, p.4.

[80] Al comienzo de la novela uno de los trabajadores de la compañía muestra su satisfacción porque, con ocho viajeros, se ha completado el número de pasajeros que podían navegar en el *Aureola*. [*Ibídem*].

para acceder al buque, los turistas nunca subían directamente, sino que desde el muelle Prince[81], cogían una lancha que los trasladaba hasta la nave. En la obra de Cronin, la travesía duraba unos nueve días, y aunque el sentido y las escalas del trayecto no eran exactamente iguales a los realizados por los buques reales, su ruta era bastante parecida a la que éstos efectuaban desde principios del siglo XX. Todos estos datos permiten imaginar a Cronin, en la cubierta de uno de estos barcos, observando y tomando notas acerca de todo lo que sucedía a su alrededor mientras viajaba rumbo a Tenerife.

Hay un hecho, no obstante, que llama mucho la atención, y que lleva a preguntarse por qué Cronin tituló *Grand Canary* a una novela, cuya acción transcurre principalmente en Tenerife. Esto sorprende aún más cuando, como se ha constatado, el escritor visitó el Archipiélago, sabía perfectamente distinguir entre una y otra isla y, por lo tanto, no parecería lógico que pudiera cometer esta inexactitud. En un momento de la novela, Susan y Robert Tranter, los hermanos misioneros que se desplazan al Archipiélago para fundar un centro religioso desde el cual expandir su credo entre la población indígena, hablan sobre la duración del trayecto:

> *Y el viaje no es largo, supongo que en siete días estaremos en Las Palmas. Un día más para ir a La Orotava y pongamos otro para llegar a Santa Cruz*[82].

Sin embargo, esta precisión, en algunas ocasiones, se ve alterada por ciertas inexactitudes a la hora de situar diferentes enclaves geográficos de las islas. Así, por ejemplo, da la impresión que confunde el Puerto de la Cruz, lugar donde solían atracar estos barcos como escala antes de ir a Santa Cruz, con la Orotava:

> *Pero la noche sucumbió a su vez ante la mañana y toda la cálida belleza de las sombras se hundió en las aguas como una lánguida mano. Llegó el alba fría y desabrida, arrastrando sus pasos lenta e inexorablemente por el cielo. El Aureola anclado frente a La Orotava desde las siete campanadas, se mecía en las ondulaciones grises con retazos de neblina de sus mástiles y una delgada capa de vapor sobre sus latones. A sotavento, la costa estaba cubierta por la misma fina neblina, una neblina que trepaba a través de la ciudad y formaba nubarrones en las laderas del pico. Apenas había visibilidad; de cuando en cuando aparecían y desaparecían, con evanescente y tortu-*

[81] CRONIN (1965), *op. cit.*, p.5.
[82] CRONIN (1965), *op. cit.*, p.21.

> *rador encanto, un tejado amarillo, los plumeros verdes de las palmeras o un trozo de campiña purpurina. Se escuchaba el rumor de la rompiente contra la oscura arena volcánica. Las gaviotas, chillonas en sus giros sobre el barco, ponían en aquel encanto distante y velado una nota de desolación y tristeza*[83].

Es comprensible, de todas formas, que se produzca este error puesto que esta localización norteña, pese a tener desde hacía más de un siglo un status propio, todavía para muchos seguía siendo el puerto de la villa de La Orotava o Puerto Orotava. No obstante, más adelante Daisy Hemingway nos sorprende haciendo una clara referencia a las dificultades reales que desde antiguo han existido para atracar en el fondeadero del Puerto de la Cruz, revelando al lector que el barco, como no podía ser de otro modo, se encuentra ancorado en las costas de este municipio:

> *Si a usted no le gusta el sitio, al capitán no le gusta el puerto. Nada tiene de bueno. Mire esas rocas a sotavento. No son caramelos. Si tuviera mi experiencia en naufragios*[84]*, sabrían lo que significan. Apostaría a que zarpamos antes de media hora. A las cinco tenemos que estar en Santa Cruz. ¡En mi Santa!*[85].

En la propia novela, el Aureola no atraca en el muelle de este municipio del norte de Tenerife. La costumbre histórica era la de fondear cerca de la costa y esperar que barcas más pequeñas se encargasen de trasladar al pasaje y la carga a tierra: "Era un buen puerto en verano, pero en invierno los barcos se veían obligados a soltar amarras y echarse al mar, por temor a ser sorprendidos por las fuertes marejadas provocadas por los vientos del noroeste". Y esto hace sospechar que el novelista sí que conocía las condiciones del pequeño muelle de la localidad norteña en aquellos años, y los peligros que entrañaban las diferentes bajas que salpicaban el litoral.

Pero mucho más polémica son las referencias que se hacen del Teide. Por un lado, Susan tratando de levantar el ánimo del apesadumbrado Leith le comenta

---

[83] CRONIN (1965), *op. cit*, p.101.

[84] Daisy Hemingway, la madame de un "hotelito" en Santa Cruz, lleva viviendo en la isla treinta años donde se instaló después de ser la única superviviente de un naufragio. Según lo relata ella misma en la novela: "Mi marido, maldita sea su estampa, era el patrón del Christopher. Un barco de cabotaje... Quinientas toneladas, dedicado al guano. Aún puedo olerlo, tendida en esta litera. Hara treinta años con la Ascención que dábamos vuelta a Tenerife, como lo hacíamos por costumbre, casi en juego. Perdió el rumbo y perdió el barco. ¡Blam! Contras las rocas de Anaga... Así derechitos. Y al fondo se fue todo, barco y hombres. Yo también me hubiera hundido si hubiese tenidos sus mismas ganas de morir. (...) Así fui a parar a Santa Cruz." [CRONIN (1965), *op. cit*, p.25].

[85] CRONIN (1965), *op. cit.*, p.102.

lo siguiente: "El sábado, cuando lleguemos a Las Palmas, se sentirá tan bien que desembarcará y querrá escalar el Pico"[86].

Da la impresión de que en esta conversación el personaje está dando por sentado que el Pico, que es como se denomina al Teide[87] en varias ocasiones en la novela, se encuentra en Gran Canaria. Sin embargo, muy pocas páginas más adelante el novelista aclara, a través del capitán Renton, de forma contundente esta cuestión:

> *Una noble vista, Dr. Leith. Es el Pico del Teide, en Tenerife, y puede creérmelo, está a setenta y tres millas al oeste. Domina estas islas. Lo verá de más cerca en Santa Cruz*[88].

La majestuosidad y belleza del cono volcánico, elevándose abruptamente sobre el océano, se había convertido en un lugar recurrente en la literatura marítima desde largo tiempo atrás. Humboldt situaba el origen de esta fascinación en la remota Antigüedad: "Desde la época de los griegos y los romanos Tenerife es célebre por su aspecto. Y en nuestros días, casi todos los viajeros alrededor del mundo la evocan en su ruta hacia el cabo de Buena Esperanza"[89]. Para Nicolás González Lemus su popularidad comenzó a finales del siglo XVIII coincidiendo con la eclosión del Romanticismo. Fue entonces cuando,

> *montañas como el Teide se volvieron objetos de cultos, expresión de lo sublime, y se alentó su exploración. Muchos viajeros y naturalistas lo exploraron por su grandeza escénica, y el Teide reforzaría su categoría cultural para la civilización europea en la medida en que se va a conocer definitivamente el paisaje inhóspito de la montaña y su entorno: Las Cañadas. Al contrario de los Alpes, los Pirineos y las cordilleras andinas, el Teide, aislado y elevado en solitario, invitaba a su ascenso,*

86 CRONIN (1965), *op. cit.*, p.55.

87 En la versión original de la novela en un par de ocasiones se utiliza la denominación de "El Telde" para referirse al conocido volcán de la isla de Tenerife. Por ejemplo, en la página 105 se puede leer: "las aceitunas negras estaban exquisitas y la tortilla, hecha con pimientos conforme a lo solicitado, se elevaba como el mismísimo El Telde (sic)" [CRONIN (1965), *op. cit.*, p.105]. Este mismo error lo comete más adelante, cuando Harvey subiendo a La Laguna divisa la montaña: "Caminaba hacia poniente y era una mota oscura en el río de luz que dejaba pasar los dentados farallones de lava del Telde(sic)" [CRONIN (1942), *op. cit.*, p.174. En la traducción de la novela al español realizada Joaquín Urnieta en 1965 estas "erratas" fueron corregidas. [CRONIN (1965), *op. cit.*, pp.80,131].

88 CRONIN (1965), *op. cit.*, p.64.

89 Alexander Von Humbold, *Resie durch Venezuela. Auswahl aus den amerikanischen Reisetagebüchern*, edición a cargo de Margot Faak, Akademie Verlag, Berlin, 2000. Citado por BOURGUET (2003).

> *pues desde su cima, lugar privilegiado por antonomasia, el excursionista percibía la atmósfera del universo*[90].

Para los navegantes la imagen del Pico era especialmente imponente, sobre todo, cuando se lo divisaba desde el mar. Son muchos los testimonios de viajeros que, en las crónicas de sus viajes, dejaron por escrito la impresión causada por la montaña al pasar sus barcos por el archipiélago. Personajes y figuras relevantes como Mary Kingsley, Arthur Conan Doyle, Juan Maluquer Viladot y el propio Humboldt entre otros, contribuyeron con sus libros de viajes a extender la fama del Teide por todo el continente europeo. La popularidad de las islas fue tan considerable en la sociedad de la época que el famoso fabulador Julio Verne no dudó en situar en ellas la trama de una de sus novelas –*Agencia Thompsom y Compañía (1907)*–. Ni siquiera el famoso reportero creado por el dibujante Hergé pudo sustraerse, en 1931, a la impresión provocada por la visión del Teide en lontananza. De camino hacia el Congo en la segunda de sus aventuras, Tintín vislumbra en la distancia como se alza imponente en el horizonte la sombra oscura del majestuoso volcán rematada por una cumbre nevada.

En la retina de Cronin, como en la de tantos otros antes que él, debió quedar fijada la imagen de aquella soberbia montaña que, con su sensual silueta en forma de seno femenino, apuntaba al cielo con mal disimulado descaro. Pero al margen de los "traspiés" que pudo cometer en su novela, parece evidente que, bien por informaciones de primera mano, bien por sus lecturas, Cronin estaba al tanto de la geografía insular. Por eso resulta tan extraño que titulase su tercera obra narrativa con el nombre de la isla donde los personajes apenas están unas horas. La clave de este capricho literario la podemos encontrar en la misma novela. Justamente en su escala en Las Palmas, varios pasajeros deciden bajar a tierra y tomar un baño en la playa de Las Canteras. De una forma azarosa, Mary y el Dr. Leith se encuentran en una pequeña balsa que se encuentra en mitad de la bahía. Allí la joven utiliza por primera y última vez el término Gran Canaria para referirse a la isla donde en aquel momento se encuentran:

> *Llaman a esta isla Gran Canaria -murmuró Mary- ¡Gran Canaria! Hay color y movimiento en el nombre. Cuando pienso en este viaje, lo pronuncio en mi interior. Es un nombre que emociona*[91].

Se puede aventurar, por tanto, que la razón fundamental para la utilización de este título estuvo, como apunta la protagonista, en la mayor sonoridad y én-

[90] GONZÁLEZ LEMUS (2009), p.74.
[91] CRONIN (1965), *op. cit.*, p.76.

fasis de las palabras, o tal vez, porque para el autor sugerían mucho mejor la imagen de un mundo exótico, misterioso, donde las fuerzas del amor y de la muerte podían enfrentarse, cara a cara, sin las trabas impuestas por las convenciones sociales. En cualquier caso, lo cierto es que como otras novelas del autor, ésta se convirtió en uno más de sus éxitos editoriales y, sin duda, éste fue motivo suficiente para que la Fox, tan sólo un año después, comprase los derechos para llevar a cabo su adaptación cinematográfica.

3. LA PRODUCCIÓN DE *GRAN CANARY*

El proceso de producción de la película se llevó a cabo a lo largo de los seis primeros meses de 1934. Eran malos tiempos para la Fox. No sólo había tenido que enfrentarse a los duros efectos económicos de la Depresión, sino que además, desde la salida de su fundador, William Fox, esta corporación se encontraba sumida en una importante crisis interna. En aquel tiempo estaban de moda las colosales películas de corte histórico que sólo generaban pérdidas en taquilla, ante las cuales poco podían hacer los éxitos de los filmes de Will Rogers y Shirley Temple. Este fue también un momento en el que, mientras todos los demás estudios consolidaban estrategias en torno a sus estrellas o a buenos argumentos, la Fox vagaba errática, sin una política de producción del todo clara. En 1932, Sidney Kent se había hecho con las riendas de la sociedad cinematográfica después de haber dimitido del cargo como director de distribución en la Paramount. Kent había sido uno de los responsables de haber conseguido situar a esta compañía entre los grandes estudios de Hollywood durante la década de los veinte: "Sus notables cualidades como gestor hicieron posible que la Fox obtuviera beneficios en 1933. Kent contribuyó asimismo a la reorganización del circuito de exhibición y volvió a poner la distribución en el buen camino. Lo que Kent necesitaba eran películas populares que se vendieran bien. De ahí sus constantes enfrentamientos con Winfield Sheenan[92], que

[92] Winfield Sheenan, periodista y político en Nueva York, se había unido a William Fox en 1914. Fue él el que se encargó de la reorganización del viejo estudio de la Fox en Los Ángeles y estuvo al frente del mismo hasta 1934. Responsable de la meteórica ascensión de la compañía a finales de la década de los veinte, Sheenan no estuvo muy acertado con sus recetas para salir de la crisis derivada de la Gran Depresión. Su solución fue la

dirigía el estudio desde hacía largo tiempo y era un superviviente de los tiempos de William Fox"[93]. Todo ello conduciría a que, en 1935, Sidney Kent, presidente de la compañía decidiese fusionarla con la Twentieth Century Picture Company de Darryl Zanuck y Joseph Schenk, dando comienzo a una nueva etapa bajo el nombre de 20th Century-Fox.

3.1. La elaboración del guion

En el proceso de adaptación cinematográfica de la novela intervinieron cuatro guionistas. Según consta en los archivos que de la Twentieth Century-Fox Film Corporation se conservan en la Universidad de California-Los Ángeles, David Hertz fue el encargado de llevar a cabo un tratamiento de 57 páginas como primera aproximación. Pero a grandes rasgos, podemos distinguir dos fases en esa construcción del guion, la primera protagonizada por Dudley Nichols y, en menor medida, por Keene Thompson, los cuales serán posteriormente reemplazados por Ernest Pascal que, finalmente, recibió todos los créditos por este trabajo de adaptación.

3.1.1. La primera aproximación

El tratamiento de *Grand Canary* fue llevado a cabo por David Hertz, guionista que después de esta primera aproximación no volvió aparecer relacionado con este proyecto. En el cine de Hollywood, los tratamientos tenían un carácter exploratorio, constituían una etapa muy inicial dentro del largo proceso de elaboración de un guion, y con ellos se perseguía ver cómo el guionista enfocaba la adaptación cinematográfica de un texto preexistente. Desde un punto de vista formal, los tratamientos están más cerca de una narración literaria que de un guion para el cine. Escritos en tiempo presente, utilizando una prosa ágil y descriptiva, tratan de ofrecer una vista panorámica de la historia en su conjunto, prestando especial atención a los elementos más importantes de la trama, y a los personajes.

---

de producir superproducciones como *La gran jornada* (*The Big Trail, Raoul Walsh,* 1930) que obtuvieron grandes ingresos, pero nunca lo suficientemente grandes como para cubrir los costes de producción. Para colmo de males, mientras para la compañía las pérdidas comenzaron a ser algo habitual, varios de sus intérpretes más valiosos del estudio comenzaron a pasarse a otros estudios más estables y prósperos [GOMERY (1986), p.114].

[93] GOMERY (1986), *op. cit.,* p.110.

En su primer acercamiento a la novela, David Hertz, comenzó dividiendo el relato en doce capítulos e introduciendo algunos cambios significativos en la historia. En este texto la acción arranca justo en el momento en que Harvey descubre un remedio en contra de una rara dolencia, "la enfermedad del sueño"[94], que está haciendo estragos entre la población londinense. Hertz pretendía mostrar, de esta forma, lo que en la novela sólo conocíamos a través de los comentarios e insinuaciones que hacían los otros personajes. Su objetivo era explicitar las razones por las cuales el Dr. Harvey Leith era apartado de la profesión médica acusado, injustamente, de negligencia por la muerte de tres pacientes. En este punto Hertz introdujo algo totalmente novedoso: uno de los enfermos que morían era el hijo recién nacido de Lady Fielding quien, desesperada por la pérdida de su único consuelo, decide tomar un barco para dejar atrás la fría niebla que envuelve a la capital de Inglaterra. Leith, empujado aquí también por su amigo Ismay, resuelve enrolarse en una fragata cuyo destino final desconocía. Durante la travesía conoce a Corcoran. Hertz transforma a este último personaje y, de ser un viajero en busca de fortuna en las islas, pasa a convertirse en un marinero más de la tripulación del Aureola. Pero además Leith descubría que entre el pasaje viajaba, nada más y nada menos, que Lady Mary Fielding. Junto a ella viajaban Susan Tranter, aquí una enfermera que se dirige al Archipiélago para ayudar a un médico inglés contra una epidemia de fiebre amarilla, y Mother Hemingway[95] que, regentaba un *bed and breakfast* en el número dieciséis de la calle de la Tuna[96] en Gran Canaria[97].

Como en la novela, Leith pierde el barco como consecuencia de una pelea en una taberna, aunque en este caso el garito se encuentra en el puerto de Gran Canaria, y después de muchas reticencias, decide ayudar a Susan a impedir que la epidemia se extienda por toda la isla.

Quizás lo más inverosímil del planteamiento de Hertz es la historia de amor entre los dos protagonistas. A Mary se la describe como una mujer rota por la pérdida de su bebé de la que no duda en responsabilizar a Leith. Luego no sólo

---

94 David Hertz, *Grand Canary. A treatment*, s.f., en "Twentieth Century-Fox Film Corporation Collection", Box: FX-PRS-649, Arts/Special Collections, Arts Library, UCLA, Los Angeles, California, p.4.

95 Desaparecen por tanto los personajes de Elissa Bayham, Robert Tranter, Dibss y William Carr.

96 *Op. cit.*, p. 20. Esta dirección del prostíbulo de Daisy Hemingway se mantuvo desde la novela y a lo largo de todo el proceso de elaboración del guion, en este caso la diferencia estriba en que la calle se encuentra en Gran Canaria y no en Santa Cruz de Tenerife.

97 Aquí encontramos otra de las diferencias de este tratamiento realizado por Hertz con respecto a la novela de Cronin. En este caso, el único destino del *Aureola* en el archipiélago es Gran Canaria. No se menciona ninguna otra escala en las islas. Esto desde luego daba una mayor coherencia a la historia con el título que la encabezaba, sin embargo, no evita que, por desconocimiento de la geografía de Canarias, Hertz mencione el municipio de "Orotava" como si estuviera localizado en esta isla. [*Op. cit.*, p.26].

descubre que es inocente, sino que lo ama con todo su corazón. Este acercamiento entre el doctor y la joven dama, provoca los celos de Susan que se sentirá apartada cuando Mary, en el patio de la Casa de los Cisnes, caiga abatida por las fiebres. Leith la cuidará sin descanso, ajeno al creciente despecho que tantas atenciones provocan en la enfermera. En una noche de tormenta, Susan se ofrece altruistamente para ir a buscar quinina como única manera de salvar a la convaleciente Mary. Pero tratando de cruzar un barranco desbocado por las lluvias, morirá ahogada. Mientras tanto Mary se recupera gracias a una transfusión realizada por su amante que, agotado por el esfuerzo, se quedará dormido. Al despertar encontrará que el marido de Mary se la ha llevado a Madrid buscando mejores condiciones sanitarias para su restablecimiento. Pasado el tiempo Leith y Corcoran deciden instalarse en Gran Canaria a vivir y trabajar. Poco después llega desde Londres su amigo, el doctor Ismay, que le cuenta que Mary se ha divorciado, que se encuentra en la isla, y que le está esperando junto a la fuente que se encuentra en el jardín de la Casa de los Cisnes.

Como se puede adivinar por este breve resumen, Hertz mantiene los elementos esenciales de la novela. Transformó y añadió hechos, eliminó algunos personajes, pero en esencia en la trama seguía existiendo, por un lado, un "fracaso" profesional desencadenante de un viaje, de marcado carácter redentor, a un lugar alejado y exótico, y por otro, la historia de un adulterio que acaba felizmente con el divorcio de la protagonista. Desafortunadamente no existe documentación que permita conocer cuáles fueron los motivos para que este primer acercamiento a la adaptación de la novela de Cronin no fuera tenido en cuenta en posteriores borradores. Lo cierto es que el trabajo será asignado en primera instancia a Dudley Nichols, uno de los guionistas más prometedores del Hollywood de aquellos años.

3.1.2. Los borradores de Dudley Nichols

Dudley Nichols había comenzado su carrera en Hollywood en 1930 con el guion de la película *Tragedia submarina (Men Without Women),* origen de una fructífera relación con John Ford que, incluso, le reportaría un oscar en 1935 por su participación en *El delator (The Informer)*[98]. El trabajo de Nichols sobre

[98] Su relación con Ford se desarrolló a lo largo de la década de los treinta y en catorce ocasiones. Entre ellas destacan, Mar de fondo (*Seas Beneath,* 1931), *Peregrinos (Pilgrimage,*1933), *La patrulla perdida (The Lost Patrol,* 1934), El juez Priest (*Judge Priest,* 1934), *Barco a la deriva (Steamboat Rround the Bend,* 935), *María Estuardo (Mary of Scotland,* 1936), La osa mayor y la estrellas (*The Plough and the Stars,* 1936), Huracán sobre la isla (*The Hurricane,* 1937), La diligencia (*Stagecoach,* 1939) y Hombres intrépidos (*The Long Voyage Home,* 1940). Pero además Dudley Nichols trabajó para casi todo el mundo en Hollywood y en películas realmente importantes: para Howard Hawks en *La fiera de mi niña* (*Bringing Up Baby,* 1938), para Fritz Lang en *El hombre atrapado* (*Man Hunt,* 1941) y en *Perversidad* (*Scarlett Street,* 1946), para en

la novela de Cronin se extendió desde finales de enero hasta mediados de marzo de 1934. Durante este período llevó a cabo tres borradores y, en colaboración con Keene Thompson, un guion que se quería definitivo, pero que no llegaron a concluir[99]. De su labor en los tres primeros borradores se desprende que Nichols se acercó a la obra de Cronin respetando, *grosso modo*, la estructura, los acontecimientos y personajes descritos en la novela. Sin embargo, el propio Nichols, en el segundo borrador, datado el 31 de enero de 1934, adjuntaba una nota en la que si bien calificaba su trabajo como una fiel versión cinematográfica de la novela -aunque reconocía asimismo que era demasiado extensa y debía ser revisada- por otro lado, señalaba cuáles habían sido sus criterios a la hora de abordar esta adaptación:

> *(...) He procurado mantener el espíritu de la novela y la integridad del argumento, pero me he visto obligado a apartarme en muchos aspectos esenciales para eliminar cierta irrealidad, intensificar la estructura y fuerza dramática, y reforzar la totalidad de la historia con un contenido y un sentido de destino más profundo. Muchos personajes han sido recreados enteramente en atención a la censura y al buen gusto. En general creo que he mejorado considerablemente la novela, aunque de no haber sido por ella este guion jamás hubiera existido.*
>
> *La peculiar atmósfera de esta película es tan importante como la historia en sí, realzando la trama y enriqueciendo su significado. Por esta razón, la música y los efectos sonoros, allí donde han sido cuidadosamente indicados, son esenciales y debe prestárseles especial atención.*
>
> *Se presenta una continuidad construida a partir de un flujo imperceptible de escenas consecutivas, enlazadas por breves fundidos y encadenados para que la corriente emocional no se vea bruscamente interrumpida, y se consiga el efecto deseado completamente. Estos fundidos deberán tener, en la mayor parte de las ocasiones, la duración de tan sólo unos pocos fotogramas,*

Jean Renoir en *Aguas pantanosas* (*Swamp Water*, 1941) y *Esta tierra es mía* (*This Land is Mine*, 1943), para Sam Wood en ¿Por quién doblan las campanas? (*For Whom the Bells Tolls*, 1943), y para Elia Kazan en *Pinky* (*Pinky*, 1949).

[99] *Grand Canary. Produced Scripts*, en "Twentieth Century-Fox Film Corporation Collection", Box: FX-PRS-649, Arts/Special Collections, Arts Library, UCLA, Los Angeles, California. Los tres borradores están datados los días 25-I-1934 (136 p), 31-I-1934 (130p) y 7-II-1934 (112p). El guion final está fechado el 12-III-1934. También existen copias de los mismos en la Universidad del Sur de California en Los Ángeles.

> *algo más que los utilizados en un corte, para dar la sensación de una suave transición en lugar de un brusco cambio de imagen. Esto no afectará a las emociones de nuestro público*[100].

Por suerte se han podido analizar estos trabajos preliminares de Nichols y estudiar la forma en que este guionista se aproximaba a la adaptación de la novela, puliendo aquellos aspectos que le parecían más difíciles de trasladar a la pantalla para conseguir reforzar la atmósfera de predestinación que, ya en la obra de Cronin, sobrevolaba la historia de amor entre los protagonistas. En estos primeros acercamientos Nichols va introduciendo pequeñas modificaciones que le permitieron dar una mayor coherencia al relato sin traicionarlo. En general, el tono y el contenido básico de la obra literaria se mantuvieron, llegando a realizar fieles transcripciones de los diálogos y apareciendo en los textos de Nichols muchas de las referencias geográficas e históricas introducidas por Cronin, sin que en el paso de uno a otro se hayan detectado incorrecciones significativas, como no sean las cometidas previamente en la novela.

De todas formas, Nichols, introdujo algunos cambios. En el primer borrador, fechado el 25 de enero de 1934, el protagonista pasa a llamarse Harvey Jameison, no Harvey Leith; el vapor que toman en el puerto de Liverpool, no es el *Aureola*, sino el *Orotava*; y entre los acompañantes de Lady Mary está va Wilfred Carr, un personaje secundario en la novela[101] y que en los tres primeros borradores de

---

[100] Dudley Nichols, *Screenplay of Grand Canary. Second Draft,* 31-I-1934, en "Twentieth Century-Fox Film Corporation Collection". En esta nota adjunta el guionista se atreve a indicar los nombres de algunos actores que podrían encarnar los diferentes personajes de la obra. De todos los intérpretes sugeridos por Nichols, el único que finalmente aparecerá en la película será Warner Baxter. La propuesta de Nichols era la siguiente: para el papel del Dr. Ismay, Grant Mitchell; para el de Mary Fielding, Heather Angel; para el Sir Michael Fielding, Guy Standing; para Elissa Bayham, Gertrude Mitchell; para Wilfred Carr, Paul Kavanagh o Gerald Fielding; para Daines Dibden, Henry Stephenson; para Corcoran, Dudley Digges; para Mother Hemingway, Alison Skipworth o Beryl Mercer; para Robert Tranter, John Boles; para Susan Tranter, bien Mayo Hethet o Julie Haydon; para Dr. Reginald Marsden, Reginald Nason; para Trout, Herbert Mundin, y para el capitán Renton, Claude King.

[101] Además de Carr le acompañan Elissa Baynham y Daines Dibdin En la novela de Cronin Wilfred Carr aparece cuando el *Aureola* hace la primera escala del viaje, en Las Palmas de Gran Canaria, más tarde viaja a Santa Cruz y tendrá un enfrentamiento con Leith cuando Mary cae enferma. Cronin en su novela lo describe de la siguiente manera: "Sus maneras, concentradas mortíferamente, indicaban de modo sutil que Mary tenía que quedar impresionada por tanto interés y enamorada de tan magnífica apostura. Era Wilfred Carr de cuerpo entero. Tantas mujeres le habían dicho que era encantador, que sabía, de modo infalible, que no había mujer que se le pudiera resistir. Tal vez tuviera atractivo; poseía todas las cualidades. Bailaba espléndidamente, jugaba bien al golf y al tenis con brillantez, había boxeado en el equipo de la universidad, era fuerte en el bridge y se sentía a sus anchas en cualquier boudoir. No era más que el hijo de un clérigo de pueblo. Pero había recibido una educación costosa, en forma que lo tenía todo en sus modales y nada en su cabeza. Sin embargo, poseía el instinto de hacer carrera. En Inglaterra

Nichols adquiere un papel mucho más relevante en la trama. Nichols describe a este personaje como "un atlético joven inglés, de unos treinta años, de aspecto nervioso y rostro irascible"[102]. Carr aparece como un arribista que, aprovechándose de su relación con Sir Michael Fielding, trata sin éxito de seducir durante la travesía a su mujer Mary Fielding, mientras que su antigua amante, Elissa Baynham, le reprocha continuamente su actitud. Más adelante en la historia, ya en Santa Cruz, Elissa, despreciada nuevamente por Carr, tratará de suicidarse tirándose a un torrente durante una noche de tormenta[103]. Aquí Nichols modifica los hechos de una forma evidente. Tanto en la novela como en el borrador, Elissa seduce al joven misionero Robert Tranter; sin embargo, mientras que en el texto de Cronin es éste el que, desesperado por la indiferencia de la mujer a la que ha entregado su virginidad, se lanza a las aguas, y es su hermana, la que tratando de salvarle, muere ahogada[104], en este primer borrador de Nichols, es Robert el que desaparece en el cauce turbulento del barranco al intentar rescatar a su seductora amante[105].

El desenlace de la historia planteado por el guionista es bastante fiel al de la novela. Cuando Mary está totalmente recuperada, su marido y un doctor londinense, recién llegados a la isla de un largo viaje en hidroavión desde Londres, aparecen en la Casa de los Cisnes. Michael Fielding se muestra agradecido a Leith por todos sus desvelos hacia su esposa y le invita a regresar con ellos a Inglaterra en su aeroplano. De visita en la mansión Fielding, Leith cae en la cuenta de que aquella historia de amor es imposible y decide regresar a Londres. Allí se reencuentra con su amigo Ismay que le comunica que existe un puesto vacante en el hospital Metropolitano Central. Ilusionado, ve el futuro con esperanza, cuando de repente sucede algo inesperado. En ambos casos el lector comprende que, a pesar de todo, triunfa el amor, sentimiento reparador de todas las cosas, del rencor, de la amargura, pero también de la infelicidad. Pero hay que hacer constar que, en la presentación de los hechos, el guion se muestra mucho más explícito, mucho menos sugerente que el final concebido por Cronin para su novela. El novelista había preferido optar por la ambigüedad y la sutileza:

---

cultivo a la gente de pro, entre las que figuraba Michael Fielding. Y ahora, con una vida holgada y una adecuada popularidad en la reducida buena sociedad de las islas, se decía a menudo que no tenía motivo alguno para quejarse". [CRONIN (1965), *op. cit.*, pp.105-106].

102 Dudley Nichols, *Grand Canary. First Draft,* 25-I-1934, en "Twentieth Century-Fox Film Corporation Collection", Box: FX-PRS-649, Arts/Special Collections, Arts Library, UCLA, Los Angeles, California, p.12.

103 Previamente para desquitarse Elissa tiene una aventura con el joven misionero Robert Tranter. Este muere finalmente tratando de salvar de las aguas a Elissa cuando intenta suicidarse.

104 CRONIN (1965), *op.cit.*, p.292.

105 Dudley Nichols, *op.cit.*, p.122.

Todo estaba tranquilo. La casa en silencio y la calle sin tránsito. Pensó en Mary, con la mirada fija y remota, sorprendida por la imagen del rostro amado. Pero aquellos trozos no encajaban los unos en los otros. No había mano humana que pudiera encajarlos. Sin embargo, todo había sucedido, sucedido. Después suspiró. Esto era el pasado. El futuro... Era que no podía saber, de lo que no podía hablar. Pero, por lo menos, estaba la imagen de Mary... Un ideal muy ligado a su trabajo.

Mientras permanecía allí, con la expresión melancólica y aquel vibrante cansancio en su corazón, oyó un ruido en la calle desierta. Llegó hasta él escurriéndose a través de la niebla. No hizo caso en un principio. Pero el ruido se repitió. Era como si hubiera alguien junto a la puerta exterior. Y parecía también que alguien enredaba en la misma puerta. Harvey volvió la cabeza lentamente. Se dijo que era el viento. Pero no había viento alguno. No, sería Ismay... Ismay que volvía en busca de algo que había dejado olvidado... Pero no era Ismay.

El corazón de Harvey se contrajo. De nuevo crujió el silencio de la casa... Era un crujido muy leve, como si alguien anduviera con pies alados en el vestíbulo. Desesperadamente Harvey dijo: «No es nada, nada, nada». Sabía bien que no podía ser nada. Pero su rostro tenía una palidez mortal. En esto su corazón se detuvo... No había ruido esta vez. Pero había un perfume... Era un perfume que flotaba en la habitación, muy preciso, embriagador. Era el perfume de las fresias...[106].

Las fresias eran las flores que crecían en la Casa de los Cisnes, el lugar donde Harvey y Mary se declararon por primera vez su amor[107]. Así el olor de las fresias era utilizado por Cronin como un motivo recurrente, imagen literaria que identifica a los dos amantes, y que le sirve para sugerir al lector la presencia de Mary en la habitación de Leith. Aunque respetuoso con el texto de partida, Nichols se mostraba más directo:

Harvey, como sumido en un sueño, cierra la puerta y regresa a su habitación. Mira a su alrededor, a sus libros, a su instrumental con un

[106] CRONIN (1965), *op. cit.*, pp.329-330.

[107] La Fresia (*Freesia*) es una planta bulbosa de la familia de las Iridáceas, originaria de África del sur, que nos proporciona una de las primeras flores de primavera. Son de variados colores, tienen un delicado perfume y se conservan muy bien luego de cortadas. Se adaptan para cultivo tanto en tierra como en macetas.

propósito y una esperanza renovada. Fuera de plano, un gran reloj de pie comienza a anunciar la medianoche. Y antes de que haya dado siete u ocho solemnes campanadas, suena el timbre, y mientras Harvey se muestra sorprendido, se abre la puerta, y de la misteriosa y lluviosa noche aparece Mary sin paraguas, y con una gabardina empapada. Harvey la mira incrédulo. Trata de decir algo, pero no puede articular palabra.

El rostro de Mary presenta una mezcla de profunda alegría y tristeza. Emocionada, se acerca y levanta sus ojos hacia él.

MARY
Rápido antes de que el reloj dé la última campanada.

Él la besa maravillado y con reverencia, y ella lo mira, sus ojos están inundados por lágrimas de felicidad.

MARY
Sabes... Él lo ha entendido... Fue él que me dijo que viniera... Tenía que venir... para siempre[108].

Desde luego en el este primer borrador se perdía cualquier alusión poética al reencuentro. La habitación de Harvey no se veía invadida por el intenso aroma de las fresias, sino que Nichols trata de dejar bien claro al espectador cual era exactamente el desenlace de la historia. En el cine clásico americano, por lo general, se concebía al espectador como un simple receptor pasivo del argumento y, como consecuencia, no se dejaba que tuviera la opción de interpretar los hechos presentados durante el desarrollo de la película. Por otro lado, en esta claridad de la resolución, debió también influir la convención del *happy end*. La industria del cine en Estados Unidos de América subrayaba los aspectos más comerciales de este medio de expresión, haciendo radicar en el entretenimiento una de sus funciones más importantes.

El espectador, creían los grandes estudios, acudía al cine, especialmente en esta época de la Gran Depresión, buscando evadirse de la oscura realidad económica en la que estaba sumido el país. Las películas se convirtieron para una parte importante de la sociedad norteamericana durante la década de los años treinta, en el consuelo imprescindible en un tiempo frustración, angustia y desilusión. El final feliz, el desenlace reparador, que abría una puerta a la esperanza, se erigió en una constante narrativa, en un *deus ex machina* que restablecía el orden perdido a lo largo del metraje del filme. Teniendo en cuenta esto, es lógico

108 Dudley Nichols, *op. cit.*, pp.135-136.

que Nichols tratase de reajustar la historia de Cronin para que se adaptase a las exigencias de los espectadores.

Este primer borrador respondía, por lo tanto, con precisión al modelo narrativo que se había impuesto en la cinematografía americana y que había sido tan útil y eficaz en la extensión y penetración en el mercado internacional de los productos cinematográficos de Hollywood.

Seis días más tarde, el 31 de enero de 1934, Nichols ya tenía preparado un segundo borrador, de ciento treinta páginas, para *Grand Canary.* Aunque su extensión era algo más reducida que el anterior, este texto seguía siendo para lo que era habitual en aquella época, demasiado extenso. Este nuevo intento de adaptación tenía casi la apariencia de un guion cinematográfico definitivo, pero todavía era demasiado prolijo en sus descripciones, y muchas de las escenas estaban excesiva e innecesariamente desarrolladas. Como se ha dicho, Nichols reconocía expresamente al principio de este borrador que consideraba haber mejorado la historia planteada por Cronin en su novela. Tal vez por este motivo introdujo algunos cambios que no afectaban, en lo sustancial, la fidelidad con la que se había acercado a la obra literaria en su primer trabajo. Algunas de estas variaciones son muy puntuales e irrelevantes, como por ejemplo el hecho de que el nombre del barco no se mencione en ningún momento; otras, sin ser demasiado importantes, ofrecían un matiz nuevo a una situación o a un personaje. Tal es el caso de Lady Mary Fielding que, ahora, pasaba a convertirse en una británica nacida en Santa Cruz que lleva viviendo en Londres desde los cinco años y que, desde entonces, no había vuelto a las islas[109].

En otras ocasiones Nichols redujo a su mínima expresión a personajes como el de la marquesa de Luego, a la que solo se nombra y que muere víctima de la fiebre amarilla. Para reforzar ciertos aspectos de la historia, sin traicionar el espíritu de la novela, el guionista intercaló algunas escenas nuevas que tenían cierta relevancia. Una de las más significativas es aquella en la que el doctor protagonista, amargado, intentaba suicidarse tirándose por la borda del barco, desistiendo en el último minuto al ser sorprendido por una cándida Mary que se acercaba para charlar con él durante unos instantes[110].

Una semana más tarde, el 7 de febrero de 1934, el guionista presentó el que iba a ser su tercer borrador en solitario. Este texto, de ciento trece páginas, dividido en diecinueve partes, mantenía en lo esencial la estructura de la historia. Salvo por el hecho de que Nichols recuperaba el apellido Leith para su protago-

[109] Dudley Nichols, *Grand Canary.Second Draft,* 31-1-1934, en "Twentieth Century-Fox Film Corporation Collection", Box: FX-PRS-649, Arts/Special Collections, Arts Library, UCLA, Los Angeles, California, pp.12,51.

[110] *Op. cit.,* p.27.

nista, no existían grandes novedades, no se introducían grandes modificaciones y todo apunta a que, básicamente, este guion provisional tan sólo fue un pulimento del trabajo de adaptación realizado hasta ese momento[111].

Hasta ahora el proceso de elaboración del guion para la película parecía marchar con buen ritmo, dado que, en apenas quince días, el guionista había presentado tres borradores en los que se puede apreciar cierta coherencia en la adaptación. Sorprende que durante casi un mes y medio no tengamos constancia de que se llevase ningún trabajo relacionado con esta producción, al menos no, desde el punto de vista de su guion.

Algo debió suceder porque en los archivos de la Twentieth Century Fox se conserva un nuevo guion que quedó inconcluso, fechado el 12 de marzo de 1934[112], que está firmado por Dudley Nichols y Keene Thompson[113]. En el Hollywood de aquella época era bastante frecuente que, si los productores no estaban del todo satisfechos con el trabajo de un guionista, se le sustituyese o se le forzara a colaborar con otros escritores. En este caso lo habitual era que hubiera un reparto de tareas, de tal forma que uno se encargaba del armazón de la historia y de la delineación de los personajes, y el otro de los diálogos. Algunas veces esta forma de trabajar en equipo ayudaba a superar puntos muertos o callejones sin salida en el desarrollo narrativo del guion. Los propios Estudios trataban de justificar esta práctica argumentando que con ello se promovía la eficiencia en el trabajo, se explotaba el talento individual de cada guionista y, todo ello redundaba siempre en beneficio del resultado final[114]. Lo curioso es que después de la elaboración de cuarenta y seis páginas de este guion "definiti-

---

111 Dudley Nichols, *Grand Canary.Third Draft,* 7-2-1934, en "Twentieth Century-Fox Film Corporation Collection", Box: FX-PRS-649, Arts/Special Collections, Arts Library, UCLA, Los Angeles, California.

112 Dudley Nichols y Keene Thompson, *Grand Canary,* 12-3-1934, en "Twentieth Century-Fox Film Corporation Collection", Box: FX-PRS-649, Arts/Special Collections, Arts Library, UCLA, Los Angeles, California.

113 LANGMAN (1984), p. 804. Poco se sabe de Keene Thompson (1886-1937). Aparece como autor de algunos argumentos, adaptaciones y guiones ya desde la década de los veinte, siempre en colaboración, y casi todos para la Paramount, aunque puntualmente prestó sus servicios a RKO, Columbia, Samuel Goldwyn y Jesse Lasky.. Su carrera como guionista debió ser muy corta, pues sus últimos trabajos son de 1935. Su filmografía se compone, entre otros, de los siguientes títulos: *True to the Navy* (Frank Tuttle, 1930), *Fighting Caravans* (Otto Brower/ David Burton, 1931), *Caught* (Edward Sloman, 1931), *June Moon* (A. Edward Sutherland, 1931), *Palmy Days* (A. Edward Sutherland, 1932), *The Last Man* (Howard Higgins, 1932), *The Cheyenne Kid (*Robert F. Hill, 1933), *Air Hostess* (Albert S. Rogell, 1933), *Many Happy Returns* (Norman Z. McLeod, 1934), *Springtime for Henry* (Frank Tuttle, 1935), *Love in Bloom* (Elliot Nugent, 1935) y *Paris in Spring* (Lewis Milestone, 1935).

114 Richard Fine, *Hollywood and the Profession of Autorship, 1928-1940,* UMI Research Press, 1979, pp. 75-76, citado por BALIO (1993), p. 84.

vo" tanto Dudley Nichols como Keene Thompson se desvincularon totalmente de la producción.

Aunque los guionistas sólo alcanzaron a redactar una tercera parte del guion, este último trabajo es sorprendente porque en él se adivinan numerosos cambios -en algunos casos radicales-, que cuestionan la línea de fidelidad que hasta este momento había seguido Nichols. La novela ya no es un punto de referencia, y el argumento sigue unos derroteros que poco o nada tienen que ver con la historia concebida por Cronin.

Da la impresión de que Nichols y Thompson quisieron explorar una nueva vía lejos del texto original y de los borradores anteriores que, a la postre, quedó anegada. No sólo se modificaban los hechos presentados en la novela, sino que además los perfiles de los personajes se desvanecían, adquiriendo unos matices que, por inesperados, resultaban sorprendentes y que planteaban un giro copernicano. El relato aquí comienza en el dormitorio de Lady Fielding, "una joven dama de unos veinticuatro años que, ataviada con un seductor camisón que revela el contorno de sus pechos"[115], se encuentra en la cama descansando sobre varias mullidas almohadas. Leyendo el diario de la mañana descubre como los columnistas se han hecho eco del persistente rumor que recorre la ciudad adjudicándole un romance con el joven Doctor Harvey Leith, y de cómo éste ha sido expulsado por este motivo de su trabajo en un reconocido hospital de Londres. En este momento irrumpe en la habitación el Sr. Rodríguez, un argentino que, furioso y celoso, le pide cuentas a Mary acerca del idilio que mantiene con Leith, amenazándola con contarle todo a su esposo. Esta nueva Mary delineada por Nichols y Thompson no es ya aquel personaje dulce, angelical e inocente que había creado Cronin en su novela, sino que se la describe como una mujer cínica, infiel y casquivana.

Leith también pierde su prestigio ante la profesión médica, pero por razones bien distintas. El protagonista es acusado injustamente en este caso de "asesinar" en la mesa de operaciones a Sir Humphrey, uno de los más reputados doctores en medicina de Inglaterra. Este hecho, junto con la confesión de Mary de haber mantenido varias relaciones con otros hombres antes de haberlo conocido a él, es lo que determina su decisión de embarcarse en un vapor con rumbo a Gran Canaria. Junto a él viajarán sólo Susan Tranter, una mujer dedicada en cuerpo y alma a los demás, y como contrapunto, Daisy Hemingway, una madame de un prostíbulo en Santa Cruz. Nada se dice de los otros personajes que aparecían en la novela. Más adelante descubrimos que Mary también forma parte del pasaje, pero no sabemos cuál hubiera sido el desarrollo del relato a partir de aquí puesto que el guion quedó, en este punto, bruscamente inacabado.

---

115 Dudley Nichols y Keene Thompson, *op. cit.*, p.1.

No tenemos idea de cuáles fueron las razones por las que se desechó este trabajo. Es evidente que su planteamiento se alejaba mucho de la novela y de los trabajos previos realizados por el propio Nichols. Puede ser que el camino emprendido en este guion no se considerase como el más adecuado, aunque la insistencia en el adulterio y el hecho de convertir al personaje femenino principal en una especie de mujer insatisfecha, pero sexualmente liberada, era una de las constantes del cine de los años treinta. Desde el principio de la década, Hollywood vivió un período de relativa libertad en el tratamiento de los temas que presentaba en sus películas, unos años que, historiográficamente, son conocidos como los «*Precode Years*»[116]. Durante este tiempo y hasta la implantación definitiva del Código Hays en el verano de 1934, el cine americano se atrevió a mostrar y a plantear cuestiones que suscitaron no poco malestar entre los sectores más conservadores de la sociedad americana. El sexo, la violencia, el crimen y el alcohol van a ser motivos recurrentes de la trama de muchas de las películas realizadas durante esta época. Los Grandes Estudios ahogados económica y financieramente, apostaron por estos temas, sabedores que podían atraer, como lo hicieron, a un número creciente de espectadores. Pero esta política de producción les llevó a un enfrentamiento frontal con diversos grupos religiosos, especialmente la iglesia católica, que veían en Hollywood una nueva Babilonia, responsable de la corrupción moral de la juventud americana[117]. Dado que este guion fue realizado precisamente durante este periodo de confrontación, es probable que su interrupción se deba a este clima de creciente hostilidad que se comenzó a desatar contra la industria del cine en Estados Unidos. Los encargados de la producción puede que valorasen estas circunstancias y optasen finalmente por suavizar el planteamiento de una historia que podía generar una reacción adversa entre una parte importante de su público potencial. En cualquier caso, lo cierto es que ambos guionistas fueron definitivamente retirados del proyecto, y la tarea de elaborar un nuevo guion para esta producción fue encomendada a nuevo guionista.

3.1.3. El guion definitivo de Ernest Pascal

Bajo contrato en la Fox, Ernest Pascal era un novelista y autor teatral de origen británico[118] que había comenzado su carrera cinematográfica a principios de

[116] Para profundizar en este apasionante período del cine americano consultar DOHERTY (1999).

[117] Ver los libros publicados por Gregory D. Black a este respecto: *Hollywood Censurado*, cambridge University Press, Madrid, 1998 y *La cruzada contra el cine* (1940-1975), Cambridge University Press, Madrid, 1999.

[118] Ernest Pascal nació en Londres, el 11 de enero de 1896, y murió en Bernardsville, Nueva Jersey, el 4 de noviembre de 1966. En los años veinte llegó a Hollywood para escribir historias cortas para Cecil B. DeMille. Fue presidente del Screen Writers Guild entre 1935 y 1937. Autor

los años 20. Él será el encargado de realizar un guion definitivo para la película. Todo apunta a que trabajó simultáneamente al rodaje, entregando el guion por partes a medida que iba redactándolas[119]. Prueba de ello es la carta que Jason S. Joy, ahora en la Fox, le envió a Joseph Breen, director del *Studio Relations Department* de la Oficina Hays,

> *Te adjunto copia del guion final de rodaje de* Grand Canary. *Como ya te he explicado el autor del mismo se encontraba a tan sólo un travelling por delante de la cámara.La película estará terminada en un día o dos; en cuanto esté montada te llamaré para que puedas verla*[120].

De la lectura del guion de Pascal se infiere que, más que una adaptación personal de la novela de Cronin, lo que hizo fue reutilizar lo ya elaborado por

---

de más de doscientos cuentos, su carrera como novelista comenzó en 1924 con la publicación de *The Dark Swan*, a la que siguieron *Hell's Highroad*, *Wedding Rings* y *The Age of Love*. Pascal también cultivó su faceta como dramaturgo y consiguió estrenar todas sus obras en Broadway, entre ellas se encuentran *The Charlatan* (1922), *The Marriage Bed* (1929), *The Amorous Antic* (1929), *I am My Youth* (1938) y *Peepshow*, pieza que además produjo con Samuel Bronston, en 1944. Su filmografía abarca más de una treintena de trabajos acreditados, desde principios de la década de los veinte hasta 1945. En muchas ocasiones fue el adaptador a la pantalla de sus propias obras literarias. Como guionista o dialoguista es responsable de los siguientes trabajos: *Falsa reputación* (*Chastity,* Victor Schertzinger, 1923), *The Savage* (Fred C. Newmeyer, 1926), *Sensation Seekers* (Lois Weber, 1927), *Man-Made Woman* (Paul L. Stein, 1928), *Interference* (Lothar Mendes, 1928), *Last of Duanes* (Alfred L. Werker, 1930), El espía (*The Spy*, Berthold Viertel, 1930), *Born to Love* (Paul L. Stein, 1930), *Age for Love* (Frank Lloyd, 1930), Fair Warning (Alfred L. Werker, 1931), *Husband's Holiday* (Robert Milton, 1932), *King's Vacation* (John G. Adolfi, 1933), *As the Earth turns* (Alfred E. Green, 1934), *The Human Side* (Edward Buzzell,1934), *The White Parade* (Irving Cummings,1934), *Here's to Romance* (Alfred E. Green, 1935), *Amor gaucho* (*Under the Pampas Moon*, Alfred Tinling1935), Lloyds de Londres (*Lloyds of London*, Henry King,1936), *La mascota del regimiento* (*Wee Willie Winkle, John Ford,* 1937), *Love under Fire* (George Marshall, 1937), *Kidnapped* (Alfred L. Werker,1938), *Hollywood Cavalcade* (Irving Cummings, 1939), *The Blue Bird* (Walter Lang, 1940) *El perro de los Baskerville* (*The Hound of the Baskerville*, Sidney Landfield, 1939), *Al margen de la vida* (*Flesh and Fantasy*, Julien Duvivier, 1943), *Aventuras de Jack London* (*Jack London*, Alfred Santell, 1943), *Huyendo a su destino* (*Destiny*, Reginald Le Borg, 1944), *Noche en el paraiso* (*Night in Paradise*, Arthur Lubin, 1945), y *Tierra generosa* (*Canyon Passage*, Jacques Tourneur, 1945).

119 Ernest Pascal, *Grand Canary. Revised Final Shooting Script,* 3-IV-1934, en "Twentieth Century Film Corporation Collection". En el propio guion se indican las sucesivas fechas en las que se fue remitiendo las diferentes partes del mismo, así desde la página 1 hasta la 65, están fechadas el día 3-IV-1934; de la 66 a la 89, el 28-IV-1934; de la 90 a la 98, el 5-V-1934 y de la 99 a la 102, el 8-V-1934, fecha ésta que, a nuestro juicio, debe considerarse como la de finalización efectiva del guion.

120 Coronel Jason S. Joy, *Carta a Joseph I. Breen*, 9 de mayo 1934, en "Grand Canary. Production Code Files", MPPDA Archive, Special Collections, Margaret Herrick Library, Academy of Motion Pictures Arts and Sciences, Beverly Hills, California.

Nichols y, a partir de ahí, eliminando o añadiendo cosas, ir construyendo su propio guion que presenta además algunas diferencias con la novela. Así por ejemplo, el motivo del viaje de Mary no será la búsqueda de un lugar de reposo sino de regreso al hogar, junto a su marido; la escala en Las Palmas se reduce a su mínima expresión, aumentando así el aparente "sin sentido" del título[121]; Michael Fielding, aunque se le menciona frecuentemente, nunca hacía acto de presencia; también se perdía el halo misterioso que rodeaba a los amantes y que los hacía seres reencarnados de una época lejana, y por último, desaparecía cualquier mención, insinuación o puesta en escena de un intento de suicidio por parte de alguno de los personajes.

No obstante, el cambio más interesante y significativo se encuentra en el planteado por Pascal. Aunque seguía respetando la convención del *happy-end* y reunía finalmente a los amantes, sin embargo, la forma de resolverlo es mucho más abrupta, introduciendo un giro novedoso que difiere sensiblemente de la atmósfera de predestinación y romanticismo de la novela. Así sucede que Leith, viendo que Lord Fielding se ha llevado consigo a Mary tras su recuperación, decide regresar a Londres -en la novela, regresaba en avión junto con Mary y su esposo-. Cuando desembarca recibe un cable de Mary que en el que le dice: "Ha sucedido algo maravilloso. Le he contado todo a Michael y lo ha comprendido. Embarco mañana"[122].

3.2. La mano de la censura

Cuando la Fox, a comienzos de 1934, decidió poner en marcha la producción de la adaptación cinematográfica de la novela de Cronin, la industria del cine americano se encontraba en uno de los momentos más delicados de su historia. Desde hacía unos meses, negros nubarrones se cernían sobre un Hollywood acosado por el creciente malestar social que generaba la "indecencia" de sus productos. La llegada del sonoro y las dificultades de las Grandes Compañías para

[121] En el guion de Pascal y en la película sólo se nombra Gran Canaria justo antes de finalizar el relato. Al desembarcar en el muelle de Liverpool, el doctor Ismay se muestra entusiasmado por la recuperación de su amigo. Leith le dice que no ha sido él quien ha conseguido juntar todos los pedazos, sino que fue "gracias a Gran Canaria". [Ernest Pascal, *Grand Canary. Revised Final Shooting Script,* 3-IV-1934, en "Twentieth Century Film Corporation Collection", p.102]. Ésta afirmación es bastante curiosa, especialmente cuando durante toda la duración del film la isla de Gran Canaria no se la menciona ni una sola vez.

[122] Ernest Pascal, *op. cit.*, p.102.

superar los contratiempos que había traído aparejada la Depresión para todos los sectores de la economía de los Estados Unidos, favoreció que los primeros años de la década de los treinta se caracterizaran "por una proliferación de películas que abordaban el divorcio, el adulterio, la prostitución y la promiscuidad"[123].

La oficina de censura encargada de velar por el cumplimiento del Código Hays que la propia industria había asumido voluntariamente en 1930, había mantenido desde entonces un forcejeo constante con los Estudios con el fin de mantener a raya, sin mucho éxito, los "excesos" morales y la violencia injustificada que estaban "contaminando" las historias que se presentaban al público norteamericano. A pesar de las proclamas de William Hays de que, a partir de la adopción del Código, la industria cinematográfica iba asumir como principios rectores de su comportamiento el "buen gusto" y el respecto por la sensibilidad de los espectadores, pronto se evidenció que los productores iban a explotar todo aquello que fuera rentable en las taquillas.

La poderosa fascinación que el cine ha ejercido siempre sobre los espectadores fue, desde los albores de esta manifestación artística, motivo de preocupación para los guardianes de la moral pública. Hasta la irrupción del cine sonoro, Hollywood había logrado mantener un delicado equilibrio entre su necesidad de atraer a un número cada vez mayor de clientes hasta sus salas, y al mismo tiempo, acallar las protestas de una minoría muy influyente y con gran capacidad para hacerse oír. No obstante, la aparición de la palabra en el cine no hizo sino complicar la situación. "En lugar de una pantomima exagerada, los actores utilizaban ahora el diálogo. Hombres y mujeres discutían abiertamente sus aventuras amorosas en la pantalla, los delincuentes alardeaban de sus crímenes, y los políticos hablaban con cinismo de las importantes cuestiones a las que se enfrentaba el Gobierno. Esta nueva franqueza entusiasmó a los cinéfilos y enfureció a los guardianes de la moral, quienes intensificaron sus exigencias de que el Gobierno reglamentara este poderoso medio de comunicación"[124]. La iglesia católica estadounidense amenazó con movilizar a sus feligreses, boicoteando la exhibición de aquellos filmes que considerasen perjudiciales para sus intereses espirituales. Temeroso de las repercusiones que estas campañas pudieran tener sobre la imagen pública de Hollywood, William Hays, presidente de la asociación de productores y distribuidores cinematográficos de América (MPPDA), recomendó a los Grandes Estudios que adoptase un código de "buena conducta" que había sido redactado por un grupo de notables católicos, entre los que se encontraba el padre Daniel Lord. Los productores aceptaron a regañadientes aquel texto regulador, porque en el fondo lo consideraron un mal menor y porque se reservaron la última palabra sobre el contenido de la película: "si cualquier estudio consideraba que la

[123] BLACK (1998), *op. cit.*, p.70.
[124] BLACK (1999), *op. cit.*, p. 25.

oficina de Hays interpretaba el Código de manera muy restrictiva, un jurado de productores, no de funcionarios de la MPPDA, decidiría si debía cortarse o no la escena transgresora. Con ese acuerdo, los productores de Hollywood aceptaron el Código"[125]. Hays dejó en manos de Jason Joy y del Departamento de Relaciones con los Estudios (SRD), la responsabilidad de velar por el cumplimiento de las disposiciones contempladas en el Código de Producción. Los productores, de forma voluntaria, podían remitir los guiones a Joy que ocupó el cargo de censor jefe hasta 1932; su sustituto, el Dr. James Wingate, se encargó de la tarea hasta la crisis de la Legión de la Decencia a finales de 1933. Ambos trataron modificar el contenido moral de los filmes para que estuvieran en consonancia con el Código, pero no fue un trabajo exento de complicaciones[126].

Aunque desde 1930 el Código estuvo vigente para toda la producción cinematográfica americana, los productores hicieron caso omiso de sus disposiciones. Los efectos de la Gran Depresión comenzaron a dejarse sentir sobre la cuenta de resultados de la industria del cine, y las compañías tuvieron que hacer frente a una delicada situación económica ofreciendo a los espectadores nuevas sensaciones. "Cuando los ingresos de taquilla comenzaron a caer para finalmente colapsarse, obligando a los estudios a vender sus activos, incluidas las salas, para hacer frente a los pagos de las nóminas y de los intereses, los magnates no estaban de humor para obedecer un Código moral restrictivo que no sólo les impedía tratar temas morales polémicos como el divorcio, el control de natalidad, el aborto y las relaciones prematrimoniales, sino que además exigía que el cine ignorara la cruda realidad de la Depresión.(...) los reformadores mantenían que estos temas, aunque no eran *inmorales*, tampoco eran adecuados para un espectáculo de masas. Las películas que abordaban la discriminación racial, los linchamientos y la oleada de problemas sociales y políticos que asolaban a Estados Unidos a principios de los años treinta fueron calificadas de *propaganda*. No se debía exhibir nada que pudiera definirse de sórdido, vulgar, obsceno, sensacionalista, por no decir desagradable. Las películas, sostenían los reformadores, no debían abordar temas que no pudieran tratarse entre *gente educadas*"[127]. Durante algo más de tres años, los productores trataron de ganarse al público con todo aquello que, aparentemente, estaba prohibido. El crimen, la violencia y el sexo se convirtieron en bazas seguras para afrontar la crisis.

A principios de 1933 y hasta mediados de 1934, el malestar de los grupos que protestaban por el contenido moral de los filmes producidos en Hollywood fue en aumento y pronto comenzó a gestarse la idea, especialmente entre la población católica de los Estados Unidos, de que era necesario emprender una

[125] BLACK (1999), *op. cit.*, p. 32.
[126] BLACK (1999), *op. cit.*, p. 34.
[127] BLACK (1998), *op. cit.*, pp.66-67.

cruzada contra la inmoralidad en el cine. Los católicos sólo constituían una quinta parte de la población, pero estaban principalmente concentrados en ciudades tan significativas como Chicago, Boston, Nueva York, Búfalo, Filadelfia, Pittsburg, Cleveland y Detroit, enclaves muy importantes para la industria cinematográfica porque eran "la sede de los enormes cines propiedad de los estudios, que exhibían las películas antes de estrenarlas en las demás salas. Un boicot católico eficaz en unas cuantas ciudades seleccionadas podría, por tanto, herir gravemente a la industria, que ya se tambaleaba como consecuencia de la depresión económica cada vez más profunda que padecía el país"[128]. La jerarquía eclesiástica decidió organizar grupos de voluntarios en cada parroquia para llevar a cabo una campaña nacional de sensibilización y de denuncia. De este modo, La Legión de la Decencia se convirtió en el ariete necesario para iniciar el contraataque católico contra los excesos de la industria del cine. La Iglesia estaba convencida de que sólo dañando sustancialmente los ingresos obtenidos por las grandes corporaciones cinematográficas en las taquillas, se podría conseguir una rectificación en su actitud y en su política de producción. Tratando de evitar que los acontecimientos se precipitasen sin remedio hacia un clima de enfrentamiento frontal, Hays nombró en diciembre de 1933 a Joseph Breen -un ferviente e integrista católico, de origen irlandés, que había sido uno principales inspiradores del Código-, como nuevo censor jefe[129]. "Al margen de las expectativas de los estudios, Breen consideró su nombramiento como una orden para infundir en el cine un profundo sentido de la moralidad. Firmemente comprometido con los valores de la iglesia católica, estaba empeñado en someter a los productores de Hollywood, convencido de que los responsables de la inmoralidad en el cine eran los judíos de Hollywood"[130]. Los católicos contaban ya con un hombre de confianza en el seno de la estructura organizativa de la industria, pero su poder era todavía muy limitado, pues los productores seguían teniendo la última palabra en lo relativo a los contenidos de sus películas. La gota que colmó el vaso de la paciencia de los sectores más radicales fue el anuncio del nuevo proyecto cinematográfico de la actriz Mae West. Pícara, seductora y provocadora, sus dos anteriores filmes se habían convertido en la encarnación de todo aquello que más irritaba a los denostadores del cine. Pero West constituía un problema difícil de solventar. Era una actriz muy taquillera, sus películas habían logrado salvar de la quiebra financiera a la Paramount y el estudio no estaba dispuesto a prescindir de su estrella más importante en aquellos momentos. El conflicto fue inevitable,

128 BLACK (1999), *op. cit.*, p. 44.

129 Para profundizar en esta figura clave en el cine clásico de Hollywood consultar la magnífica obra que Thomas Doherty (2007) le dedicó a la figura de Joseph I. Breen.

130 BLACK (1998), *op. cit.*, p. 186.

pero Breen se mostró inflexible en su negativa a dar el visto bueno a un guion "vulgar y altamente obsceno"[131].

En la primavera de 1934, la industria se vio acosado por tres frentes. Además de tener que enfrentarse a un boicot general organizado por la Legión de la Decencia, desde Washington comenzaron a circular rumores de que el Gobierno de Roosevelt estaba barajando la posibilidad de implementar un código federal de censura. La industria estaba acostumbrada a lidiar con juntas de censura local y estatal, pero la instauración de una legislación única para todo el país realmente constituía una seria amenaza para los intereses de Hollywood. Por otro lado, en estas mismas fechas comenzaron a publicarse una serie de informes de carácter científico, el más importante fue el financiado por la Fundación Payne, en el que se sugería la influencia negativa que determinados filmes podían ejercer sobre el comportamiento de los jóvenes. Desesperados por alcanzar la paz social, los productores a principios del verano de 1934 accedieron llevar a cabo una reestructuración interna "que permitiera que el Código, que hasta entonces sólo había sido un tigre de papel, pudiera afilar sus dientes"[132]. La solución a la crisis consistió en la creación, el 15 de julio de 1934, de un nuevo Consejo de Censura en Hollywood, el Production Code Administration (PCA), que viniera a sustituir al SRD, un organismo que se había mostrado incapaz de controlar los desmanes de la industria. La jerarquía católica presionó para que al frente de esta nueva junta se colocase a Joseph Breen y se le otorgase plenos poderes para poder aplicar, con efectividad, el Código aprobado en 1930. De esta forma se eliminó la posibilidad de recurrir a un "jurado de productores" en caso de conflicto con los hombres de la PCA. Además, a partir de ahora ningún estudio podría iniciar la producción de un filme hasta que Breen y sus colaboradores dieran su visto bueno al proyecto presentado. "Esta concesión, aparentemente de poca importancia, proporcionó a la PCA un enorme poder sobre los estudios, que dependían de un calendario muy rígido para sacar el máximo provecho tanto a los platós como al personal técnico"[133]. Y por si esto fuera poco, los estudios estaban obligados a presentar la película una vez estaba finalizada con el fin de que los censores dieran la autorización definitiva y el sello de la PCA que así lo acreditaba. La MPPDA aceptó no distribuir ni exhibir ninguna película que no contase con este nuevo sello de pureza[134].

Los efectos de su actividad sobre la industria cinematográfica norteamericana fueron inmediatos. Con puño de hierro en guante de seda, Breen implementó el Código consiguiendo en muy poco tiempo apaciguar los ánimos del público

131 BLACK (1999), *op. cit.*, p.192.
132 DOHERTY (2007), *op. cit.*, pp.8-9.
133 BLACK (1999), *op. cit.*, p.200.
134 *Ibídem.*

más conservador y meter en vereda a las díscolas productoras de Hollywood. A mediados de los treinta se había desarrollado la gramática de un lenguaje cinematográfico único, un sofisticado dialecto donde abundaban las insinuaciones más o menos veladas, los sobreentendidos y los guiños cómplices al espectador. Ir al cine se convirtió en un ejercicio de desciframiento y decodificación de alusiones, elipsis e imágenes metafóricas diversas. Los buenos cineastas respetaban la letra de la norma mientras trataban de retorcer su espíritu, mientras el sector más inteligente de los espectadores se divertía en la oscuridad de la sala leyendo entre líneas los mensajes ocultos en las escenas proyectadas en la pantalla[135].

No fue esta, por lo tanto, una censura externa, oficial, gubernamental, sino que la propia industria se dotó, forzada por las circunstancias, de un mecanismo de autorregulación que le asegurase cierta estabilidad social. Ganar adeptos, no enemigos era la principal consigna de los Grandes Estudios para que el negocio prosperase sin inoportunos escándalos y contratiempos. Durante más de tres décadas, la PCA se constituyó en un elemento esencial en el proceso de producción de los filmes en Estados Unidos. Sus decisiones inapelables, rara vez cuestionadas, determinaban de una manera decisiva el contenido y, en no pocas ocasiones, el acabado final de las películas producidas por Hollywood en ese período. Casi como un moderno "tratado de iconografía", el Código Hays nos revela los modos de representación a los que se atuvo el cine americano, por eso es tan importante tener en cuenta este factor a la hora de llevar a cabo cualquier análisis de sus productos cinematográficos. Para David Bordwell, la creación de la PCA puede que haya sido un elemento represivo de la libertad de expresión del medio, pero en buena medida evitó la instauración de una censura oficial que pudo haber sido mucho más dura e intransigente: "En la práctica, el Código no fue un instrumento de la mente mojigata de los dirigentes de la MPPDA, sino un compendio del tipo de temas que podían ser rechazados por las juntas de censura local o prohibidos para los espectadores católicos. El Código consiguió ahorrar dinero evitando que los cineastas rodasen escenas que más tarde podían ser eliminadas. La MPPDA no perseguía desterrar cualquier diálogo peligroso o escena violenta. Antes, al contrario, permitió a los Estudios ir tan lejos como para emocionar al público sin violar los límites establecidos por las autoridades de censura local"[136].

3.2.1. El efecto Breen sobre *Grand Canary*

Son estas las circunstancias históricas que rodearon la producción de *Grand Canary*. La Fox decidió poner en marcha esta adaptación cinematográfica de la novela de Cronin justo cuando la industria del cine americana atravesaba uno de

135 DOHERTY (2007), *op. cit.*, p.97.

136 THOMPSON y BORWELL (1993), p.240.

los momentos más delicados y comprometidos de su historia. Aunque la PCA no comenzó, oficialmente, su labor censora hasta el 15 de julio de 1934 -tan sólo cuatro días antes del estreno de la película-, no debemos menospreciar la influencia que tuvo este convulso contexto sobre el resultado final de este proyecto cinematográfico. El interlocutor de Breen en la compañía no era otro que el honorable Coronel Jason Joy, que en 1932, había dejado la SRC para ocupar un puesto como productor ejecutivo en la Fox[137]. Es cierto que Joy, mientras fue censor jefe, mantuvo una actitud más dialogante y flexible que su sucesor, eso no quiere decir que entre ambos no existiese una perfecta sintonía en torno a qué temas se podían mostrar y a cómo se podían representar en la pantalla.

En el caso de *Grand Canary*, la Fox Film Corporation inició esta ronda de consultas con la Oficina Hays con el envío de la novela de Cronin. El 26 de enero de 1934, Joseph Breen, haciéndose eco de los informes internos que la misma había recibido[138], comunicó a la productora que, en líneas generales, la obra no presentaba demasiados problemas, llegando incluso a manifestar su sorpresa y agrado porque entre Mary y Leith no hubiera indicios de contacto sexual. Como ya se ha señalado con anterioridad, el novelista escocés había apostado por la sugerencia y la sutileza. La naciente atracción de la pareja protagonista nunca se describía de una forma evidente, nunca era física, siempre se presentaba rodeada de esa atmósfera de encantamiento que ocultaba la realidad de una infidelidad. El lector se veía obligado, aunque nunca de forma desesperada, a leer entre líneas para darse cuenta de la relación adúltera y "pecaminosa" que iba surgiendo entre el doctor y la joven dama. Este juego, donde se insinuaba más de lo que se mostraba, junto con la redención del Dr. Leith, a buen seguro, debió complacer al susceptible ojo de Joseph Breen. No obstante, para el censor, en el argumento de la novela existían algunos "puntos controvertidos" en relación con la caracterización de los hermanos Tranter:

> *Hemos leído la novela, Grand Canary que usted tan amablemente nos ha remitido, y la hemos encontrado de gran interés. Desde nuestro punto de vista, la mayor dificultad se encuentra en el personaje de Tranter. Su posición recuerda ligeramente a la del misionero de Rain[139], que, tratando de salvar a una pecadora, termina él mismo perdiéndose. De igual modo hemos*

[137] MALTBY (1993), p.53.

[138] Miss H. Plate, *Memo on Grand Canary (novel) to J.I. Breen,* 23 de febrero de 1934, en "Grand Canary.Production Code Files", MPPDA Archive.

[139] Se trataba de una producción independiente de la Art Cinema Company, y fue distribuida por la United Artist en 1932. Su productor fue Joseph Schenck y el director Lewis Milestone. Basado en un relato de W. Somerset Maugham, la película estuvo interpretada por Joan Crawford, Walter Huston, William Gargan, Beulah Bondi, Matt Moore, Guy Kibbee y Walter Catlett.

> *detectado una cierta tendencia a ridiculizar tanto a Tranter como a su hermana y, por tanto, como quiera que ambos manifiestan su vocación misional, deberá procederse con cuidado en la caracterización de uno y otro en su adaptación cinematográfica. En nuestra opinión, se evitarían muchos problemas posteriores, si a Robert y a Susan Tranter se le adjudicase una actividad distinta a la misionera*[140].

Breen hacía esta recomendación porque la disposición VIII del Código de Censura estaba dedicada exclusivamente a los temas relacionados con la religión y era muy específica en lo referente a la representación de sacerdotes de cualquier confesión:

> *La razón por la que los ministros no pueden ser personajes cómicos o villanos es simplemente porque la actitud adoptada hacia ellos puede fácilmente convertirse en la actitud hacia la religión en general. La falta o pérdida de respeto a un ministro religioso provoca en la mente del público una similar disminución del respeto a la religión*[141].

Ningún hombre de fe debía ser ridiculizado porque se consideraban encarnación de los valores de la doctrina que profesaban. Por eso más adelante, el censor jefe en su informe sobre la novela volvía a insistir en esta misma cuestión cuando advertía de los peligros que suponía la seducción del personaje de Robert Tranter por la amiga de Mary Fielding. Cronin describía a Elissa Baynham como una mujer dos veces divorciada que, a sus treinta dos años, era "una mujer físicamente magnífica"[142], con una figura llena y elegante, de movimientos lánguidos, con un rostro de "ojos espléndidos, una boca de labios carnosos y unos dientes fuertes y muy blancos"[143].

Detrás de esta mujer se escondía el mal y la tentación, una más de entre esas *femme fatales* que desde las últimas décadas del siglo XIX habían deambulado, primero por la literatura y las artes, y más tarde por el cine. En sus manos los hombres sólo eran marionetas para satisfacer sus deseos. Y esto es en realidad lo que ocurría en la novela; Robert Tranter aparece como un joven idealista que, inocentemente, trata de salvar un alma condenada de los infiernos. Como es pre-

---

140 Joseph I. Breen, *Carta al Coronel Jason S. Joy,* 26 febrero 1934, en "Grand Canary. Production Code Files", MPPDA Archive.

141 *Code to govern the making of talking, synchronized and silent Motion Picture,* citado por LEFF y SIMMONS (1990), p.292.

142 CRONIN (1942), *op. cit.*, p.15.

143 *Ibídem.*

visible en este tipo de situaciones, la experiencia de Elissa termina arrastrando al joven misionero a la perdición hasta el punto de, como hemos ya señalado, intentar suicidarse cuando ella al final lo rechaza y se ríe de él. "Creo que es usted" le dice Elissa agobiada por el asedio del encandilado enamorado, "el imbécil mayor que haya salido jamás de las manos del Creador. En el barco pensé por un momento que usted podría entretenerme un poco. Pero me equivoqué. Me aburrió usted espantosamente. Y era usted demasiado estúpido, demasiado engreído para darse cuenta de ello. Es usted todo fachada mi beatísimo amigo, y está usted completamente hueco por dentro. No es usted un hombre. Es usted un pobre diablo, un estúpido que anda con todos a golpe de Biblia, sin más energías que una polilla. Yo soy egoísta y usted lo sabe. Pero usted... Usted es el más fanático egoísta que haya jamás canturreado un salmo. Y usted se cree un ministro de la Luz, enviado de Dios. Un don del Cielo a la humanidad. Si fuera usted un hipócrita, le respetaría. Pero se cree un salvador. Anda usted predicando la salvación. Y ¡cómo le gusta! Después, cuando recibe un daño, comienza enseguida a hacer pucheros. Aquí estoy yo, en este maldito hotel, con fiebres en el pueblo y sin barco hasta dentro de una semana. Y usted se me presenta gimoteando, con el arrepentimiento en el alma y el matrimonio en sus manos. ¡Dios, qué divertido! Le aseguro que me pone enferma"[144].

Elissa en la novela además no recibe ningún tipo de castigo, algo que iba en contra de la idea propugnada por Breen de que, en cualquier película, la presencia del pecado debía estar siempre contrarrestado por la presencia de una serie de "valores morales compensatorios". Según él, todo producto cinematográfico debía contener "suficiente cantidad de bien" para compensar todo el mal que describían. Eso implicaba la necesidad de incluir un personaje virtuoso, siempre encarnado por una estrella, nunca por un actor secundario, que actuase como contrapunto y representara la voz de la conciencia. "Cada película debía contener una lección moral clara y severa que mostrara el sufrimiento, el castigo y la regeneración"[145]. Por esta razón, Breen recomendaba a Jason Joy que, en la adaptación de la novela, se cuidase de eliminar las numerosas intervenciones de Elissa en donde, de manera descarada, manifestaba su condición, como cuando, por ejemplo, Dibs le reprocha el estar jugueteando con Robert Tranter, y ella con desparpajo le replica: "No soy inmoral, Dibs. Solamente un poco frívola. No me consideraré inmoral hasta que me permita tener un amante en el sofá"[146].

Será el guion elaborado por Pascal y no los trabajos previos de Nichols, lo que la Fox envió para ser supervisado por los censores de la PCA. Es interesante este hecho. Como hemos señalado en el análisis de los borradores realizados por

[144] CRONIN (1942), *op. cit.*, pp. 245-246.
[145] BLACK (1999), *op. cit.*, p.192.
[146] CRONIN (1942), *op. cit.*, p.97.

Dudley Nichols, éste tuvo como premisa básica la fiel adaptación de la historia de Cronin, aunque reconocía que había tratado de mejorar la historia y despejado la ambigüedad que en ciertos aspectos había mantenido el novelista en su obra. Su labor como guionista se interrumpió de manera brusca el 12 de marzo de 1934, apenas dos semanas después de haberse recibido en la Fox el informe enviado desde la Oficina de Censura. Si tenemos presente la atmósfera enrarecida en medio de la cual se puso en marcha este proyecto, es posible que en la decisión de sustituirlo por Ernest Pascal haya tenido algo que ver las recomendaciones y objeciones de Joseph Breen sobre la novela. En cualquier caso, lo cierto es que Pascal comenzó a redactar, por partes, el guion para *Grand Canary,* probablemente a principios de abril de ese mismo año. A medida que eran redactadas, las nuevas páginas del guion eran remitidas a la Oficina de Censura, provocando cierto malestar entre los encargados de esta supervisión,

> *la historia original presenta algunos puntos peligrosos, pero el guion ha ido llegando de una forma tan gradual, que no nos ha permitido valorar hasta qué punto el estudio ha ido sorteando esas dificultades. No obstante, estaremos atentos (...)*[147].

Existe constancia de que, desde esta oficina, se emitieron dos informes sobre el guion,[148] en ambos casos, se reiteraban las dificultades que entrañaba el caracterizar a los hermanos Tranter como misioneros y en la necesidad de que esta circunstancia fuera modificada radicalmente. El 18 de abril de 1934, Joseph Breen envió sus primeras recomendaciones a Jason Joy sobre el borrador de Pascal:

> *Hemos leído con sumo interés y cuidado las 37 primeras páginas de su guion Grand Canary, que ha sido tan amable en remitirnos. Con esta carta le adjuntamos nuestros comentarios sobre este material entendiendo, por supuesto, que dado que el guion está incompleto nuestras opiniones están formuladas sin tener en cuenta el desarrollo final de la trama y de los personajes.*
>
> *Recordará que en la carta que le enviamos el 26 de febrero, le sugerimos que Tranter y su hermana deberían ejercer una actividad distinta a la misional.*

---

147 Joseph I. Breen, *Carta al Honorable Will H. Hays,* 4 mayo 1934, en "Grand Canary. Production Code Files", MPPDA Archive.

148 *Grand Canary. Production Code Files,* en "MPPDA Archive". Ambos dirigidos por Breen al Coronel Jason S. Joy, uno con fecha 18-IV-1934, sobre las primeras 37 páginas y el segundo, el 12-IV-1934, ya sobre el guion definitivo.

> *Hemos detectado que en la página 13 del presente guion estos personajes son presentados de una forma clara como misioneros[149]. Nos vemos en la obligación de reiterar nuestra recomendación de que, salvo que se lleve a cabo una transformación profunda en la caracterización que estos dos personajes tenían en la novela, sería aconsejable no hacer mención a su condición de misioneros.*
>
> *Nos complace informarle de que el material que hasta ahora hemos recibido, a nuestro juicio, está libre de objeciones. (...)[150].*

En el segundo informe, el del 12 de mayo de 1934, apenas se hacían recomendaciones, salvo la de volver a insistir en el cuidado extremo que se debía tener en la representación de los hermanos Tranter y en la utilización poco respetuosa de expresiones como "Dios" y "Creador"[151], por lo demás se reconocía que el guion se adecuaba a los principios y estipulaciones establecidas en el Código de Producción. Existen pruebas, como ya se evidenciará más adelante, de que la Fox finalmente eliminó toda referencia a estos dos personajes como religiosos, lo cual no implicaba que, al menos en el caso de Robert[152], no se pudiera inferir tal condición de sus modos y palabras[153]. De cualquier manera, esto contribuyó

[149] Efectivamente en la página 13 del guion de Pascal, fechado en 3 de abril de 1934, tal condición es reconocida por Robert Tranter ante Daisy Hemingway: "Así es, Mrs. Hemingway... está en el Evangelio. Me alegra saber que es usted cristiana. Nosotros también somos cristianos... mi hermana y yo somos Misionero".[Ernest Pascal, *op. cit.*, p.13].

[150] Joseph I.Breen, *Carta a Coronel Jason S. Joy*, 18 de abril 1934, en "Grand Canary. Production Code Files", MPPDA Archive.

[151] Joseph I.Breen, *Carta a Coronel Jason S. Joy*, 12 de mayo 1934, en "Grand Canary. Production Code Files", MPPDA Archive.

[152] Susan aparece en el guion de Pascal como una enfermera. Además, cosa que no sucedía en la novela, por razón de su profesión conoció al Dr. Leith dos años antes. En el guion, durante una conversación con el protagonista, ella le recuerda haber coincidido en el Hospital de San Martin durante una epidemia de difteria. En ese mismo diálogo, Susan deja claro cuáles son las intenciones de su hermano al viajar hasta Canarias: «Mi hermano va a abrir una misión en Santa Cruz. Voy a ayudarle hasta que se asiente y después volveré como enfermera». [Ernest Pascal, *op. cit.*, p.17]

[153] En ocasiones hay que saber leer más allá del texto para averiguar la verdadera condición de los personajes. Así, por ejemplo, en este borrador de Pascal [op. cit., p. 35], en un momento de la travesía se produce un significativo diálogo entre Robert y Elissa, la mujer que lo seducirá:

EXT. CUBIERTA DEL BARCO

PLANO CORTO

Robert y Elissa toman té sentados en unas sillas sobre la cubierta del barco. Mientras Robert le acerca su taza a Elissa y levanta la suya, la CÁMARA se acerca para obtener un PLANO MÁS CERCANO de ambos personajes

ELISSA

¿Es usted un hombre tímido?

a que el 28 de mayo de 1934, tras haber visionado el filme y considerando que éste se encontraba "dentro de lo dispuesto por el Código y que contiene poco, por no decir nada, que sea censurable"[154] *Grand Canary*, la película, recibió el visto bueno y el certificado de aprobación número siete[155] y estuvo lista para su estreno en las salas comerciales.

3.3. A lomos de un haz de luz

No fue *Grand Canary* una gran producción. Tampoco se la puede considerar como un producto de serie B. Para poner en pie este proyecto, se dispuso de un presupuesto modesto condicionado, a buen seguro, por la delicada situación financiera que atravesaba el estudio de la Fox en aquellos años, duramente golpeado por la crisis derivada del Crack 1929. En cualquier caso, el coste final de producción no superó los 339.600$[156]. Además, si se coteja algunos documentos ya mencionados[157] y las noticias aparecidas en la prensa especializada[158] de aquella época, se sabe que el rodaje comenzó el día 9 de abril de 1934, se dio por

---

ROBERT

No creo que sea tímido. Siempre he llevado una vida muy cuidadosa.

ELISSA

¿Ningún vicio? ¿Ni uno pequeño?

ROBERT

El diablo siempre está presente para tentar incluso al mejor de nosotros.

ELISSA

Incluso al peor de nosotros. En eso el diablo es un verdadero demócrata.

[154] Joseph I. Breen, *Carta al Coronel Jason S. Joy,* 28 de mayo 1934, en "Grand Canary. Production Code Files", MPPDA Archive.

[155] *American Film Catalogue. Feature Films 1931-1940,* edición a cargo de Patricia King Hansen, University of California Press, Berkeley-Los Angeles-Oxford, 1993, p.816.

[156] *Op. cit.*, p.817.

[157] Concretamente las cartas que se cruzan el Coronel Jason S. Joy y Joseph I. Breen, los días 9 y 28 de mayo de 1934, son bastante reveladoras a este respecto.

[158] En las ediciones del 9 de abril de 1934, tanto del *Daily Variety* en su página 19, como *The Hollywood Reporter* en la 14, coinciden en anunciar para esa jornada el comienzo del rodaje de *Grand Canary.* De gran ayuda para determinar el período de filmación del film resulta *The Hollywood Reporter,* que semanalmente confeccionaba un listado con las películas que en ese instante se encontraban en producción. Así en el caso que nos ocupa, *Grand Canary* aparece en esas listas los días 16, 24, 30 de abril y 7 de mayo, desapareciendo de las mismas el 14 de mayo.

finalizada la filmación entre los días 9 y 14 de mayo y que, posiblemente, estuvo montada antes del 28 de ese mismo mes.

Al frente del equipo, como productor, se encontraba uno de los pioneros del viejo Hollywood, Jesse L. Lasky, cofundador de la Paramount con Zuckor y, en aquellos años, al frente de una unidad de producción, bastante singular, de la Fox. A principios de los años treinta el sistema de producción centralizado que había dominado la industria del cine americano había comenzado a mostrar sus debilidades. Hasta ese momento, en cada estudio, un sólo productor se encargaba de supervisar todos y cada uno de los proyectos que se ponían en marcha cada año. Crítico con este sistema de organización interna de los estudios, el propio Lasky había comentado: "la producción de un estudio debe por necesidad cubrir todas las posibilidades que ofrece el entretenimiento cinematográfico, y ni la mente ni el instinto creativo de un sólo hombre puede abarcar todo tipo de filmes"[159]. De esta forma, a partir de 1931, algunas compañías comenzaron a modificar sus modos de producción para crear un nuevo procedimiento basado en la creación de diversas unidades de producción[160]. Como su propia denominación indica, en este nuevo sistema la responsabilidad de la supervisión de la producción de una compañía se repartía entre varios productores, cada uno de los cuales conformaba un equipo técnico más o menos estable con el que elaboraban de tres a seis películas al año. Con este novedoso procedimiento se favorecía la especialización de las diferentes unidades de producción, al tiempo que se implementaba la calidad y reducía los costes de producción[161]. La Fox adoptó este nuevo procedimiento en noviembre de 1931. El jefe del estudio se encargaba de supervisar doce películas al año, Sol Wurtzel estaba dedicado a la producción de filmes de serie B y Lasky del resto de los proyectos[162]. A tenor de lo que cuenta el propio Lasky en sus memorias, las condiciones en las que trabajó para la Fox fueron muy privilegiadas:

> *Sidney Kent me hizo un sitio en la Fox como productor independiente. No había podido mantener vacante el puesto de jefe del Estudio, que me había ofrecido, pero construyó para mí y mi equipo un edificio en el recinto de la Fox con sala de proyección privada, y arregló todo para que no tuviera que responder ante nadie salvo conmigo mismo. Winfield Sheenan estaba a cargo de toda la producción excepto de mis seis películas al año. Mi contrato era de 3.000$ semanales y un porcentaje en*

159 Citado por BALIO (1993), *op. cit.*, p. 75.

160 STAIGER (1988), p. 320.

161 *Ibídem.*

162 STAIGER (1988), *op. cit,* p.326.

> *los beneficios obtenidos con mis películas. (...) Zoo in Budapest fue la primera de las dieciocho películas que hice allí*[163] *(...). Mi contrato de tres años terminó el mismo mes que se consumó la fusión entre la Fox Company y la Twentieth Century Pictures, que se había creado recientemente por Joseph Schenck y Darryl Zanuck*[164]*. Se me pidió que continuase bajo la nueva administración, pero en lugar de eso, preferí aceptar la interesante oferta de Mary Pickford para convertirme en su socio en una nueva corporación que produciría para la United Artists, de la que era propietaria de un 50 por ciento (...)*[165].

Para protagonizar *Grand Canary,* Jessy L. Lasky eligió, como reclamo publicitario, a la pareja formada por Warner Baxter y Magde Evans[166]. Warner Baxter[167],

---

163 En realidad, fueron catorce los films que Lasky produjo para la Fox durante su breve estancia en el estudio. Además de *Zoo in Budapest* (Rowland W. Lee, 1993) y de *Grand Canary* (Irving Cummings, 1934), Lasky figuró como productor en los siguientes films: *Berkeley Square* (Frank Lloyd, 1933), *The Warrior=s Husband* (Walter Lang, 1933), I *am Suzanne* (Rowland W. Lee, 1933), *The Power and the Glory* (William K. Howad, 1933), *The Worst Woman in Paris?* (Monta Bell, 1933), *The Warrior's Husband* (Walter Lang, 1933), *Springtime for Henry* (Frank Tuttle, 1934), *As Husband Go (Hamilton* MacFadden, 1934*) The White Parade* (Irving Cummings, 1934), *The Gay Deception* (William Wyler, 1935), *Redheads on Parade (*Norman Z. McLeod, 1935) y Helldorado (James Cruze, 1935) [www.Imdb.com].

164 Douglas Gomery relata lo sucedido de la siguiente forma: "Zanuck había entrado en la Warner en 1924 como guionista y escaló rápidamente posiciones, pero en 1933 dimitió de su cargo de ejecutivo de producción. Se había labrado una reputación como productor de películas de gangsters y ágiles musicales. (...) Zanuck sabía cuándo dejó la Warner que recibiría ofertas de otros estudios. La más tentadora fue la de Joseph Schneck, presidente de la United Artists, quien le propuso formar equipo dentro de esa compañía. El trato garantizaba a Zanuck un canal de distribución y el máximo de libertad creativa que permitía el sistema de estudios (...). Con el apoyo económico del hermano de Schenck, que por entonces presidía Loew's en plena depresión se fundó Twentieth Century Pictures. Sus primeras películas fueron auténticos triunfos. De los doce largometrajes que produjo y estrenó Twentieth Century Pictures en su primera temporada, que abarcó los años 1933 y 1934, nueve obtuvieron grandes recaudaciones de taquilla. (...). Pero los socios de pleno derecho no admitían a Twentieth Century como socio de pleno derecho. Mary Pickford, Sam Goldwyn, Douglas Fairbank y Charlie Chaplin, que sí lo eran, decidieron que había que alentar las contribuciones de Twentieth Century, pero no hasta el punto de compartir los dividendos y el control. Frustrado, Joseph Schenck dimitió y, en compañía de Zanuck, trató de fusionar la próspera productora con una de las cinco grandes". [GOMERY (1986), *op. cit*, pp.110-111].

165 LASKY y WELDON, *op. cit.*, pp.245,249.

166 Esto se hace patente en la campaña de lanzamiento de la película, en cuya publicidad se destaca sobre todo la imagen de la pareja. En un anuncio a toda página aparecido en el *Motion Picture Herald* (21-IV-1934, p.34), se puede leer "Si ese hombre es Warner Baxter y esa mujer Magde Evans, ya sabe que sus espectadores se estremecerán de emoción".

167 Warner Baxter (1891-1951), había nacido en Ohio. Estudio en el Instituto Politécnico de San Francisco y, en 1914 comenzó a hacer sus primeros trabajos cinematográficos partici-

a principios de la década de los treinta, gozaba de una cierta popularidad como galán cinematográfico. Ganador de un óscar en 1929 por su interpretación del personaje de Cisco Kid en la película *En el viejo Arizona* (In *Old Arizona*, Irving Cummings, 1928)[168], tan sólo un año antes había encarnado a Julian March, el productor de Broadway protagonista del musical de la Warner Brothers, *La calle 42* (*42nd Street*, Lloyd Bacon, 1933). Warner Baxter nunca fue una de las grandes estrellas del universo de Hollywood, sino más bien un actor versátil, capaz de encarnar con veracidad cualquier personaje. En la época del cine mudo había sido coprotagonista con alguna de las actrices más rutilantes del panorama cinematográfico de aquella época legendaria. Baxter había dado réplica a Pola Negri, Dolores del Río, Mae Marsh, Bebe Daniels, Blanche Sweet y Janet Gaynor[169]. Por su parte, la encantadora Madge Evans, rubia, de grandes ojos y delicadas facciones había debutado en la pantalla con tan sólo cinco años y se había convertido en una popular niña prodigio del cine mudo. En su juventud consiguió hacerse un hueco como actriz de teatro y entre las estrellas de Hollywood interpretando papeles en los que se explotaba la inocencia e ingenuidad que su rostro, de grandes ojos expresivos, evocaban[170]. Junto a ellos aparecerían los nombres de Marjorie Rambeau, Zita Johann y Barry Norton entre otros. Para el equipo técnico Jesse L. Lasky se rodeó con algunos nombres significativos como Irving Cummings como realizador y Bert Glennon, uno de los directores de fotografía favoritos de Josef von Sternberg[171]. Como responsables de las áreas de sonido, decorados, vestuarios y dirección musical figuraban S.C. Chapman, Max Parker, Rita Kaufman y Louis Ferraro, respectivamente.

---

pando en varios films rutinarios. En 1924 es contratado por la Paramount y, en 1929 la recién creada Academia de las Artes y las Ciencias Cinematográficas de Hollywood reconoció su labor interpretando al famoso personaje creado por O. Henry en 1907 galardonándolo con una de sus estatuillas. Durante los treinta estuvo bajo contrato para la Fox, aunque fue cedido puntualmente para trabajar en producciones de otros estudios. En 1936 se convierte en uno de los actores más taquilleros de Hollywood. Entre 1941 a 1943 permanece inactivo por una crisis nerviosa provocada por un exceso de trabajo. Vuelve al cine en 1943 para trabajar para la Columbia en producciones de serie B hasta 1950. Falleció en Beverly Hills, el 7 de mayo de 1951. [*The International Directory of Films and Filmmakers: Actors and Actress*, vol.III, edición a cargo de James Vinson, St. James Press, Chicago, 1986, p.58].

168 Obtendría el óscar al mejor actor por esta película ambientada en el Lejano Oeste y que ha pasado a la historia por ser el primer western sonoro rodado en exteriores.

169 SLIDE (1986), p.59.

170 Magde Evans (1909-1981) nacida en Manhattan, su belleza le permitió pasar del mundo de la pasarela al del cine y el teatro. Se retiró de la industria cinematográfica en 1938 y de los escenarios en 1943, después de contraer matrimonio con el dramaturgo Sidney Kingsley.

171 Figuró como director de fotografía en las siguientes películas de Von Sternberg, *Bajos fondos* (*Underworld*, 1927), *La última orden* (*Last Command*, 1928), *La venus rubia* (*Blonde Venus*, 1933) y *Capricho imperial* (*The Scarlett Empress*, 1939).

Hasta hace muy poco tiempo se creía que la película, como tantas otras, no había podido superar el paso del tiempo. Esta sospecha estaba sostenida por la existencia de un comunicado interno del Departamento Legal de la Fox que, en 1941, informaba de la destrucción del negativo en un incendio y de la imposibilidad de conseguir una copia de la película ni en los Estados Unidos, ni en Canada[172]. La consulta del guion de montaje, datado el 13 de agosto 1934, en el que se transcribía fielmente la imagen y los diálogos del filme, era la única fuente disponible que se tenía para aproximarse a la forma y el contenido de esta producción cinematográfica que se consideraba perdida. Afortunadamente, a finales del siglo pasado, se localizó una copia de *Grand Canary* en los fondos cinematográficos del Museo de Arte Contemporáneo de Nueva York (MOMA)[173]. De su visionado, y tras un análisis detenido, queda claro que se trata de un filme de cuatro rollos, con una duración de setenta y tres minutos, donde Irving Cummings nos cuenta la historia concebida por Cronin, de una manera lineal, y estructurándola en poco más de una decena de secuencias.

En la película, el Dr. Harvey Leith (Warner Baxter), acusado por la prensa de haber asesinado a tres de sus pacientes al inyectarles un suero experimental, es empujado por su amigo Ismay (H. B. Warner) a embarcarse en el puerto de Liverpool en el *Aureola,* un vapor capitaneado por Renton (Gilbert Emery) que tiene como destino las islas Canarias. Acosado por los recuerdos de ese incidente, el deprimido Dr. Leith se comporta de una forma extraña. Cuando se le comunica que el bar de la nave se encuentra cerrado para él se enfurece y se muestra contrariado. Susan Tranter (Zita Johann), una enfermera que había trabajado con Leith tres años antes durante una epidemia de difteria, viaja con su hermano Robert (Barry Norton) para abrir una misión religiosa en las islas. Cuando Susan intenta consolar a Leith, el permanece frío y distante. Después de varios días de reclusión voluntaria en su camarote, Leith conoce a Mary Fielding (Madge Evans), la mujer de uno de los mayores terratenientes de las islas, y entablan amistad. Leith le explica que sus enemigos en la profesión le impidieron utilizar su suero hasta que fue inútil para salvar a sus pacientes; después de sus

[172] E. P. Kilroe, *Telegram a George Wasson,* 9 de octubre de 1941, en "Fox Legal Files", Twentieth Century-Fox Film Corporation Collection, Arts/Special Collections, Arts Library, UCLA, Los Angeles, California. Agradecemos a Robert G. Dickson y a Juan B. Heinink el habernos hecho llegar este importante documento.

[173] En el MOMA se pudo trabajar con la película *Grand Canary* en una copia de seguridad en 16mm. Según Charles Silver, uno de los conservadores de esta filmoteca, este archivo se hizo con esta película a mediados de los años setenta, cuando la Fox la incluyó dentro de un considerable lote de films que donó a este Museo con el fin de que se conservasen y aumentaran los ya de por si impresionantes fondos fílmicos del MOMA. La compañía cedió a esta emblemática institución las copias, pero no los derechos de propiedad que aún permanecen en manos de la Twentieth Century Fox. En la actualidad, gracias a la eficaz labor de su directora María Calimano, la Filmoteca Canaria ha conseguido para su archivo una copia en soporte DVD de la película.

muertes, las autoridades médicas juraron que él había utilizado el suero sin su conocimiento. En Santa Cruz, Mary Fielding después de darse cuenta de que se ha enamorado de Leith, decide no volver junto con su marido, pero ve cómo el barco que lleva de regreso al doctor está abandonando el puerto. Lo que no sabe es que el Dr. Leith, durante una pelea en defensa de su amigo Jimmy Corcoran (Roger Imhof) en un bar de Santa Cruz, fue noqueado y cuando despierta en el "hotel" de Daisy Hemingway (Marjorie Rambeau) descubre que el *Aureola* ya ha partido. Cuando sabe que en la isla se ha desatado una epidemia de fiebre amarilla en Hermosa, un villorio en los alrededores de La Laguna, decide intervenir con la ayuda de Susan Tranter que, durante todo el trayecto, ha sido testigo, no sin celos, del creciente interés del doctor por Lady Fielding. Después de establecer su centro de operaciones en una vieja mansión, la Casa de Los Cisnes, Lady Fielding y Leith se reencuentran en el jardín. Pero Mary, ya muy debilitada por las fiebres, se desvanece. Dr. Leith permanecerá junto al lecho de su amada inconsciente durante varias noches de angustia y expulsará de la mansión a su marido cuando éste trata de trasladarla a su residencia. Desesperado decide utilizar su suero como último recurso para salvar a Mary y consigue su restablecimiento. Leith decide descansar finalmente y cuando despierta, descubre que Michael Fielding se ha llevado a Mary sin que Susan lo impidiera. Después de que la epidemia ha sido controlada entre la población nativa, Susan y Robert, el cual previamente había caído en las redes de la seductora amiga de Mary, Elissa Bayham (Juliette Compton), inauguran un centro de asistencia social. De regreso a Inglaterra, el Dr. Leith recibe el reconocimiento de sus colegas de la Sociedad Médica, y recibe un telegrama de Mary donde le dice que se siente feliz por él.

El argumento de la película presenta algunas diferencias con el guion elaborado por Ernest Pascal. Esta circunstancia era algo, por otra parte, bastante habitual, pues se aprovechaban los rodajes para introducir los pequeños ajustes que fueran necesarios en la trama o en los diálogos. Por ejemplo, en la película se recuperaba el personaje del marido de Mary, apareciendo brevemente al final del filme. Asimismo, habrá otros cambios que están más en relación con lo sugerido por la censura. En ese sentido, se debe subrayar la eliminación de toda referencia explícita a los hermanos Tranter como misioneros; Robert se dirige ahora a las islas para fundar un centro de asistencia social contando con la ayuda de su hermana la enfermera Susan. También con respecto a la seducción de Robert por parte de Elissa se seguirán los consejos de la Oficina Breen, de tal modo que muchos diálogos que ambos mantenían, fueron mutilados, dando lugar a falsas expectativas que nunca se verán desarrollarse en la pantalla.

OFFICE
MANNESS
LINE

Decorado del Puerto de Liverpool
(Cortesía de la Academia de Artes y
Ciencias Cinematográficas de Hollywood).

Decorado del comedor del *Aureola* (Cortesía de la Academia de Artes y Ciencias Cinematográficas de Hollywood).

Decorado del camarote del doctor Leith en el ↑ *Aureola* (Cortesía de la Academia de Artes y Ciencias Cinematográficas de Hollywood).

Pero lo más sorprendente es que, una vez más, se modificó el desenlace. Si en el guion de Pascal, a través del texto de un telegrama intuíamos que todo iba a acabar en un feliz divorcio. En este guion de montaje, el texto de ese cable -que recibirá Ismay, no Leith- rezaba lo siguiente: "(...) Dígale, por favor, al dr. Leith que me he enterado del honor que le ha concedido la Sociedad Médica y que me alegro por él"[174]. Este constituía una pequeña modificación, pero, desde luego, muy significativa. Aunque es todavía más curioso constatar, a través de diferentes reseñas aparecidas en distintos periódicos, que el final que se vio tras el estreno de la película no fue este sino el planteado originalmente en el guion de Pascal[175]. Todo apunta a que se rodaron dos finales. Es posible que existieran dos versiones de la película en circulación. El *New York Times*, el *Variety* y el *Film Daily*, en la crítica que hicieron tras su presentación en Nueva York, ocho días antes del estreno a nivel nacional, hacían referencia a un final distinto al visto en la cinta que se conserva en el MOMA. Mientras que en ésta el Dr. Leith a su regreso a Inglaterra recibe desde Canarias un telegrama de Lady Fielding en el que no hace, como hemos visto, ninguna referencia a su intención de unirse a él, en las críticas aparecidas en los periódicos mencionados, Lady Fielding con ese telegrama le comunica a su amado que ya le había contado a su marido Michael todo acerca de su romance, que éste lo había entendido y que volaba para Londres desde Canarias para reunirse con él al día siguiente.

Efectivamente el guion de la película firmado por Ernest Pascal, conservado en UCLA Theater Arts Library, confirma este último extremo. En este guion el texto del telegrama era el siguiente: "Ha ocurrido algo maravilloso. Se lo he contado todo a Michael y lo ha entendido. Mañana me embarco". Sin embargo, en el guion de montaje, donde se transcriben los diálogos directamente de la película, fechado el 23 de junio de 1934, es decir, antes del estreno en Nueva York, el texto del telegrama se corresponde con la copia existente en el MOMA. Esto hace evidente que dos finales fueron rodados en su momento. Cabe pues preguntarse por las razones que llevaron a la productora a transformar, de forma tan esencial, ese final, para lo cual sólo se necesitaba filmar un pequeño inserto. La clave de esta incógnita, se puede aventurar, podría estar en la delicada situación en la que se encontraba la industria en esos momentos. Justo cuando se tenía programado el estreno de *Grand Canary,* Hollywood se enfrentaba con un boicot a gran escala que, jaleado fundamentalmente por diversos grupos religiosos, hacía peligrar a cuenta de resultados de los Grandes Estudios. La Iglesia Católica airada por los contenidos de los filmes había decidido ejercer su poder e influen-

174 *Grand Canary. Continuity and Dialog taken from the Screen,* 13 agosto 1934, en "Twentieth Century-Fox Film Corporation Collection", p.97.

175 Tal hecho se evidencia en la crítica de los siguientes periódicos: *Motion Picture Herald* (23-6-34), *New York Times* (20-7-34), *Film Daily* (20-7-34), *Daily Variety* (24-7-34) *y Harrison's Reports* (28-7-34).

cia para frenar los desafueros y perversiones de los cineastas y sus estrellas. Un indicio de que este contexto pudo haber influido en el lanzamiento comercial de *Grand Canary*, es que la Legión de la Decencia, mucho más intransigente y radical que los censores de Breen, calificó este filme como "condenable". Quizá por esta razón el estudio se vio obligado a retirar la primera versión y poner en circulación de nuevo la película con un final, correcto para los estrechos parámetros morales de los católicos, pero insustancial y totalmente incoherente con el desarrollo de la historia.

Pero existe otra posibilidad. Alan Davies en su excelente y documentada biografía de A. J. Cronin sostiene que, en realidad, estuvieron circulando dos versiones distintas de la película que se diferenciarían únicamente por su desenlace. Hubo una copia americana en la que, la resolución de la trama, se apartaba sustancialmente de la novela. En ella, Lady Mary Fielding, al retornar a Inglaterra confesaba su amor por Leith a su marido y éste, con el comedimiento exigido a todo buen gentleman, decidía apartarse, conceder el divorcio a su esposa y permitir a los amantes, siempre al amparo de un nuevo matrimonio, cultivar sus sentimientos. Pero existió también una versión distribuida en Gran Bretaña, algo más fiel al final concebido por Cronin, donde la pareja protagonista regresaba a Londres para seguir, cada uno por su lado, con sus respectivas vidas. El telegrama de felicitación de Mary, con un texto sustancialmente diferente al visto en la versión americana, era recibido por el Dr. Leith con distanciado regocijo. Ni siquiera entonces, feliz por haber recuperado su dignidad y su profesión como médico, muestra ninguna clase de pesar por haber perdido a la mujer que había contribuido a su redención. Antes, al contrario, en lugar de reconocerle a Mary la responsabilidad de su regeneración, se lo atribuye al misterioso poder de Gran Canaria cuando él ni siquiera llegó, en la película, a desembarcar en la isla. Extraño triunfo para este amor nacido entre las olas del Atlántico[176].

No fue un hecho excepcional este plegamiento de las grandes compañías cinematográficas norteamericanas a las exigencias censoras de los sectores más conservadores del país. Al ser una industria con vocación universal, su organización empresarial, estuvo sometida a innumerables presiones y acciones diplomáticas. Desde luego, la receptividad de los Estudios a este tipo de demandas estaba en relación directa con la relevancia económica que, en sus finanzas, tuviera el país o la comunidad agraviada. Para Hollywood, Gran Bretaña era muy importante y siempre prestó especial atención a los peculiares requerimientos del British Board of Film Censors. Sus estándares morales eran, en algunas

[176] DAVIES (2011), *op. cit.*, p.118. Tanto la copia conservada, en 16mm, en el MOMA en Nueva York, como la que, en DVD, se encuentra depositada en Filmoteca Canaria, tienen este mismo final. Por tanto, se entiende que ambas son versiones "británica" de la película firmada por Irving Cummings.

cuestiones, incluso más severos que los contemplados en el Código Hays. Fue por "sugerencia" británica, por poner un ejemplo, que el cine americano clásico adoptó la curiosa costumbre de amueblar los dormitorios matrimoniales con camitas separadas. En aquellos años, Gran Bretaña era el principal mercado para las películas americanas y complacer a las autoridades de las islas era indispensable para cualquier productor. El vasto imperio británico, con sus diversas colonias y posesiones repartidas por todo el mundo, proporcionaba a la industria cinematográfica de Estados Unidos el cincuenta por ciento de sus beneficios internacionales. Razón suficiente para tener siempre en cuenta las exigencias que venían del otro lado del Atlántico[177].

3.3.1. Las islas reinventadas

El veterano Irving Cummings, que había trabajado en la industria del cine desde 1909, casi siempre en la dirección de producciones de modesto presupuesto, no estuvo muy predispuesto a marcar la película con su impronta personal. En ese sentido su trabajo como realizador de *Grand Canary* se ajusta perfectamente a las pautas y convenciones del estilo clásico de Hollywood. Desde la década anterior, el cine americano había ido depurando una forma de hacer, unos modos de representación que le harían distinguirse del de otras nacionalidades. Se trataba de un cine de montaje trasparente, de un mecanismo preciso, armonioso, equilibrado, donde la optimización de los recursos debía contribuir a la eficacia narrativa. El público debía ser absorbido, durante el tiempo que permanecían en las sombras, por las imágenes que discurrían ante sus ojos. La emoción siempre antes que la reflexión, el corazón antes que la razón. Llevados de la mano desde el inicio de la película, los espectadores no debían cuestionar la verosimilitud de aquello que se les contaba desde la pantalla. La suspensión del "yo", la consecución de ese "olvido estético" maravilloso, era y todavía lo es, uno de los objetivos primordiales del cine narrativo de Hollywood[178]. En ese sentido, desde el punto de vista formal, *Grand Canary* no presenta grandes innovaciones narrativas, ni estilísticas; su puesta en escena es cristalina, sobria y funcional. Todos los recursos están encaminados a coadyuvar al desarrollo fluido de la historia. No existen planos extravagantes, ni movimientos de cámara excesivos que puedan distraer a los espectadores de la delicada línea que teje la trama durante todo el metraje del filme. Sólo un breve y conciso *flashback* interrumpe la linealidad del relato. De igual modo, la iluminación de Bert Glennon no es estridente, sino que, como es habitual en esta década, toda su atención se centra en los protagonistas, ba-

---

177 VASEY (1996), p.221.

178 Para comprender mejor esta cuestión, consultar BORWELL y THOMPSON (1993), pp.109-142.

ñándolos con una luz suave, edulcorada en ocasiones, creando una atmósfera de perfiles difusos perfecta para tono de la historia que se cuenta.

Nada extraño existe pues en esta producción que la haga distinguirse, desde el punto de vista estilístico, del resto de películas que eran habituales en aquellos años. Al margen de otro tipo de consideraciones, es evidente que uno de los aspectos que más interés suscita es la visión que del Archipiélago se daba en el filme. Esta imagen es importante porque, en buena medida, explica la polémica que la película desató en Canarias una vez que, hasta las islas, llegaron los primeros ecos del estreno del filme en diversos países. Hollywood, especialmente en este período, nunca se caracterizó por la búsqueda de la fidelidad en sus recreaciones históricas o geográficas. Los espacios físicos y los datos del pasado eran, en la mayoría de las ocasiones, sólo puntos de partida para construir sobre ellos un espectáculo destinado al entretenimiento. Se trataba de evocar, no de reproducir fielmente, por eso en *Grand Canary* como en otros filmes americanos, la realidad está supeditada a las necesidades de la ficción. En eso esta producción de la Fox Film Corporation no es nada excepcional, pero permite acercarse a un terreno apasionante como es la idea que de las islas Canarias se tenía en aquellos años en Estados Unidos.

Cuando se visiona la película salta a la vista que el lugar al que viajan este grupo de singulares pasajeros del *Aureola*, está lejos de tener algo que ver con nuestros paisajes, nuestra arquitectura o nuestra gente. En el Archipiélago recreado por el equipo artístico de la película no existen elementos significativos que permitan identificar la geografía o la cultura de las islas más allá del título, de unos pocos planos documentales reutilizados y de la presencia de la figura de algún guardia civil coronado con su correspondiente tricornio.

Desprovistos de cualquier voluntad de rigor geográfico, los cineastas americanos no advirtieron el absurdo de titular una película con el nombre de una isla que no se menciona en ningún momento de la historia. Sí se habla de Las Palmas; incluso alguno de los pasajeros desembarca en ella cuando el *Aureola* arriba por primera vez a tierras canarias, pero nunca se mostrará al espectador esta ciudad y, al contrario de lo que sucedía en la novela, ninguna escena del filme se desarrolla en su puerto, en sus calles o en la playa de Las Canteras. Sólo un plano de la ciudad vista desde el barco permite al espectador situarse ante una localidad totalmente inventada. Al contrario de lo que sí sucede en otros momentos de la película, para ello no se utiliza material documental, sino una imagen recreada de una población costera, rodeada de montañas (una de ellas muy alta y nevada), que poco o nada tienen que ver con la capital de la isla de Gran Canaria. Lo más curioso de esto es que, el desconocimiento de la realidad física del Archipiélago es tal calibre que, la acción que en la novela se desarrolla en Santa Cruz de

Tenerife, por obra y gracia del departamento de efectos especiales del estudio de la Fox, en la película va a transcurrir en Santa Cruz de La Palma.

En efecto, a modo de elipsis, en varias ocasiones del filme, para ilustrar el trayecto seguido por el vapor desde Liverpool hasta el Archipiélago se utiliza el habitual recurso de un mapamundi sobre el cual se va trazando los avances del barco. Hasta llegar Las Palmas todo es correcto, sin embargo, en la siguiente ocasión en la que aparece el mapa, se puede observar como la línea que dibuja la embarcación rodea la isla de Tenerife y termina arribando a Santa Cruz, pero de la Palma. Es evidente que el equipo de producción de la película no tuvo en cuenta ni siquiera la novela de Cronin en la que, pese a algunos errores menores, quedaba bien claro que el destino final de los pasajeros del *Aureola* era Santa Cruz de Tenerife.

En el transcurso de la adaptación cinematográfica y de las diversas reescrituras del guion, muchas de las precisiones geográficas del novelista se perdieron por el camino. El guion final de Pascal había eliminado las numerosas referencias geográficas o históricas que salpicaban la obra de Cronin. En la película ya no se habla de la Orotava, ni de Arucas, ni de las Canteras, ni de La Laguna, ni de Anaga; de este modo el marco geográfico quedaba reducido a su mínima expresión. Pero, además, sobre la base de un hecho cierto como es la condición de punto de encuentro de tres continentes que históricamente ha tenido Canarias, Hollywood construye su espacio de ficción, mezclando sin ton ni son, chozas de caña y techos de palma con elementos propios de la arquitectura andaluza y castellana. Salvo la marquesa, su asistente Manuela, y el pendenciero personaje de *El Brazo*, ningún otro canario tiene reservado un papel relevante en el filme (aunque para hacer justicia tampoco lo habían tenido en la novela de Cronin), los demás son simples figurantes ataviados con una vestimenta más cercana a la de los campesinos del Caribe o de Centroamérica.

Más allá de algunos tópicos, los conocimientos que tenían acerca de nuestra cultura debían ser escasos. Aunque es posible que tampoco estuvieran especialmente interesados en profundizar en un territorio que sólo funcionaba como mero telón de fondo de una historia sobre el poder redentor del amor. En *Grand Canary* la pobreza se huele, las islas aparecen como un paraíso desaliñado donde la población, impotente, está siendo diezmada por una epidemia de fiebre amarilla. Canarias en los años treinta era todavía una sociedad frágil económicamente, donde la miseria menudeaba. Las capitales y algunas localidades podían ofrecer cierto bienestar a sus pobladores, pero las condiciones de vida en el interior de las islas, incluso en la periferia de las ciudades, no eran fáciles para la mayoría de los canarios. Para los creadores de la Fox, Canarias era un lugar remoto, perdido en la costa occidental del continente africano y cuyo nombre resultaba evocador. Es probable que la sonoridad del nombre del Archipiélago fuera decisiva para que Jesse L. Lasky se propusiese la adaptación de la obra del exitoso novelista de origen escocés. Para muchos americanos el continente africano y sus islas adyacentes era sinónimo de aventura, un lugar misterioso, inhóspito e inexplorado, habitado por fieras salvajes y por tribus poco civilizadas. Esta fascinación de la sociedad estadounidense fue explotada de diversas formas por el cine producido por Hollywood durante los primeros años treinta. El éxito de la serie de *Tarzán* protagonizada por Johnny Weismuller, y de documentales rodados *in situ* en tierras africanas, dan testimonio de esta tendencia en el cine americano de la época[179].

Uno de los aspectos más interesantes de *Grand Canary* es la utilización de material de desecho de documentales que, sin lugar a dudas, sí que fueron rodados en Canarias. Los títulos de créditos están sobreimpresionados sobre cuatro planos que, salvo el primero, fueron filmados casi con toda seguridad en diferentes enclaves de la isla de Tenerife. La primera imagen, sobre la que aparece el nombre del estudio y del productor Jesse L. Lasky, muestra el perfil abrupto de unos acantilados en un contraluz que hace difícil la identificación del lugar; podría tratarse de alguna zona de Anaga o del norte de Gran Canaria, pero realmente no hay certeza de que esto sea así. A continuación, sobre una vista de la Playa de Martiánez en el Puerto de la Cruz se lee, el nombre del protagonista, Warner Baxter, que precede al título del filme, y tras una pequeña panorámica, aparece el resto del reparto. Los dos últimos planos, que introducen al equipo técnico y al director, pertenecen a la hacienda y al palmeral situado en la Rambla de Castro en el municipio de Los Realejos en el Valle de La Orotava.

Más complicado es determinar los lugares de rodaje de dos planos que, bien avanzada la película, se intercalan en el relato. Justo después de la recuperación de Mary aparece en el montaje una imagen de un molino singular girando sus aspas al amanecer, para a continuación mostrarnos, a contraluz, la figura recortada de un campesino y un dromedario arando un paisaje yermo[180]. Todos estos insertos que se añaden para darle mayor verosimilitud a la película, evidentemente proceden del stock de imágenes propiedad del Estudio. La Fox Film Corporation era bien conocida por su división documental. Desde 1927,

---

[179] La Warner Brothers produjo, en 1931, una serie de doce cortos documentales supervisados por Wyant D. Hubbard, bajo el título *Adventures in Africa*, donde se ofrecía a los espectadores la posibilidad de ver imágenes de África nunca antes filmadas. Pero quizás la pareja de documentalista más famosa en esta época fue el tándem formado por el matrimonio de Martin y Ossa Johnson. Desde 1910 hasta la muerte de Martin acaecida en 1937, ambos recorrieron el mundo en busca de imágenes emocionantes tanto para sus cortos como para sus largometrajes. *Congorilla* (1932) y *Baboona* (1935), producidas precisamente por la Fox, fue ron algunas de sus películas más populares de esta década. [DOHERTY (1999), *op. cit.*, p.246]

[180] *Grand Canary. Continuity and Dialog taken from the Screen,* 13 agosto 1934, en "Twentieth Century-Fox Film Corporation Collection", p.86.

tratando de sacar partido al sistema de sonido de la que era propietaria, había comenzado a producir regularmente sus célebres noticiarios sonoros *Movietone* y su serie *The Magic Carpets* (*Alfombras Mágicas*)[181]. Concebidas como verdaderas ventanas al mundo, estos cortos servían de complemento a las películas de ficción de la compañía, ofreciendo imágenes de actualidad o reportajes de lugares remotos que avivaban la imaginación de los espectadores americanos. En el guion de Pascal ya se preveía la utilización de material rodado para las *Alfombras Mágicas* y que había sido descartado en la fase de montaje[182].

Este tipo de material plantea una cuestión de no poco interés. En ese sentido, cabría preguntarse ¿de dónde proceden estas imágenes documentales incluidas en *Grand Canary*?

Durante los años treinta, el archipiélago canario fue visitado, de manera reiterada, por equipos de rodaje tanto nacionales como procedentes de Europa y América que buscaban en Canarias sus excepcionales condiciones de luz y la variedad de sus paisajes. Habitual en esta década serán los rodajes de los famosos estudios cinematográficos alemanes de la UFA, y de diversas productoras peninsulares, pero también arribaron a nuestras costas compañías inglesas y francesas que recorrieron la geografía de las diferentes islas filmando documentales o, utilizando los paisajes canarios, como escenario para sus películas de ficción. En estos años se ruedan, por ejemplo, el corto *Ténériffe* del francés Ives Allegret[183]

---

181 CRAFTON (1999), pp. 96-100.

182 En el guion estos insertos estaban destinados a aparecer justo en el momento en que el doctor Leith llegaba por primera vez a La Casa de los Cisnes. Concretamente el guionista sugería la introducción de la imagen de un molino de viento, seguida de un plano de un cielo agitado. [Ernest Pascal, *op. cit*, p.66]. Estos dos planos son de difícil catalogación. La estructura del molino está más cerca de las típicas molinas, es decir, una base de ladrillo sobre la que se asienta una armadura de madera en donde va encajado el mecanismo de las aspas. La singularidad de este molino está precisamente en sus aspas que, al contrario de lo que sucede habitualmente, no son planas, sino que terminan en unas caperuzas de lonas triangulares que son las permiten, movidas por el viento, el movimiento giratorio de todo el complejo. Este tipo de molinas se han detectado en Fuerteventura, aunque es posible que existiesen en otras islas. El hecho de que el segundo plano fuera filmado a contraluz ofrece menos posibilidades para la identificación. El paisaje se adivina yermo y llano, sólo hay una montaña de contornos suaves al fondo, y esto no hace pensar que pudo haber sido rodado en Lanzarote o Fuerteventura, esta suposición podría verse apoyada también por la presencia del dromedario que, como se sabe, fue un animal doméstico frecuentemente utilizado en la agricultura de las islas orientales.

183 Sin duda el caso más interesante de las producciones francesas en el archipiélago fue la producción de 1932, *Ténérife,* de Ives Allegret. Para profundizar sobre este film ver MARTÍN (1999), pp.69-92. De todas formas, para profundizar en esta cuestión consultar *Rodajes en Canarias (1896-1950)*, Tomo I, coordinado por Jorge Gorostiza, Consejería de Educación, Cultura y Deportes del Gobierno de Canarias, Santa Cruz de Tenerife, 2004.

o *La Venganza de Abel* (1933) de José Ruiz y se tiene constancia del rodaje de, al menos, cinco producciones alemanas[184].

La Fox Movietone News tenía oficinas en Nueva York, Londres, París y Sidney, desde las que despachaba a un nutrido número de corresponsales a todo el mundo[185]. El archipiélago canario suscitó también el interés de la compañía en aquellos años. De hecho, de todas las grandes productoras de Hollywood, va a ser la Fox la que mantendrá una relación más estrecha con el archipiélago hasta aproximadamente 1935. En octubre de 1927, esta compañía compró diversos materiales fílmicos rodados por José González Rivero sobre temas de Tenerife[186]. Entre "las escenas de vivo colorido"[187] adquiridos por la Fox se encontraban, entre otras, las típicas alfombras de la Orotava y La Laguna; luchas canarias; fiestas de las folías; diversas vistas del Teide y Las Cañadas, y de la Rambla de Castro en el Realejo Bajo[188]. Reutilizando estas filmaciones realizadas por Rivero, en mayo de 1930, la Fox estrenó en Estados Unidos un noticiario donde, además de otros temas, se incluía las alfombras de Tenerife coloreadas y, en octubre de ese mismo año, en el Parque Victoria de La Laguna, se proyecta la "revista regional" de esta productora titulada *Variedades de Canarias,* en la que se presentaban tomas rodadas en Tenerife, Las Palmas y Lanzarote[189]. Este dato es bastante significativo puesto que confirma que la compañía cinematográfica americana contaba en sus archivos con imágenes rodadas en Canarias.

No obstante, en diciembre de 1933, la prensa local anunciaba la llegada a Tenerife de uno de los numerosos equipos de rodaje que la Fox tenía diseminados por los diferentes continentes para suministrar imágenes a sus conocidos noticiarios Movietone. El equipo compuesto por el fotógrafo Charles W. Herbert y el ingeniero de sonido Ludwig Hess, manifestaba su intención de filmar un documental en y sobre las islas para las *Alfombras Mágicas*[190]. Las imágenes rodadas por estos dos cineastas sirvieron de base para dos cortos documentales de la mencionada serie, uno dedicado a Tenerife y otro a Gran Canaria[191]. El primero

184 MARTÍN (1992). Entre ellas se encuentra *La Habanera* (Detlef Sierck/Douglas Sirk, 1937).

185 GOMERY (1986), *op. cit.*, p.109. A finales de los años veinte, la Fox contaba con setenta equipos de rodaje repartidos por distintos puntos del planeta captando imágenes insólitas para sus cortos documentales.

186 MARTÍN y FERNÁNDEZ AROZENA (1997), p.308.

187 Antonio Ribot, "La película de asunto regional y la Exposición de Sevilla", en *La Prensa,* 6 de noviembre de 1927, citado por MARTÍN y FERNÁNDEZ AROZENA (1997), *ibídem.* Estos autores consideran que la Fox adquirió, por 270 dólares, unos cuatrocientos metros de película, esto es, uno quince minutos de material filmado.

188 MARTÍN y FERNÁNDEZ AROZENA (1997), *ibídem.*

189 MARTÍN y FERNÁNDEZ AROZENA (1997), *op. cit.*, pp.308-309.

190 L.F., "Tenerife habla por sí misma (The Magic Carpet the Movietone)", en *Hoy,* Santa Cruz de Tenerife, Almanaque 1933/34 .

191 MARTÍN y FERNÁNDEZ AROZENA (1997), *op. cit*, p.309.

de ellos, titulado *Las Islas venturosas* fue estrenado en noviembre de 1934 en Tenerife[192]. Este corto se componía de las siguientes partes: El Teide y la vegetación canaria; plataneras y jardines del Valle de la Orotava; bailes típicos y cantos del folclore canario isleño; empaquetado de plátanos; playas tinerfeñas; baile en el Casino de Santa Cruz y partida de los viajeros del puerto de Tenerife[193]. Los periódicos hacían un llamamiento público a los tinerfeños para que desfilaran por la sala y disfrutasen de "nuestros paisajes, aquellos que los turistas alaban sin cesar, lo que constituye el mayor motivo de delectación para los extraños y de orgullo para nosotros"[194]. Llevadas a la pantalla en fotografías de arrebatadora belleza, los espectadores de Tenerife podían contemplar "el sabor grato y dulce de nuestro tipismo isleño; nuestras incomparables bellezas; las melodías sin par de nuestro canto nativo; [y] cuánto hay de poesía y arte en nuestros campos"[195]. *Un día en Gran Canaria* fue el título de la "Alfombra Mágica" que la Fox dedicó a esta isla. Estrenada dos años más tarde, en febrero de 1936, su contenido volvía a redundar en la mirada complaciente que este tipo de productos cinematográficos ofrecía a su público[196]: "Desde el amanecer de ese día, el espectador podrá contemplar en la pantalla, los más pintorescos paisajes de nuestra isla. -El tráfico y las calles más importantes de Las Palmas por donde discurren tantas personas conocidas y amigos. –Nuestras costumbres típicas, con bailes y cantos, acompañados de nutridas rondallas, etc., hasta el crepúsculo derrama su poesía sobre la hermosura del paisaje canario"[197].

Teniendo en cuenta todos estos elementos que hemos señalado, es bastante probable que los insertos de paisajes de la isla que aparecen en *Grand Canary* pro-

---

192 Efectivamente, el documental se estrenó en el Royal Victoria de Santa Cruz de Tenerife, el 10 de noviembre de 1934, como complemento a la película *Granaderos del Amor,* también de la Fox, protagonizada por Raoul Roulien y Conchita Montenegro, rodada en 1934 en español por John Reinhardt.

Según consta en el *Catalog of Copyrights Entries. Motion Pictures 1912-1939,* editado por la Biblioteca del Congreso de los Estados Unidos de América en 1951, este documental sonoro y de una bobina, fue registrado bajó el título de *Fortunate Isles* con el número MP5325 por la Fox Film Corporation, el 13 de abril de 1934 [*Catalog of Copyrights Entries. Motion Pictures 1912-1939,* The Library of Congress, 1951].

193 Ver el trabajo de RODRÍGUEZ HAGE (2001), p.427.

194 "Cinema Victoria", en *La Tarde,* 24 de noviembre de 1934, p.8.

195 "Royal Victoria", en *La Tarde,* 3 de noviembre de 1934, p.2.

196 Entre lo filmado había escenas de lucha canaria, peleas de gallos, fiestas de costumbres canarias en una población de la isla, vistas de la Playa de las Canteras, salida de misa de la iglesia de Santo Domingo, bailes típicos y quehaceres de marinos en un barrio pesquero de la ciudad. [RODRÍGUEZ HAGE (2001), *op. cit.,* p.426]. En el catálogo publicado por Filmoteca Canaria y coordinado por Jorge Gorostiza sobre los rodajes en Canarias entre 1896 y 1950 se recogen diversas reseñas aparecidas en la prensa de las islas relativas a la filmación y al estreno de estos cortometrajes norteamericanos [*Op. cit.,* pp.95-101].

197 *Diario de Las Palmas*, 14-II-1936, p.2.

cedan, al menos en una parte, de lo rodado por Rivero durante la década de los veinte, aunque no podemos descartar que se haya aprovechado lo filmado por el equipo enviado *ex profeso* por la Fox para su serie de las *Alfombras Mágicas*.

3.4. La recepción de la crítica

Grand Canary fue estrenada en el Radio City Music Hall de Nueva York, el 19 de julio de 1934. Ya unos días antes, el *Motion Picture Herald,* magazine dirigido a los exhibidores, los ponía sobre aviso: "debido al tema, el atractivo de este filme es necesariamente limitado. Por la historia y el modo de presentarla, hay poco entretenimiento con el que despertar el interés de la audiencia"[198]. Otro periódico del ramo, el *Philadelphia Exhibitor,* señalaba que sólo gracias al esfuerzo de los actores principales, la historia se hacía "casi" creíble[199].

Desde un principio el sector de la exhibición mostró sus reticencias ante el nuevo producto que les ofrecía la Fox. Consideraba que sus posibilidades comerciales eran muy exiguas. Esta valoración se vio ratificada cuando, de acuerdo con lo publicado en el *Daily Variety,* el filme fue incluido por la Legión de la Decencia en su lista de películas "condenadas"[200]. Rápidamente *Grand Canary* fue clasificada como "no recomendable para niños adolescentes y sesiones dominicales. Sólo para adultos no católicos". No hace falta insistir de nuevo en las especiales circunstancias en las que se llevó a cabo el estreno del filme y que, sin lugar a dudas, también contribuyó a esta desconfianza entre los propietarios de las salas comerciales americanas.

Poco valorada por los críticos[201] y considerada como un producto del montón que no difería "mucho de otras películas con temática similar"[202], esto explicaría que el filme pasara sin pena ni gloria por las pantallas americanas. De hecho, desde su primera proyección pública hasta 1962, la compañía recaudó con *Grand Canary,* tan sólo unos 421.600$[203].

---

198 McCarthy, "Grand Canary", en *Motion Picure Herald,* 23-IV-1934, pp.118-119.

199 *The Philadelphia Exhibitor,* 1 de julio 1934, p.24.

200 Citado en *American Film Catalogue. Feature Films 1931-1940, ibídem.*

201 "Grand Canary. New York Reviews", en *The Hollywood Reporter,* 28-VII-1934. En este artículo resumen de las críticas aparecidas en la prensa de Nueva York, sólo tres periódicos, el *Sun,* el *Mirror* y el *American,* realizan un balance favorable para la película.

202 *Harrison's Reports, ibídem.*

203 *American Film Catalogue. Feature Films 1931-1940, ibídem.*

STAR!!!!!
DRAMA!!!!
ROMANCE!!!
ADVENTURE!!
ENTERTAINMENT!

An eminent doctor ... branded "murderer" by a hasty world. A beautiful woman ... enmeshed in a hateful marriage. Both seek escape on a strange journey ... that leads to stranger adventures.

From the best-selling novel that thrilled America

Warner
BAXTER in
GRAND CANARY
with
MADGE EVANS
Marjorie Rambeau · Zita Johann
Roger Imhof · H. B. Warner
Directed by IRVING CUMMINGS
From the novel by A. J. Cronin Screen play by Ernest Pascal

A JESSE L. LASKY PRODUCTION

Material promocional de la película en EE.UU.

Material promocional de la película en EE.UU.

A juicio de la prensa, esta producción, a la que el *Variety* calificó como una película sin ritmo y desabrida[204], se resentía en su totalidad por tener como punto de partida una mala adaptación cinematográfica. "Más o menos todo el primer rollo se centra en las miradas de Baxter a las paredes de su camarote, para más tarde ver cómo observa el mar, al resto de los pasajeros y al bar, al que se le ha prohibido acceder"[205]. El *Herald Tribune* de Nueva York señalaba al respecto, "Difícilmente encontrarán, en esta versión de la novela homónima, sorpresas que les dejen sin aliento". Más contundente se mostraba el crítico del *New York Times* que comenzaba su reseña diciendo, "Algo debe haberse perdido por el camino", para después de continuar sembrando con ironía el campo de sus críticas: "Tal y como se ha presentado la historia en el [Radio City] Music Hall, incluso los representantes debían cruzar sus dedos antes de salir en defensa de la delicadeza y novedad de la relación entre Warner Baxter y Magde Evans (...). *Grand Canary* no trata, como el título puede llevar a pensar, de la carrera musical de una soprano. Se refiere a las Islas Canarias"[206] .

Material promocional de la película en EE.UU.

---

204 Land, "Grand Canary", en *Variety (w),* 24-VII-1934, p.14.

205 *Ibídem.*

206 "Grand Canary", en *New York Times,* 20-VII-1934, p.11.

Todos parecían coincidir en que la película tenía dos defectos fundamentales, la profusión de diálogos y la carencia de acción: "tanto la historia como los personajes parecen no tener un propósito fijo"[207]. Aunque hay algunos que también denunciaron otros aspectos. Se señalaba, por ejemplo, que el final planteado en la versión americana que acababa con el divorcio de Mary Fielding para juntarse con el Dr. Leith resultaba un tanto forzado y artificial: "nada se muestra que justifique tal acto, no se da ninguna razón para que se arroje en brazos de otro hombre"[208]. Asimismo, hubo consenso en subrayar la falta de desarrollo de los personajes y líneas secundarias del argumento, "*Grand Canary* está repleta de personajes de la novela que se han perdido en la película porque en ella no hay tiempo para que evolucionen individualmente, y porque al centrar la historia en los amantes, la cámara debe permanecer atenta a Warner Baxter. Siendo su papel mucho menos absorbente que alguno de los otros personajes que aparecen vagamente abocetados"[209]. La crítica en general señaló a Susan, Robert y Elissa como los que más sufrían esta carencia, y se lamentaban que un tema colateral tan interesante como era el del romance entre esos dos últimos, se viera abortado en la película sin más explicaciones. La posibilidad de ver al joven idealista y fanático misionero arrastrado a la perdición por una mujer de mundo se consideraba un elemento dramático que hubiera podido elevar el tono insulso general de la película[210].

La valoración de la realización de Irving Cummings no fue unánime. Mientras para algunos críticos sólo una buena labor de producción, junto a la veteranía y el buen hacer del cineasta habían conseguido salvar los muebles de una película que, para ellos, era "esencialmente lenta y sosa"[211], en algún medio se consideraba su labor en la dirección como "confusa y vacilante"[212], aunque lo más frecuente fue que ni siquiera se entrara a valorar su trabajo como realizador. Algo parecido ocurre con las otras áreas del equipo técnico, aunque cuando se alude a éstas se hace en tono favorable. Respecto al elenco de intérpretes, fue Warner Baxter el que salió mejor parado. Para unos el actor se mostraba tan brillante como siempre, para otros su actuación era lo único realmente destacable de la película, puesto que había logrado superar las dificultades interpuestas por un mal guion. También fueron comunes las alabanzas hacia los trabajos interpretativos de Marjorie Rambeau como Daisy Hemingway y de Roger Imhof como

[207] *Daily Variety*, 24 de julio 1934.

[208] *Harrison's Reports, ibídem*. Quizá en este tipo de comentarios se encuentre la clave del por qué se volvió a rodar un nuevo final tan sólo unos días después.

[209] Land, *Variety (w), ibídem.*

[210] *Ibídem.*

[211] *Daily Variety, ibidem.*

[212] *New York Times, ibídem.*

Jimmy Corcoran, e incluso al de Carrie Daumery[213] como la excéntrica y confusa marquesa que acogía al doctor Leith en su mansión de La Casa de los Cisnes. Madge Evans fue, sin embargo, la más criticada. El comentarista del *Harrison's Reports* la señala como una de las principales responsables de la falta de verosimilitud de la historia, "la efectividad del romance se disuelve por su culpa"[214]. Otros trataron de disculparla de manera torpe, afirmando "a falta del talento necesario, al menos tiene su encanto visual"[215].

---

[213] "Grand Canary", en *New York Times film Reviews (1932-1938),* vol. II, The New York Times-Arno Press, Nueva York, 1970, p.1079.

[214] *Harrison's Reports, ibídem.*

[215] *New York Times, ibídem.*

4. LAS ALEGRES VISIONES DEL CINEMA YANQUI

4.1. La polémica en Canarias

Alertada por un joven paisano recién llegado de Londres donde había podido ver la película, la prensa de Gran Canaria inició, a mediados del mes de noviembre de 1934[216], una campaña de denuncia por el ataque frontal que el filme suponía contra los intereses de las islas, "Aunque nos duela, no nos sorprende. Estamos acostumbrados a esta frescura polar, frescura de indocumentados, de arribistas de la industria cinematográfica que, con respetables excepciones, producen en América films con el mismo desparpajo que si de chorizos se tratara. No nos sorprende, pues, repetimos, aunque nos duela, porque ahora, somos nosotros las víctimas de la burla"[217].

El *Diario de Las Palmas* fue el primer medio de comunicación de la isla que recogió en sus páginas todos los detalles acerca del filme y el que, de forma más activa y virulenta, se manifieste en contra de lo que consideraba un "monstruoso atentado"[218]. Varios son los motivos aducidos para mostrar este malestar. Por un lado, los errores de bulto que, a juicio de estos medios, se había apreciado en la película, dando lugar a

[216] *Diario de Las Palmas,* 17-XI-1934. En relación con todo este epígrafe, agradecemos al Dr. Fernando G. Martín por ponernos sobre la pista acerca de la posible relación entre esta polémica y la película *Grand Canary.* Y asimismo queremos resaltar la inestimable ayuda prestada por Patricia García de Mingo en la obtención de datos fundamentales para entender este hecho.

[217] Najul, "Gran Canaria escarnecida en un film de la productora americara [sic] Warner Bross", en *Hoy,* Las Palmas de Gran Canaria, 18-XI-1934.

[218] *Diario de Las Palmas, ibídem.*

"un coctel geográfico que el diablo sólo entiende"[219], destacando por encima de todas esas incorrecciones la colocación del Pico del Teide en Gran Canaria[220].

> *El barquejo llega al puerto de La Luz, en la isla de Gran Canaria. La cámara pone su lente sobre nuestra formidable bahía. ¿Y sabe usted, isleño amigo, que nos lee, lo que capta? Pues un trozo de costa, más hostil que la Mar Fea. Unas casuchas de piedra y barro, asentadas sobre la aridez de unas lomas y detrás de estas lomas... ¡el Pico del Teide! (Es para deslomarse uno de risa).*
>
> *Pero no para aquí la "metida". Los viajeros desembarcan por una pasarela de cajas de jabón, clavadas con tachas de a dos pulgadas, y pasean la tristeza de una isla inconquistada, peligrosamente tropical, pero sin las exuberancias propias de este medio. Y se van. Aparece un mapa de rutas. Una flecha avanza sobre la carta y después de un rodeo absurdo hinca su filo sobre el puerto de Santa Cruz. Pero ¡oh cultura geográfica! El barcucho recala, al parecer, en La Palma. (O el capitán ha engañado a los viajeros como a chinos o allí están todos tiesos de ciencia geográfica)*[221].

También se subrayaba, por otra parte, el modo en que los canarios eran descritos en el filme, "las mujeres van descalzas, desgreñadas. Los hombres tienen el tipo de matones mejicanos de película"[222]. Y, por último, se consideraba que la presentación del archipiélago como un lugar azotado por una epidemia mortal de fiebre amarilla, ofrecía a los espectadores de todo el mundo una visión intolerable de Canarias como una tierra inhóspita y maldita[223].

La primera institución en reaccionar oficialmente el Sindicato de Iniciativas[224] y, unos días más tarde, la Junta Provincial de Turismo[225]. Este organismo, dependiente del Cabildo insular de Gran Canaria, creado unos años antes, había

---

219 Najul, *Hoy, ibídem.*

220 *Diario de Las Palmas,* 17-XI-1934. En el guion de montaje se recoge esta confusión, apareciendo en un mismo plano el Puerto de la Luz, detrás unas colinas y al fondo el Teide. Sin embargo, no se puede atribuir esta incorrección a Ernest Pascal, sino a la interpretación visual que el equipo técnico y artístico hizo de la escena en la se aludía a este volcán.

221 *Ibídem.*

222 Najul, *Hoy, ibídem.*

223 Najul, *Hoy, ibídem.*

224 *Hoy,* 18-XI-1934.

225 "Protesta de la Junta Provincial de Turismo por la película Gran Canaria", en *Diario de Las Palmas,* 20 de noviembre 1934, p.3.

nacido con el objetivo de recuperar el turismo en la provincia tras la primera gran crisis del sector consecuencia de la Gran Guerra. La Junta consideró que el turismo era un factor vital para el desarrollo económico y, consecuentemente, promovió la modernización de las instalaciones hoteleras, implementó una política turística encaminada a cuidar de los rincones más pintorescos de la Isla y lo que es no menos importante se propuso programar diversas campañas publicitarias para dar a conocer las bondades de las islas en el exterior[226]. Fue por tanto este interés el que llevó a sus miembros a poner en marcha diversas acciones de protesta. Así no sólo no se limitaron a presentar una queja formal ante el cónsul americano en la isla, sino que además movieron los hilos pertinentes para conseguir que el Ministerio de Estado encargase al embajador acreditado en Londres, Pérez de Ayala, un informe sobre la película[227].

Mucho más combativa se mostró la prensa grancanaria. Así desde el periódico *Hoy*[228] se lanzó la propuesta, rápidamente secundada por el *Diario de Las Palmas*[229]. de realizar un boicot contra los productos de la que, en un principio, se creyó responsable de tamaño desafuero, la Warner Bros., "Hagamos que Gran Canaria sea un improductivo desierto para sus películas"[230]. Manuel de la Torre, representante en las islas de la mencionada sociedad cinematográfica, se vio obligado a salir apresuradamente en su defensa: "Sin duda la circunstancia de ser el protagonista de la comentada cinta Warner Baxter, ha dado lugar a que por él se tome a la empresa"[231].

A través de las páginas de los periódicos se recogieron los incidentes que, fuera de las fronteras del país, había provocado la proyección de la película. Por ejemplo, en Londres, se registró un sonoro abucheo por parte de un sector del público, entre el cual se encontraba Enrique Wooton -antiguo cónsul británico en las islas- que exigió a la empresa propietaria de la sala una inmediata rectificación, al tiempo que manifestaba su intención de rodar un filme que ofreciera una visión exacta de Canarias para que fuera exhibida en los mismos locales que *Grand Canary*[232]. La opinión pública y el poder político insular pronto expresó

226 GONZÁLEZ LEMUS (2012), pp.189-190.

227 *Diario de Las Palmas,* 19-XI-1934, p.5.

228 Najul, *Hoy, ibídem.*

229 *Diario de Las Palmas,* 22-XI-1934, p.5.

230 Najul, *Hoy, ibídem.*

231 Manuel de la Torre, "Carta al Director", en *Diario de Las Palmas,* 21-XI-1934, p. 3. No le faltaba razón a Manuel de la Torre, su suposición se ve confirmada por la propia campaña publicitaria del filme, donde el nombre del actor aparecía destacado, en una tipografía distinta a la de su apellido, pudiendo dar lugar a la confusión. Posteriormente este periódico buscando un responsable, atribuiría la película a la RKO (22-XI-1934), hasta que, por fin, gracias a una crítica de un diario de Buenos Aires, reproducida en el *Diario de Las Palmas* en diciembre de 1934, se desvela a la Fox como la verdadera productora del film.

232 *Diario de Las Palmas,* 5-XII-1934.

su preocupación ante el posible quebranto que la imagen del archipiélago pudiera sufrir en el extranjero, especialmente en el importante mercado británico. Deseoso de demostrar que el clamor popular no sólo había soliviantado a los canarios, *El defensor de Canarias* publicó una carta enviada, en español, por un residente inglés al *Daily Mail* de Londres manifestando su contrariedad por las inexactitudes de la película: "En los intereses de la Verdad y Justicia hay que esperar que esta película ofensiva si no está retirada de exhibición, por lo pronto debe ser radicalmente reformada a fin de que sea de acuerdo con los hechos", para a continuación tratar de aclarar los errores cometidos por la cinta:

> *Para el conocimiento de los que hayan visto la película, asimismo para los que no la hayan visto, y que ignoran lo que es la isla de Gran Canaria. Yo puedo decirles como un inglés residente [sic] en estas islas desde hace más de 20 años, que las Fiebres Palúdicas y enfermedades semejantes nunca han sido conocidas en las Islas Canarias. Además, no hay otro país en el mundo entero de la misma distancia de Londres que goze [sic] de un clima tan igual como es lo de Gran Canaria. Una variación de solamente 12ºF entre la temperatura promedia de Invierno y Verano, explica porque [sic] es posible, tomar baños del mar con confort, a todas épocas del año*[233].

Mayor repercusión tuvo su pase en diversas capitales de Hispanoamérica. En Buenos Aires la película fue estrenada en el cine Ideal, a finales de 1934, bajo el título de *Romance en Canarias;* Juan Domenech, presidente accidental de Asociación Canaria en aquel país remitió un escrito a los diarios de la capital, rápidamente reproducido por los periódicos de ambas provincias canarias, haciéndose eco de la indignación de la colonia de emigrantes canarios por la "estultez y osadía de una empresa que hace filmar una película que reúne a su inexactitud total una injustísima ofensa al noble pueblo canario"[234]. Nada objetaba Domenech a la trama romántica de la película, pero no ocultaba su malestar e irritación por el tratamiento cinematográfico dado a las islas, hasta el punto de considerar que "esa película es sencillamente criminal. No cabe otra expresión"[235]:

233 Robert Rayner, "El Fracaso de la película Gran Canary", en *El defensor de Canarias,* 24-X-1934.

234 "Romance en Canarias", en *Canarias,* diciembre de 1934, p. 10. En Tenerife, la circular se publicó al mes siguiente en la portada del periódico *La Prensa:* "Desde la Argentina. Un film que desacredita a las islas. Protesta de la colonia canaria en Buenos Aires", en *La Prensa,* 8 de enero 1935, p.1.

235 "Romance en Canarias", en *Canarias, ibídem.*

En primer lugar, la llegada a Tenerife donde aparecen boteros cantando romanzas como en la Venecia de los dux, es una falsedad. En aquel puerto visitado por todas las líneas de buques del Occidente; puerto de gran labor comercial no existieron jamás tales trovadores marítimos. Lo que allí se hace es trabajar mucho[236].

De la hermosísima Nivaria, la hermosa Tenerife que corona el majestuoso Teide, sólo se ofrece una fugaz fotografía. Luego todo es mentira y una mentira plena de injusticia, de descrédito, de burla sangrienta y doloroso ridículo. La hermosa ciudad de Santa Cruz (...) ha sido sustituida por una aldea levantada en Hollywood o tomada en la alta California. En el film se ven callejuelas destartaladas llenas de tabernas plagadas de borrachos y gente maleante y circulan porción de tipos mulatoides que hablan un castellano inventado en ese inescrupuloso Hollywood.

La isla, según el capitán del vapor inglés, está apestada de fiebres en sus valles y sólo se ven ranchos de empalizadas al través de cuyas ramas se contempla el espectáculo de las gentes tiradas en los suelos muriéndose de peste.

El film sigue así desarrollándose implacablemente en pleno y doloroso descrédito del país; dando una versión panorámica muy pobre por lo reducida, ya que todo se ha hecho a miles de leguas de Canarias y ni siquiera se han provisto de vistas o fotografías de aquellas islas que son un edén y cuyos valles que son vergeles de fama mundial de ser lo más saludable que hoy se conoce en todo el mundo. Y la prueba es la gran cantidad de ingleses, alemanes, holandeses y americanos que habitan el país no sólo turísticamente, sino allí arraigados disfrutando de su eterna primavera[237].

En La Habana, también se alzaron las voces de los isleños cuando *Grand Canary* fue estrenada a finales de junio de 1935 en la sala Campoamor. El filme apenas permaneció en cartel una semana; la presión de la colonia canaria asentada en Cuba fue de tal calibre que logró que interviniera, por mediación del

[236] Juan Domenech se equivoca. En el film, estos "trovadores marítimos" como él los denomina, no se acercan al barco cuando arriban a Santa Cruz, sino en su escala en Las Palmas. Por este comentario y otros de esta índole, da la impresión de que el autor no vio la película, y lo que cuenta es lo que otros le han narrado.

[237] "Romance en Canarias" en *Canarias,* pp.10-11.

embajador interino, Señor Espeliuz[238], la Secretaría de Gobernación, confiscando la película y prohibiendo, al menos momentáneamente, su exhibición en toda la República[239]. La medida no debió ser muy efectiva pues poco después, la escritora canaria residente en México, Mercedes Pinto, daba cuenta de la proyección de la cinta nuevamente en la capital cubana. Desde su privilegiada tribuna en la prensa mexicana, la novelista salió a la palestra, para defender a Canarias de este "agravio cinematográfico" cometido por los americanos, en una serie de cuatro artículos donde, en un tono nostálgico y romántico, describía lo que para ella era la realidad del archipiélago. La novelista se quejaba amargamente del silencio cómplice, en esta reposición del filme, de aquellos "encargados de defender y aún de propagar la belleza de un país, o por lo menos y en el más somero de los casos de denunciar a los difamadores y mentirosos"[240]. Indignada se preguntaba cómo ningún canario había levantado protesta alguna por la forma en que sus paisanos eran representados en la producción cinematográfica americana:

> *Aparecen en la pantalla trajes ridículos de chaquetilla torera y anchos sombreros aludos que no se ponen en Canarias ni en los días de Carnaval.*
>
> *Tipos y trajes son de un absurdismo sin ejemplo en la historia de la cinematografía sin sentido. Los callejones empinados; los campesinos semidesnudos; la miseria más desoladora; y como colmo de todo esto, la disparatada trama está basada en una epidemia terrible que está devastando a la población. ¡Pero qué epidemia pinta el argumentista! Caen como moscas los ciudadanos y ataca el inquieto microbio hasta a los pasajeros de un barco que toca por breves horas en la ciudad... Epidemia que diezma la población y que ataca a seres miserables, sin asistencia ni medios ni defensa, ni un sólo doctor a la vista, hasta que naturalmente, llega en el barco nada menos que Warner Baxter, convertido en doctor especializado en la epi-*

---

238 Juan del Time, "Notas de Cuba. Una película sobre Canarias prohibida por las autoridades cubanas", en *La Prensa,* 24-VII-1934.

239 *La Prensa,* Santa Cruz de Tenerife, 5-VII-1935.

240 Mercedes Pinto, "Ventanas de colores: Las islas Canarias", s.f. Respecto a esta polémica abierta en Cuba, Teresa del Carmen Rodríguez Hage, en su memoria de licenciatura presentada el 26 de abril de 1994 en la Universidad de la Laguna bajo el título *Estudio del film "EL": De Mercedes Pinto a Buñuel,* hace referencia a una serie de cuatro artículos, conservados en el Archivo Personal de Pituca de Foronda en Méjico, que fueron publicados en la prensa cubana –posiblemente a finales de 1935– por Mercedes Pinto. En ellos la escritora canaria, irritada, daba noticia, de un segundo pase del film en las salas de la ciudad, para luego iniciar un recorrido nostálgico, casi poético, por cada una de las islas, tratando de esta forma, contrarrestar el perjuicio que la película podía causar a la imagen del archipiélago.

> *demia desconocida, que comienza a curar solícito y denodado a todos aquellos "infelices" canarios de chaqueta torera y sombrero mexicano*[241].

Detrás de esta polémica que se generó tanto en Gran Canaria[242] como entre los emigrantes canarios que vivían en el exterior, subyacía una clara preocupación por la imagen de las islas y la forma en que ésta se podía ver afectada. "La cinta Gran Canaria, que lleva el nombre de nuestra isla, pero que se desarrolla en Tenerife, resultando que Tenerife es La Palma, hace a nuestra economía un daño incalculable"[243]. Desde México, Mercedes Pinto también señalaba su preocupación por los perjuicios económicos que podían derivarse de la proyección del filme por todo el mundo: "Verdaderamente que se necesita valor para decidir una película por el nombre de un país descubierto en el mapa, y sin conocer una sola palabra de él, ni molestarse en enviar (¡tan fácil que es!) unos metros de celuloide para impresionarlos *de visu*, se inventan por el contrario, trajes, tipos, costumbres, y después de reunido esto... ¡se forja una película que puede perjudicar turísticamente a un país que vive del turismo...! (...)"[244].

Aunque desde las últimas décadas del siglo XIX, el flujo de viajeros y turistas, sobre todo británicos, a las islas había ido en aumento propiciando la creación de una mínima infraestructura turística para acogerlos, no es hasta la década de los veinte del siglo pasado, que realmente el poder público en Canarias comienza a barajar la posibilidad de encontrar en el turismo una alternativa económica viable para el desarrollo futuro del archipiélago. Para alcanzar este objetivo pronto se vio la necesidad de construir la imagen de unas Canarias idílicas, pintorescas, de gente acogedora y de paisajes inigualables. Se trataba de reelaborar el mito de las Islas Afortunadas, privilegiadas por los dioses, con un clima de eterna primavera. En esa tarea jugaron un papel fundamental las artes plásticas, la fotografía y también el cine.

El desarrollo del tipismo en Canarias, no es ajeno a la corriente regionalista que se desarrolló a nivel nacional durante la dictadura de Primo de Rivera, que perseguía enaltecer lo que se consideraba los rasgos caracterizadores de cada

---

241 Mercedes Pinto, *Ibídem*.

242 Resulta sorprendente el silencio, roto sólo en muy contadas ocasiones, de la prensa tinerfeña en relación con este asunto. Tanto en la novela como en la película, la provincia supuestamente "agraviada" era la de Santa Cruz de Tenerife, los errores geográficos y la epidemia de fiebre amarilla tenían que ver más con las islas occidentales que con Gran Canaria, sin embargo, los periódicos de Tenerife se muestran indiferentes ante la polémica se estaba suscitando en la isla vecina. Da la impresión de que la existencia de una película titulada *Grand Canary* no era motivo suficiente para la opinión pública tinerfeña.

243 *Diario de Las Palmas*, 17-XI-1934.

244 Mercedes Pinto, *ibídem*.

región española. Lo tópico y lo típico se confundían, dando lugar a imágenes de un romanticismo algo trasnochado. El paisaje, los bailes y costumbres populares, la inocencia todavía no mancillada de la vida campesina, se convirtieron en temas recurrentes de las diferentes formas de expresión artísticas. En Canarias a esa tendencia se adscribieron artistas e intelectuales, arquitectos y pintores, fotógrafos y cineastas. Nombres como los de los novelistas Alfredo Fuentes, Antonio Ribot o Leoncio Rodríguez, del arquitecto José Marrero Regalado, de los pintores Néstor Martín de la Torre, Alfredo Torre Edwards o Pedro de Guezala, el fotógrafo Adalberto Benítez y del realizador cinematográfico José González Rivero comulgaron, desde diferentes campos, con este ideario estético. Serán los responsables de la conversión de las islas Canarias en una marca, en un producto de exportación.

El programa de este tipismo, enunciado por Néstor Martín y que estaba pensado para el turismo, buscaba "rescatar aquellos valores que definían lo nuestro y lo auténtico creando lo que él denominó *perfil de canariedad*. En ese sentido, planteó un amplio proyecto restaurador de todo aquello que afectara a la imagen y a la cultura de las Islas"[245]. Para conseguir estos fines, la fidelidad a la realidad o al pasado histórico de las islas era una cuestión menor. Si la geografía física y humana presentaba rincones oscuros, poco exportables para el delicado gusto de los europeos que nos visitaban, se idealizaba; si el relato de nuestra historia no ofrecía grandes momentos gloriosos, bastaba sólo con transformar la historia para adecuarla a las necesidades turísticas[246]. "El turismo se alimenta de la admiración del pasado, que es necesario reconstruir ante sus ojos" afirmaba Néstor, reconociendo que si era necesario se podía inventar "para suplir la falta de los auténtico, sabiamente y con fidelidad"[247]. Cerrar los ojos, mirar hacia otro lado, reelaborar para seducir al visitante, aún a riesgo de perder en este proceso la propia identidad.

A mediados de la década de los treinta, justo en el momento en que se estrenó *Grand Canary,* existía una clara política encaminada a alcanzar la reactivación económica del Archipiélago por medio de la potenciación de la llegada y estancia de viajeros extranjeros. Se estaba comenzado a sentar los cimientos de la industria del turismo en Canarias, y "en esa estrategia para captar potenciales visitantes, iban a entrar en juego los medios de difusión gráfica, especialmente la fotografía y el cine, con una única misión: documentar y divulgar por todo el mundo las bellezas naturales y las distintas expresiones de la cultura canaria. Fotografía y cine van a ser, pues, en estos momentos, los medios de propaganda

[245] VEGA DE LA ROSA (1997), p.64.
[246] VEGA DE LA ROSA (1997), *op. cit,* p.65.
[247] VEGA DE LA ROSA (1997), *op. cit,* p.64.

y de seducción más efectivos para activar el interés del turista internacional"[248]. Conocedora del poderoso influjo que podía ejercer el cine sobre sus espectadores, no es extraño que la prensa considerara al filme como un verdadero ataque frontal "contra lo que constituye la subsistencia de nuestra economía y de nuestro prestigio mundial; que no ha sido hecho a base de escandalosa publicidad"[249] y se llegase incluso a especular sobre las posibles "siniestras intenciones" que se escondían detrás del mismo: "¿Qué se pretende con este filme, aparentemente envuelto en una fábula almibarada (...)? La alta importancia del negocio ha excitado la ambición económica. Y la ética ha sufrido un vejamen más. Hay porque suponer que determinadas empresas de turismo, ligadas por una extensa red económica se han propuesto desplazar las corrientes del Atlántico -el punto preferido en estos últimos años- usando para ello del medio poderoso de propaganda constituido por el cinema. No cabe otra explicación"[250].

La desproporcionada reacción contra esta producción de la Fox que, recordemos se promovió en las islas sin haber visto el filme, reitera una actitud miope que manifiesta el desconocimiento de la sociedad canaria y de sus dirigentes, como lo hará hasta épocas muy recientes, de las potencialidades que le ofrecía esta forma de expresión artística. Como sucede hoy en día, para el poder político de las islas, el cine sólo era un instrumento de publicidad, de promoción de las bellezas de nuestra geografía. Interesaba sólo en la medida de que estuviera al servicio de determinados intereses económicos, abortando o entorpeciendo cualquier otra iniciativa cinematográfica que tuviera más amplios horizontes[251].

4.2. En defensa del honor patrio

Con el advenimiento del cine sonoro, muchos gobiernos cayeron en la cuenta del enorme potencial que tenía el cinematógrafo. La palabra convertía al medio en un goloso instrumento que podía ofrecer al poder sustanciales beneficios. Pronto surgieron voces que abogaron por una activa fiscalización del medio a través de variados mecanismos. En la mayoría de las ocasiones el escrutinio mo-

248 VEGA DE LA ROSA (1997), *op. cit.*, p.71.

249 *Diario de Las Palmas*, 19-XI-1934, p.5.

250 *Diario de Las Palmas*, 22-XI-1934, p.3

251 La infructuosa lucha del director González Rivero por instaurar una industria del cine en Canarias es una prueba de ello. Para profundizar sobre este tema es ineludible consultar el MARTIN y FERNÁNDEZ AROZENA (1997), obra fundamental para conocer la figura de este pionero del cine en Canarias.

ral o ideológico fue ejercido desde las administraciones, en otros casos fue la propia industria cinematográfica (el más evidente es el de Hollywood) la que se autoimpuso un elaborado sistema de censura con el que minimizar el riesgo potencial de unas imágenes en movimiento.

Llama la atención que en el control de los discursos cinematográficos hubo muchas coincidencias entre regímenes de naturaleza ideológica bien distinta. La censura no fue algo exclusivo, como podría pensarse, de los regímenes totalitarios de derecha e izquierda que se establecieron en Europa en los treinta. Habría que recordar que incluso en las democracias más avanzadas se implementaron fórmulas coercitivas para conseguir objetivos similares. Censura existió en Francia y en Dinamarca, también en el Reino Unido (donde se ejerció con una dureza en algunos casos inexplicable) y en Estados Unidos donde la presión de la iglesia católica consiguió imponer a la industria el famoso Código Hays. En España, con el advenimiento de la II República, se pensó que la censura desaparecería, pero no fue así. Con la Ley de Defensa de la República de 21 de octubre de 1931 se potenció la vigilancia y persecución del cine ofensivo. Cualquier atisbo de menosprecio o burla hacia las instituciones y organismos del nuevo estado republicano pasó a ser considerado como una agresión que debía ser prontamente reprimida. De esta forma, el régimen que garantizó las libertades formales hasta límites desconocidos en la historia de nuestro país, mantuvo paradójicamente una incomprensible actitud negativa ante el cine.

El cine soviético, por ejemplo, vetado por Primo de Rivera, siguió teniendo dificultades para circular libremente por las pantallas españolas. Si se proyectó fue de forma limitada y, a menudo, sólo en sesiones privadas. El cine soviético en realidad, no gozaría de luz verde en España hasta la victoria del Frente Popular en 1936. Pero no sólo las producciones rusas más combatientes sufrieron las arbitrariedades censoras de las instituciones republicanas. *La edad de oro* (1930) de Luis Buñuel fue prohibida durante el gobierno de la derecha y se tiene constancia también de la denegación del permiso de exhibición a películas americanas tales como *Juego Limpio* (*Mamba*, Albert S. Rogell, 1930), *Los ángeles del infierno* (*Hell's Angels*, Howard Hughes, 1930), Un *mensaje a García* (*A Message to Garcia*, George Marshall, 1935) o *Hi, Gaucho!* (Thomas Atkins, 1935). Sin duda en esta relación ha de incluirse la película *Grand Canary* que fue objeto de una enorme polémica en la prensa de Canarias de la época. El archipiélago que trataba entonces de impulsar su todavía incipiente industria del turismo vio con temor la imagen que de las islas proyectaba este filme americano.

Esta producción de la Fox Film Corporation de 1934, dirigida por Irving Cummings, pasó sin pena ni gloria por las salas de cine de medio mundo. En España nunca llegó a exhibirse. El gobierno español trató de sofocar la indignación expresada por las fuerzas vivas insulares, activando todo su aparato diplomático para frenar lo que consideraba un verdadero agravio para el futuro y los intereses económicos de las islas. Alertados por las comunidades de isleños emigrantes, los medios se hicieron eco de las protestas y organizaron, especialmente en Gran Canaria, una campaña en contra de un filme que conocían tan sólo por referencias. Canarios en Argentina, Cuba, Londres y EEUU se movilizaron para dar a conocer la afrenta cometida por uno de los grandes estudios de cine de la época. De esta forma, sin conocimiento directo de los acontecimientos narrados en la película, sin saber exactamente en qué consistían esas supuestas ofensas para las islas, el gobierno republicano tomó la resolución de prohibir el estreno y por ende, la exhibición del film en todo el territorio nacional.

La Fox ajena a todo este alboroto provinciano continuó con la proyección de la película de forma rutinaria, y si accedió a retirar el filme en última instancia, no fue tanto por el temor a perder el mercado español como por el hecho de que la cinta, cuando comenzaron a llegar a sus oídos las protestas de los españoles, estaba ofreciendo los últimos estertores de su carrera comercial. *Grand Canary* no murió, comercialmente hablando, por una muerte súbita, sino que fue un óbito natural.

4.2.1. La prohibición republicana

Mucho antes de que la prensa de Gran Canaria se hiciera eco de la existencia y proyección de la película en Hispanoamérica y en Europa, ya el gobierno español presidido por Alejandro Lerroux había comenzado a movilizar, en un principio no con demasiado entusiasmo, su aparato diplomático para obtener información sobre tan polémico largometraje. Apenas un mes más tarde del estreno del filme en Estados Unidos, el embajador de España en Washington, D. Luis Calderón y Martín, recibía un comunicado desde el consulado español en Nueva York donde se daba cuenta de la carta presentada por Alianza Republicano-Socialista en aquella ciudad. El presidente de esta asociación expresaba el "general disgusto" que había causado entre sus afiliados la proyección de la película "The Grand Canary [sic]" que, equivocadamente, atribuían a la RKO:

> *Todos unánimamente [sic] convinieron en que, en la mencionada película se falta descaradamente a la verdad, en desdoro de nuestra Patria, que aparece en un nivel bajísimo y denigrante. Además, perjudica los intereses de las Islas Canarias, dada la gran corriente de turismo que acude a estas Islas, a una de las cuales se refiere la película que denunciamos.*
>
> *En vista de ello, por unanimidad se acordó: Acudir a Ud. para manifestarle nuestra protesta y pedirle que por todos los medios a su alcance procure retirar de la circulación la repetida*

> *película o a lo menos que dicha Compañía cambie todo aquello que denigre a nuestra patria*[252].

A principios de septiembre, el Ministerio de Estado en Madrid era informado desde su delegación diplomática en Estados Unidos de la queja presentada por los residentes españoles en Nueva York. El embajador solicitaba que se le diera las órdenes oportunas para proceder en este asunto, aunque al tiempo cuestionaba la eficacia que podía tener un requerimiento de este carácter ante la Administración americana: "(...) teniendo en cuenta tanto las medidas adoptadas en España en casos parecidos, como la ineficacia práctica de una gestión de esta índola [sic] en estos momentos, cerca del Departamento de Estado, por haber podido recoger recientemente esta impresión en casos de índole de mayor trascendencia y gravedad en los que ha intervenido la Embajada de Italia en esta capital"[253]. Bien sea por desidia, bien porque, en un primer momento, el asunto no pareció de importancia, lo cierto es que el Ministerio de Estado no envió instrucciones a la embajada en Washington hasta dos meses después, indicándole a su representante que "de la forma más cortés y eficaz", presentase la oportuna reclamación ante las autoridades correspondientes[254].

A finales de noviembre la polémica estaba ya siendo jaleada desde los medios de comunicación de las islas, y las diversas instancias políticas y económicas de Gran Canaria comenzaron a tomar cartas en el asunto. El Gobernador Civil, como presidente de la Junta Provincial de Turismo, fue el primero en trasladar al Patronato Nacional del Turismo su alarma por la proyección de una película, "de procedencia norteamericana" en la capital del imperio británico, en la que la isla aparecía como escenario de una historia donde se falseaba la verdad, y se desprestigiaba y perjudicaba sus intereses turísticos, "haciéndola figurar como país semi-salvaje, en el que las personas que la visitan son víctimas de una llamada *fiebre canaria*[255], y errores geográficos de gran bulto"[256]. Es sólo entonces

[252] Luis Silvela, *Carta a D. Luis Calderón y Martín,* 18 de agosto de 1934, en "Archivo Renovado, Legajo R-970, expediente 3", Archivo General del Ministerio de Asunto Exteriores, Madrid.

[253] Luis Calderón y Martín, *Informe sobre la película "Grand Canary",* 4 de septiembre 1934, en "Archivo Renovado, Legajo R-970, expediente 3", Archivo General del Ministerio de Asuntos Exteriores, Madrid.

[254] J.M. Aguinaga, *Sobre la película "Grand Canary" y a petición Alianza Republicana Socialista,* 7 de noviembre 1934, en "Archivo Renovado, Legajo R-970, expediente 3", Archivo General del Ministerio de Asuntos Exteriores, Madrid.

[255] Ni en el guion de Pascal, ni en la película se hace referencia a la fiebre amarilla como "fiebre canaria", prueba del desconocimiento general que existía sobre el argumento del filme.

[256] *Carta del Secretario del Patronato Nacional de Turismo al Subsecretario del Ministerio de Estado,* 30 de noviembre 1934, en "Archivo Renovado, Legajo R-970, expediente 3", Archivo General del Ministerio de Asuntos Exteriores, Madrid. Prácticamente en los mismos términos,

que el Ministerio de Estado toma la iniciativa de una manera más contundente requiriendo, tanto a su embajador en Gran Bretaña como en los Estados Unidos, información contrastada acerca del contenido del filme.

A mediados de diciembre se recibía en Madrid, el primer informe de la representación diplomática española en Londres en torno a las gestiones realizadas hasta ese momento. A pesar de lo que se había publicado por la prensa de las islas, el embajador desmentía la presentación de queja alguna por parte de la colonia canaria en aquella ciudad. Habiendo sido informado por un funcionario de la embajada, y por pura iniciativa, el representante del gobierno español se había dirigido a la empresa donde se exhibía la película para advertirles que estaba "dispuesto a recurrir en queja al Gobierno Británico si en lo sucesivo no se avenian [sic] a publicar en la pantalla antes y despues [sic] de cada representacion [sic] de dicha pelicula [sic] un aviso aclaratorio manifestando que el argumento expuesto en ella tomado de la novela de *Grand Canary* de A.G. Cronin [sic] no tenía absolutamente relación ninguna con las condiciones actuales del Archipielago [sic] Canario en donde no existen fiebres de ningún genero [sic]"[257]. Sin que fueran precisas más gestiones, la compañía accedió a publicar ese aviso antes de cada sesión, de manera que quedaban "bien delimitadas la realidad de los hechos y la ficción literaria al igual que ha sucedido en esta capital con otras peliculas [sic] mortificantes para el espíritu nacional de una pais [sic] o para el orgullo personal de una familia histórica[258]. Más interesante fue la respuesta de la delegación en Washington que llegó a principios de 1935. Las gestiones del representante español en Estados Unidos se habían realizado directamente con la propia Fox Film Corporation, verdadera responsable de la producción de la película. Desde la embajada se trataba de encontrar el modo de alterar "ciertas escenas" que iban en perjuicio de "España en general, y, particularmente, de la Provincia Canaria"[259].

A través de W. C. Mitchell, vicepresidente ejecutivo de la corporación cinematográfica, la Fox se hacía eco de las críticas, mostrando su acuerdo en el cuidado que se debía guardar en la confección de cualquier producto cinemato-

---

y muy pocos días después, el Ministerio de Estado recibió la queja del Sindicato de Iniciativas Turísticas de Gran Canaria, manifestando su malestar por la proyección en Londres de la película [*Carta del Sindicato de Iniciativa Turísticas,* 23 de noviembre 1934, en "Archivo Renovado, Legajo R-970, expediente 3", Archivo General del Ministerio de Asuntos Exteriores, Madrid].

257 *Informe de la Embajada en Londres sobre la película titulada "Grand Canary"*, 12 de diciembre 1934, en "Archivo Renovado, Legajo R-970, expediente 3", Archivo General del Ministerio de Asuntos Exteriores, Madrid.

258 *Ibídem.*

259 Luis Calderón, *Informe sobre reclamación película Grand Canary,* 9 de enero 1935, en "Archivo Renovado, Legajo R-970, expediente 3", Archivo General del Ministerio de Asuntos Exteriores, Madrid.

gráfico. Para la compañía no tenía demasiado sentido introducir cambios en una película que, tras haber sido estrenada a comienzos del verano anterior, prácticamente había cumplido con la carrera comercial que de ella se esperaba, y recomendaba a la embajada española, en este caso, olvidar el asunto. A modo de compensación, Mitchell expresaba la voluntad de la productora para que en el porvenir se pudieran subsanar con antelación esta clase de errores[260].

A partir de este momento el objetivo del gobierno español fue el de impedir por todos los medios que la película fuera vista en otros países. El 22 de febrero de 1935, desde la Secretaría de Política y Comercio, se envió a todas las Embajadas y Legaciones el siguiente telegrama:

> *Se reciben en este Ministerio noticias de exhibirse en Europa y América película titulada "GRAN CANARY" que por inexactitudes contenidas constituye desprestigio para las Islas Canarias y perjudica intereses turísticos. Ruego V.E. recabe ese Gobierno contacto le es habitual prohibición exhibición dicha película advirtiendo inexactitudes contiene y de que argumentación no responde condiciones climatológicas Gran Canaria. Sírvase V.E. igualmente comunicar instrucciones pertinentes Agencias consulares dependientes*[261].

Este telegrama fue el detonante de una cascada de comunicaciones entre el gobierno republicano y las sedes diplomáticas que éste tenía repartidas por el mundo. Desde febrero hasta agosto de 1935, la información generada por el asunto *Grand Canary* resulta a todas luces sorprendente y clarificadora de la actitud del ejecutivo de España en defensa de los intereses económicos de una de sus regiones insulares. Durante ese período, gracias a la intervención de sus delegaciones, el Ministerio de Estado consiguió evitar el estreno del filme en Yugoslavia[262], Por-

---

260 W.C. Mitchell, *Carta a su Excelencia Luis Calderón*, 4 de enero 1935, en "Archivo Renovado, Legajo R-970, expediente 3", Archivo General del Ministerio de Asuntos Exteriores, Madrid.

261 *Telegrama expedido por la Secretaria de Política y Comercio*, 22 de febrero 1935, en "Archivo Renovado, Legajo R-970, expediente 3", Archivo General del Ministerio de Asuntos Exteriores, Madrid.

262 Fernando Alcalá Galiano, *Asunto: Trámite comunicación hecha por este Gobierno y relacionada con la solicitud de la República*, 27 de marzo 1935, en "Archivo Renovado, Legajo R-970, expediente 3", Archivo General del Ministerio de Asuntos Exteriores, Madrid.

tugal[263], Hungría[264], Holanda[265], Lituania[266], Brasil[267], El Salvador[268], Honduras[269], Nicaragua[270], Costa Rica[271], Venezuela[272] y Egipto[273]. En algunos países como Dinamarca[274], Austria[275] o Bélgica[276] no tenían la menor noticia de la película, y en Suiza, donde su carácter confederado hacía ineficaces realizar gestiones ante las autoridades federales, al menos se tuvo constancia de que "las empresas alquiladoras de películas" no habían adquirido el filme para distribuirlo por los diferentes cantones[277]. En otros el requerimiento español para impedir la distribución y la exhibición de la película había llegado un poco tarde.

---

263 F. Ramírez Montesinos, *Cumplimentar telegrama relativo película "Gran Canary",* 26 de febrero 1935, en "Archivo Renovado, Legajo R-970, expediente 3", Archivo General del Ministerio de Asuntos Exteriores, Madrid.

264 Carlos Arcos, *Cumplimentar telegrama Circular del 24 de febrero de 1935,* 25 de febrero 1935, en "Archivo Renovado, Legajo R-970, expediente 3", Archivo General del Ministerio de Asuntos Exteriores, Madrid.

265 J. M. Doussinague, *Asunto: contesta telegrama circular N1 3 sobre film "Gran Canary",* 26 de marzo 1935, en "Archivo Renovado, Legajo R-970, expediente 3", Archivo General del Ministerio de Asuntos Exteriores, Madrid.

266 J. de Encío, *Asunto: Constesta Telegrama Circular n1 A,* 25 de febrero 1935, en "Archivo Renovado, Legajo R-970, expediente 3", Archivo General del Ministerio de Asuntos Exteriores, Madrid.

267 Vicente Sales Musoles, *Asunto: Informa sobre la proyección de la película "Gran Canary",* 8 de marzo 1935, en "Archivo Renovado, Legajo R-970, expediente 3", Archivo General del Ministerio de Asuntos Exteriores, Madrid.

268 Fernando González Arnao, *Asunto: Sobre la exhibición de la película "Gran Canary",* 12 de marzo 1935, en "Archivo Renovado, Legajo R-970, expediente 3", Archivo General del Ministerio de Asuntos Exteriores, Madrid.

269 *Ibídem.*

270 *Ibídem.*

271 Luis Quer Boule, *Asunto: Da cuenta de que no será permitida en Costa Rica la proyección de la película "Grand Canary",* 13 de marzo 1935, en "Archivo Renovado, Legajo R-970, expediente 3", Archivo General del Ministerio de Asuntos Exteriores, Madrid.

272 Luis de Oteyza, *Comunica medidas que Gobierno de Venezuela tomará caso que llegue película "Gran Canary",* 2 de abril 1935, en "Archivo Renovado, Legajo R-970, expediente 3", Archivo General del Ministerio de Asuntos Exteriores, Madrid.

273 Alfonso Caro, *Asunto: Prohibición película "Gran Canary",* 29 de marzo 1935, en "Archivo Renovado, Legajo R-970, expediente 3", Archivo General del Ministerio de Asuntos Exteriores, Madrid.

274 Ginés Vidal, *Asunto: Sobre la película "Gran Canary",* 1 de marzo 1935, en "Archivo Renovado, Legajo R-970, expediente 3", Archivo General del Ministerio de Asuntos Exteriores, Madrid.

275 García Comín, *Asunto: Remite Nota esta Cancillería Federal s/ película "Canary"* [sic], 26 de abril 1935, en "Archivo Renovado, Legajo R-970, expediente 3", Archivo General del Ministerio de Asuntos Exteriores, Madrid.

276 Manuel Aguirre de Carcer, *Asunto: Comunica que film "Gran Canary" no ha sido sometido en Bélgica a Comisión* de censura cinematográfica*, 4 de mayo 1935,* en "Archivo Renovado, Legajo R-970, expediente 3", Archivo General del Ministerio de Asuntos Exteriores, Madrid.

277 Julio López Oliván, *Asunto: Sobre la película "Gran Canary",* 26 de marzo 1935, en "Archivo Renovado, Legajo R-970, expediente 3", Archivo General del Ministerio de Asuntos Exteriores, Madrid.

→

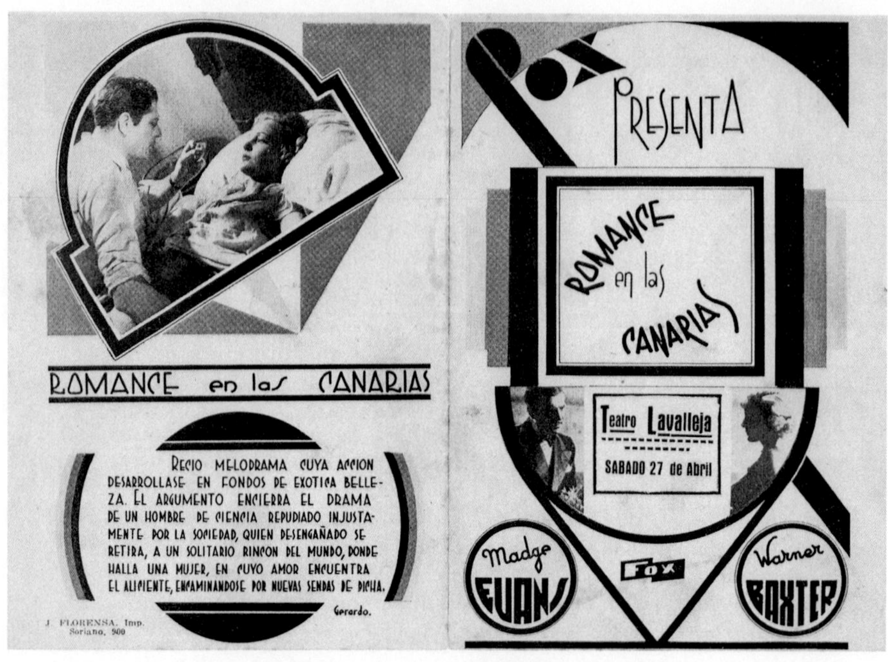

→

Material promocional de la película en Argentina.

En Argentina, por ejemplo, la película se había estrenado en uno de los principales cinematógrafos de Buenos Aires a finales de 1934 con el título *Romance en las canarias*. Un "suelto de propaganda" publicado en el periódico *Democracia* publicitaba la cinta de la siguiente manera:

> *El ambiente que refleja la producción es auténtico y según se nos informa, fue obtenida con la colaboración de las autoridades españolas, comenzando con las acciones en el momento en que se delcaraba [sic] en el archipiélago [sic] una epidemia de fiebre amarilla*[278].

La afirmación de que para la filmación de la película se había contado con el concurso de representantes español, motivó la intervención pública del cónsul en Bahía Blanca, Rafael de los Casares, en una carta abierta que envió a todos los diarios:

> *En el número de ayer, sábado 29, de ese diario de su digna dirección apareció un suelto en el que para hacer reclamo de una película estrenada el mismo día, (...) se vierten concepto que, además de ser notoriamente falsos, resultan mortificantes para el prestigio de una de las hermosas provincias de mi patria (...). Se pueden perdonar todas las incongruencias y todas las grotescas fantasías del ambiente de la película, que cuando menos demuestra que sus productos no saben geografía elemental ni conocen las islas Canarias ni siquiera por fotografía; pero la pretensión de querer convencer al público de la fidelidad documental de aquella con un grotesco infundio del calibre del que comento, es intolerable. Cualquier persona sabe por modesta que sea su cultura o por poco que haya viajado, que hablar de fiebre amarilla en las Canarias es tan absurdo como decir que en Hollywood existe el vómito negro*[279].

Un caso curioso en Sudamérica es el de Uruguay. El gobierno de este país, una vez informado por los representantes de la Legación de España, accedió a impedir la exhibición pública de la película en todo su territorio[280]. Sin embargo, la compañía cinematográfica americana trató de evitar este veto propiciando un

---

[278] *Circular referente película GRAND CANARY,* 23 de marzo 1935, en "Archivo Renovado, Legajo R-970, expediente 3", Archivo General del Ministerio de Asunto Exteriores, Madrid.

[279] *Ibídem.*

[280] Carlos Malagarriga, *Asunto: Cumplimiento telegrama circular 3 sobre la película Canary* [sic], 26 junio 1935, en "Archivo Renovado, Legajo R-970, expediente 3", Archivo General del Ministerio de Asuntos Exteriores, Madrid.

acercamiento, con intenciones poco claras, entre un miembro de la Fox Film Corporation y el representante diplomático español en esta capital:

> *Sin tener mayor importancia que la de una contraprueba de la actitud gubernamental, debo hacer presente V.E. que hace poco me habló por teléfono un señor que se manifestó ser agente de la conocida empresa cinematográfica de Nueva York Fox y me preguntó si no tendría arreglo el asunto de la prohibición. No quise hacerle el honor de preguntarle qué sentido daba a la palabra arreglo, limitándome a manifestarle que como mi reclamación al gobierno uruguayo me había sido ordenada por V. E. podría la empresa Fox dirigirse a ese Ministerio*[281].

En Europa existe la certeza de que, además de proyectarse en Gran Bretaña, también llegó a exhibirse en Suecia. Como se ha visto con anterioridad, *Grand Canary* fue estrenada en Londres, casi con toda seguridad, en el otoño de 1934. Pero su vida comercial no quedó reducida a las salas cinematográficas de la capital británica. En efecto, el 15 de abril de 1935, el Consulado de España en Southampton comunicó a la Embajada la inminente proyección del filme en el Cinematógrafo Palladium en Porstwood:

> *Las gestiones que acabo de realizar cerca del gerente del cinematógrafo en cuestión no han dado resultado satisfactorio en lo relativo a la suspensión de la citada película por manifestar dicho señor que ello sólo puede hacerse por la Fox Film Co. Ltd., Londres, que son los agentes de la Lasky Productions Ltd.*
>
> *Sólo se ha podido conseguir del mencionado -gerente que prometa proyectar al principio y al fin- de la película el letrero "The Canary Islands have no fever conditions today".*
>
> *Con respecto a esta Autoridades, manifiestan que una vez aprobada la película por el BRITISH BOARD OF CENSORS en Londres, no tienen ellos poder para–prohibir su exhibición*[282].

[281] *Ibídem.*

[282] Roger de Fuentes Bustillo, *Despacho para la Embajada de España en Londres,* 15 de abril 1935, en "Archivo Renovado, Legajo R-970, expediente 3", Archivo General del Ministerio de Asuntos Exteriores, Madrid. Sabemos por una nota manuscrita que aparece en el informe que de este despacho consular hizo el embajador en Londres al Ministerio de Estado en Madrid que, desde el gobierno español se instó a su delegado diplomático en el Reino Unido a que hiciera gestiones ante el British Board of Censors para acordar la prohibición deseada del filme. Sin embargo, no tenemos ningún tipo de información acerca de si finalmente, hubo este contacto entre el organismo censor británico y la embajada, y de haberse producido, cuáles

En Estocolmo el largometraje había pasado totalmente desapercibido para la embajada española porque se había estrenado unos meses antes,

> *Refiriéndome a la Orden Nº 41, de 21 de marzo último, relativo a la película de la Fox Film Co. "Grand Canary" tengo la honra de informar a V.E. que esta cinta fué exhibida con un título que en absoluto podía hacer sospechar que se trataba de algo relacionado con las Islas Canarias ("La carrera de un doctor") en un cinematógrafo de segunda categoría de esta capital en el mes de septiembre del pasado año. Permaneció en el programa alrededor de una semana, habiéndose producido un ingreso de 2.500 coronas, lo que como V.E. comprenderá viene a confirmar la impresión de que no constituyó un éxito.*
>
> *He obtenido un rodaje privado de la mencionada cinta, que, desde luego, y aunque con el pretexto de la trama de su argumento, se aparta totalmente de la verdad en lo que a salubridad, clima y costumbres de Canarias se refiere. Sin embargo, he de manifestar a V.E. que no se ha observado que el citado argumento haya podido influir en la corriente turística hacia el Archipiélago, antes, al contrario, durante el pasado invierno se han dirigido a esta Legación algunas peticiones de informes sobre viaje y estancia en las Canarias*[283].

Pero fue la embajada de España en Francia la que más interés mostró por el asunto. Juan F. de Cárdenas, encargado de esta sede diplomática en París, desde un primer momento trató de obtener información precisa de la película. En febrero de 1935, el filme todavía no había sido estrenado en el país vecino y ni siquiera, la asociación de distribuidores "Films Sindicales Franceses", conocía la existencia en el mercado de ninguna gran producción con el título específico de *Gran Canaria*[284]. Pese a todo, Cárdenas se proponía continuar las gestiones a fin

---

fueron los resultados de estas conversaciones. [*Asunto: Sobre la proyección película titulada "Grand Canary"*, 25 de abril 1935, en "Archivo Renovado, Legajo R-970, expediente 3", Archivo General del Ministerio de Asuntos Exteriores, Madrid].

283 Alfonso Fiscowich, *Informe sobre Orden N1 41*, 7 de abril 1935, en "Archivo Renovado, Legajo R-970, expediente 3" Archivo General del Ministerio de Asuntos Exteriores, Madrid.

284 J. F. de Cárdenas, *Referente película "Gran Canaria"*, 27 de febrero 1935, en "Archivo Renovado, Legajo R-970, expediente 3", Archivo General del Ministerio de Asuntos Exteriores, Madrid. En este informe Cárdenas señala la existencia en el mercado cinematográfico francés de un film documental de viaje, producido por la Gaumont-Franco-Aubert Film, titulado *L'Ile de Canarie* donde se representa "de un modo general la vida y aspecto de estas islas y, por lo demás, parece que no consta que este film contenga notas desfavorables que puedan perjudicar el prestigio de estas islas" [*Ibídem*].

de averiguar lo que hubiera de cierto en el polémico filme: "La censura francesa posee una lista completa de todas las películas que han sido proyectadas publicamente [sic] en Francia y espero que dicha oficina pueda proporcionarme datos respeto a los títulos, nacionalidades y compañias [sic] que hayan realizado films sobre las islas en cuestión, y asimismo las salas en que dichos films hayan sido o sean proyectados. No obstante, se me advierte que si la pelicula [sic] de que se trata no ha sido proyectada en público, la Oficina de censura no tendrá ninguna referencia sobre ella"[285]. Efectivamente, en el mes de marzo, en este organismo censor no constaba haber expedido ninguna autorización para proyectarla, pero prometía que vigilarían a todas las peliculas [sic] que se presenten en el futuro sobre las islas Canarias, asegurándome también que no dejarán de continuar realizando investigaciones de las que me tendrán al corriente"[286]. A finales de ese mismo mes, el embajador, gracias a la cooperación del representante en Europa de la "Pathé News", Mr. W. O'Brien, consiguió visionar personalmente, en proyección privada, la película:

> *(...) he podido comprobar que desde luego se trata de una producción impresentable y que resulta inadmisible, incluso en sus menores detalles. Los informes que V.E. me transmitió quedan plenamente confirmados en cuanto a la idea absolutamente falsa que da de las islas, tanto en lo que se refiere a su clima como en lo relativo a las condiciones de vida en ellas. Tan es así que, segun [sic] me aseguran, la propia oficina de censura francesa no habrá de permitir su proyección en público. De todos modos, he escrito una carta a M. Laval interesándole en este asunto para que impida se pueda eventualmente dejar pasar este film*[287].

---

[285] *Ibídem.*

[286] J. F. de Cárdenas, *Relativo pelicula [sic] "Gran Canaria"*, 1 de marzo 1935, en "Archivo Renovado, Legajo R-970, expediente 3", Archivo General del Ministerio de Asuntos Exteriores, Madrid.

[287] J. F. de Cárdenas, *Sobre pelicula [sic] "Grand Canary"*, 26 de marzo 1935, en "Archivo Renovado, Legajo R-970, expediente 3", Archivo General del Ministerio de Asuntos Exteriores, Madrid. En la carta remitida a la embajada de España en París por Alexis Leger, éste le comunica diplomático español que el gobierno francés, a través de su cónsul en Las Palmas, había ya tenido noticias acerca de la polémica suscitada en las islas a raíz de la proyección de la película. El propio Leger se había interesado por este asunto cinematográfico y había, en su momento, consultado con el ministro de la Educación Nacional y de las Bellas Artes la posibilidad de impedir la difusión del film en territorio francés. [*Ibídem*].

Finalmente, a través del Secretario General del Departamento de Negocios Extranjeros del gobierno francés, Alexis Leger, se consiguió la prohibición de la proyección del filme en este país[288]. No satisfecho con ello, el representante español trató de cubrir, diligentemente, todas las opciones posibles para resolver este asunto:

> *Por mi parte, he intentado entrevistarme con M. Clayton Sheehan, representante para el extranjero de la "Fox Film Corporation", no habiendo conseguido mi propósito por haberse aquel ausentado de Paris [sic].*
>
> *En cuanto a las gestiones que podrían intentar en los Estados Unidos, me dicen podrían ser útil que nuestro Embajador en Washington entrase en relación con Mr. Will Hays, presidente de «The Motion Pictures Producers and Distributors of America»* [289].

4.2.2. La intervención en Hollywood

Esta última recomendación era importante porque, por primera vez, situaba al gobierno español en el camino correcto para la resolución de este "conflicto" cinematográfico. William Hays y la MPPDA era una asociación empresarial que reunía en su seno a todas las grandes corporaciones cinematográficas de los Estados Unidos de América. A través de esta organización, la industria del cine no sólo protegía sus intereses en el interior del país, sino también velaba por la buena marcha de sus negocios en el mercado exterior. A comienzos del mes de mayo se produjo la entrevista entre el embajador en Francia, Juan F. Cárdenas y Clayton Sheehan:

> *Dicho señor se ha mostrado altamente comprensivo y al expresarle yo mi opinión sobre el film (...) me prometió que, puesto que la película era en su integridad inadmisible y contraria a la verdad, haría lo necesario para impedir se proyectase en público.*
>
> *Pero, además, y en previsión de casos análogos, me ha dicho que trataría de que, en América, antes de comenzar la realización siempre costosa de los films que se relacionen con nuestro*

[288] Juan F. de Cárdenas, *Sobre película "Grand Canary"*, 10 de abril 1935, en "Archivo Renovado, Legajo R-970, expediente 3", Archivo General del Ministerio de Asuntos Exteriores, Madrid.
[289] *Ibídem.*

> *país, se sometiese a nuestros representantes consulares el libreto correspondiente.*
>
> *En vista de ello, he creido [sic] oportuno informar al mismo tiempo que a V.E. al Sr. Embajador en Washington a quien he escrito poniéndole en antecedentes y sugiriéndole se ponga en contacto con Mr. Sheehan, quien dentro de unos días regresa a América*[290].

A instancias del gobierno de la República, Luis Calderón, embajador de España en Washington, se entrevistó personalmente con el representante de la Fox Film Corporation en Nueva York "no sólo para procurar se suspendiese definitivamente la exhibición de la película *Grand Canary* sino también llegar a un arreglo para que, en el porvenir, se evitase en este país la composición de películas que pudiesen dar al público una errónea impresión de España, o molesta o perjudicial a nuestros intereses y dignidad nacional"[291]. El diplomático español obtuvo el compromiso formal de la corporación cinematográfica de suspender las futuras ventas de la película y anular de forma inmediata la formalización de nuevos contratos en base a la misma. El propio Clayton Sheehan, en un memorándum interno, confirmaba a toda la estructura interna de la compañía cual era el tratamiento que debía recibir el filme de ahora en adelante:

> *A través de la embajada del Gobierno español hemos conocido que nuestra producción, GRAND CANARY, no había sido del agrado para las Islas Canarias y sus habitantes, y hemos decidido suspender la formalización de contratos de este film en el resto del mundo.*
>
> *Le comunicamos que suspenda inmediatamente las ventas y liquida los contratos existentes tan pronto como sea posible, después de lo cual todas las copias y material complementario de este film deberá ser destruido*[292].

---

290 Juan F. de Cárdenas, *Asunto: S/ film "Grand Canary"*, 2 de mayo 1935, en "Archivo Renovado, Legajo R-970, expediente 3", Archivo General del Ministerio de Asuntos Exteriores, Madrid. Unos días más tardes, el Ministerio de Estado mostró su satisfacción por la conducta, interés y diligencia mostrada por el embajador en Francia en este asunto. [J. M. Aguinaga, *Asunto: Sobre Film "Grand Canary"*, 8 de mayo 1935, en "Archivo Renovado, Legajo R-970, expediente 3", Archivo General del Ministerio de Asuntos Exteriores, Madrid].

291 Luis Calderón, *Asunto: Exhibición película "GRAND CANARY"*, 22 de junio 1935, en "Archivo Renovado, Legajo R-970, expediente 3", Archivo General del Ministerio de Asuntos Exteriores, Madrid.

292 No sabemos el alcance que tuvo esta destrucción, pero no fue absoluta, de lo contrario no existiría actualmente, como hemos dicho, una copia del film en el archivo cinematográfico del Museo de Arte Contemporáneo de Nueva York, cedida por la propia compañía.

> *Este gesto de amistad con el Gobierno Español supone para nosotros una pérdida sustancial. Sin embargo, nos hemos comprometido a ello de buena fe y esperamos que cumpla con estas instrucciones al pie de la letra*[293].

No obstante, las concesiones hechas por la Fox no se limitaron a la paralización definitiva de la vida comercial de la película. En realidad, el objetivo de las autoridades españolas no sólo era evitar la distribución de este filme concreto, sino la de articular un mecanismo que garantizase que este tipo de situaciones no se volvieran a repetir en el futuro. Para ello, evidentemente, era necesario conseguir alcanzar un acuerdo no sólo con la compañía que, en este caso puntual, había "agraviado" la dignidad española, sino que debía ser un instrumento de control al servicio de los intereses de España, que estuviera consensuado con toda la industria cinematográfica americana. El embajador Calderón, como medida preventiva, consiguió que la Fox se comprometiese a remitir a las autoridades españolas para su examen los libretos y las películas que, en el futuro, tuviesen como escenario y argumento elementos o temas relacionados con nuestro país. Pero además el diplomático español deseaba que el control no se limitase a las películas editadas por la *Fox Film Corporation*, sino que afectase a toda, o al menos una parte sustancial, de la producción de Hollywood, y para ello entró en contacto con el Major Frederick Herron, encargado de la departamento de asuntos exteriores de la MPPDA, "entidad que censura todas las películas americanas que se mandan al extranjero y el 90% de las que se exhiben en los Estados Unidos, ya que el otro 10% restante procede de las compañías "Independents" y sobre las que no tienen control en cuanto a su exhibición en el territorio de esta República". Dentro de la estructura interna de esta organización empresarial, Herron había asumido la responsabilidad de coordinar y velar por los intereses internacionales de la industria del cine de su país: "Desde finales de los veinte, estaba en contacto diario con los representantes del comercio exterior y con las embajadas de otros países, y se había hecho cargo de una buena parte de las negociaciones diplomáticas que anteriormente habían sido responsabilidad de la oficina del presidente, aunque siempre [William] Hays intervenía, apoyándolo, cuando se trataba de asuntos especialmente delicados"[294]. El asunto de *Grand Canary* debió ser considerado como un caso que, por sus repercusiones, requería de la intervención del propio William H. Hays. Hasta él llegaron los ecos lejanos del revuelo originado por el filme, y en una carta que escribió a Frederick. L. Herron, Hays manifestaba su preocupación ante este tipo de situaciones,

293 Clayton Sheehan, *Memorándum interno,* s.f., en "Archivo Renovado, Legajo R-970, expediente 3", Archivo General del Ministerio de Asuntos Exteriores, Madrid.

294 VASEY (1999), p.116.

En relación con el memorándum que te envié con las objeciones del embajador español con respecto al film Grand Canary (...) hemos protegido, más o menos, a la Fox diciendo que la película había sido realizada por una compañía independiente, esto, al menos, fue lo que Clayton Sheenan le dijo al representante diplomático. Técnicamente, supongo que tiene razón puesto que se trata de una producción de Jesse L. Lasky. Sin embargo, no creo que sea muy apropiado considerarla como una producción independiente.

Pienso que el mayor reparo suscitado por esta película viene desde un punto de vista turístico. Las Islas Canarias, como sabes, viven principalmente de los turistas que reciben y el hecho de que la historia se desarrolle en Canarias y que allí se desate una plaga, es para las islas algo difícil de admitir. En realidad, el embajador español me contó que después del estreno el gobierno español estuvo pensando interponer una demanda por libelo contra la Fox en España y que en ese momento fue seriamente debatido por los miembros del gabinete.

Este es el tipo de cosas con las que tenemos que ser un poco más cuidadosos en Hollywood, de lo contrario, un día de estos, una de nuestras compañías se va a ver envuelta en un serio problema[295].

Visto desde fuera puede resultar sorprendente la facilidad con la que la industria americana estuvo dispuesta a someter sus productos a la supervisión del gobierno de otro país. Esta actitud no fue inusual y tampoco desinteresada. Unos años más tarde el gobierno de Mussolini consiguió que su Vicecónsul en Los Ángeles, Robert Caracciolo, actuase como principal valedor y defensor de la imagen de Italia en el cine americano[296]. Pero detrás de ese deseo de complacer a los potenciales espectadores de otros países subyacía la necesidad de las grandes compañías de proteger su comercio exterior que era clave para la sostenibilidad y rentabilidad del sistema de Estudios. Durante el período de Entreguerras,

---

[295] William H. Hays, *Carta a F. L. Herron,* 19 de junio de 1935, en "Grand Canary. Production Code Files", MPPDA Archive, Margaret Herrick Library, AMPAS, Beverly Hills, California.

[296] Ver VASEY (1997), p.189. Este trato de favor de la industria americana hacia el régimen de Mussolini se consiguió después de la crisis provocada por el intento del gobierno del dictador de que, las tres cuartas partes de la recaudación obtenida en taquilla, se quedase en Italia. Entre 1935 y 1937 los censores italianos además rechazaron veinte films americanos por su modo de presentar a personajes italianos. La situación se resolvió favorablemente para las dos partes, después de que Hays se trasladase a Roma para hablar personalmente con Mussolini.

la recaudación obtenida por las productoras de Hollywood fuera del territorio de los Estados Unidos suponía el 35% de los ingresos que estas compañías obtenían anualmente. Las grandes corporaciones que dominaban la industria del cine americana habían aprendido, desde mediados de los años veinte, que no se podía separar la distribución internacional de sus productos del contenido de las películas. Dicho de otro modo, los argumentos, temas y personajes de un filme, si se quería alcanzar un éxito mundial, debían complacer y entretener sin molestar, no sólo al público estadounidense, sino a los espectadores que se pretendían captar en otros países: "Así como la industria americana tenía que persuadir a su audiencia de que sus productos no eran ni moral ni económicamente dañinos, su dominación del mundo dependía, al menos en parte, de la habilidad que tuvieran para convencer a los censores y representantes comerciales de otros países de que su producción era culturalmente inofensiva e ideológicamente neutral"[297]. Eso explica que uno de los epígrafes del Código Hays señalase, de forma explícita, que eran "merecedores de consideración y trato respetuoso los justos derechos, la historia y los sentimientos de una nación"[298].

Resuelto a dar una solución definitiva al problema, Luis Calderón, que en este sentido parecía tener las cosas bien claras, solicitó el visto bueno de su gobierno para que el titular del Consulado en San Francisco pudiese trasladarse a Los Ángeles, con objeto de asistir a la confección de las películas. De esta forma se conseguía que el control español del contenido de estos productos fuera mucho más eficaz,

> *(...) y al exhibirse así ante funcionarios de esta Embajada, sería más difícil modificarla por la natural resistencia que se crearía a incurrir en gastos que cualquier modificación de dichos detalles motivase, no creyendo necesario manifestar a V.E. que sería de suma importancia que el funcionario designado en San Francisco reuniese condiciones de carácter y cultura e, incluso, con medios económicos que le permitiesen alternar, adaptarse y actuar en aquel ambiente y cumplir dicha función en la forma más perfecta posible, y además, si fuera posible, como he ha sugerido la misma Fox Film Corporation, se nombrase un Cónsul de Carrera en Los Ángeles que podría entrar en relaciones directas con los artistas y personal técnico encargado de hacer las películas que las demás Compañías, aparte de la Fox Film Corporation.*

[297] VASEY (1997), *op. cit*, p.112

[298] BLACK (1998), *op. cit.*, p.330.

> *La creación de este Consulado podría hacerse quizá sin gasto para el Tesoro suprimiento [sic] alguno que actualmente fuese de una importancia menor que la que en estas circunstancias tendría el de Los Ángeles*[299].

Realmente este no va a ser el único pulso que los censores de la Segunda República mantuvieron con la industria cinematográfica. Durante el gobierno de derechas, en ese período conocido como el "bienio negro", el ejecutivo español actuó con celeridad prohibiendo la exhibición de aquellas películas que, de una manera u otra, atentaban según su criterio e intereses contra la dignidad del pueblo español o de sus instituciones. Precisamente en 1935, en el mismo año en que se consiguió la paralización de la distribución de *Grand Canary,* también ejecutivo español impidió la proyección de *La Edad de Oro* de Luis Buñuel, programada para ser exhibida simultáneamente a la celebración de la Exposición Surrealista en el Ateneo de Santa Cruz de Tenerife[300], así como de la película de Josef von Sternberg *Tu nombre es tentación* (*The Devil is a Woman),* adaptación de *La Femme et le pantin* de Pierre Louys, protagonizada por Marlene Dietrich[301]. El poder político receloso de cualquier medio de expresión que pudiera socavar los cimientos sobre los que se sustentaba, actuó en todos estos casos con escandalosa contundencia, tratando de preservar la imagen del país en el exterior o de ocultar a los espectadores cualquier visión crítica de la España del momento.

---

299 Luis Calderón, *ibídem.*

300 Para profundizar en este episodio de la historia del cine en nuestras islas, consultar los trabajos de MARTIN (1992, 1999).

301 GUBERN (1977), pp.226-231.

5. ANÁLISIS SECUENCIAL DE *GRAND CANARY*

Desde el punto de vista de su estructura, y teniendo en cuenta la organización de los relatos en el cine de Hollywood de la época, *Grand Canary* es una obra convencional. Nada chirría, todo se ajusta a las reglas del lenguaje y de la narración clásica. El despliegue narrativo expuesto por la película es sencillo, tan diáfano que, sin excesivos adornos ni galanuras, pone en evidencia la existencia de un armazón subyacente, de corte clásico, que se apoya en la presencia de los tres actos tradicionales en cualquier proceso dramático: planteamiento, nudo y desenlace[302]. En ese sentido el cine clásico norteamericano sigue, a pies juntillas, las "convenciones de la narrativa occidental sistematizadas y puesta en vigor ya por Aristóteles en su *Poética* basándose en sus estudios de la tragedia griega clásica"[303]. Hollywood narraba historias que perseguían absorber emocionalmente a sus espectadores implicarlos en los acontecimientos que sucedían en la pantalla. El público debía sentirse identificado con los personajes y con los derroteros del argumento. Debían ser miedo, alegría, tristeza y melancolía. El cine americano perseguía atrapar el corazón de su audiencia sin hacer concesiones: "Si en su visita a la sala cinematográfica el cliente no se sentía conmovido, la mayoría saldría del cine con la sensación de que no lo habían entretenido adecuadamente y de había malgastado su dinero"[304]. El guion se concebía como un perfecto engranaje en el que todas las piezas tenían que su sitio y su función. Nada era baladí. Nada se dejaba al albur de la improvisación.

302 JEWELL (2007), p.161.
303 ONIANDÍA (1996), p.60.
304 JEWELL (2007), *op. cit.*, pp.159-160.

Con el fin de guiar al lector por cada una de las secuencias y escenas de la película, se ha elaborado el siguiente cuadro resumen a modo singular "hoja de ruta" fílmica.

GRAND CANARY Estructura narrativa Cuadro resumen
PRIMERA PARTE: Planteamiento
1. Títulos de crédito 2. Presentación de personajes. Los pasajeros embarcan en el *Aurora.* 3. Inicio de la travesía hacia las Canarias. 4. Primer cruce de palabras entre el Dr. Leith y Lady Mary Fielding.
SEGUNDA PARTE: Nudo
5. Escala en Las Palmas. 6. Última noche de viaje: *Love is in the air.* 8. Llegada a Santa Cruz. Leith decide desembarcar. 9. Mary cree que ha perdido a Leith para siempre. 10. Riña en una venta palmera. Leith pierde el Aurora. 11. Fiebre amarilla en la isla. 12. Lady Fielding recupera la esperanza. 13. En la mansión de los cisnes. 14. Lord Fielding irrumpe en escena. 15. Reencuentro de los amantes. Mary cae enferma.
TERCERA PARTE: Desenlace
16. Mary se debate entre la vida y la muerte. 16.1. Jimmy Corcoran llega con los medicamentos. 16.2. La Marquesa conoce a Jimmy. 16.3. Sue Tranter se confiesa ante Corcoran. 16.4. Lord Fielding trata, infructuosamente, de recuperar a su esposa. 16.5. Leith desesperado inyecta su suero a la enferma. 16.6. Mary despierta. 17. Leith pierde a Mary y Sue le confiesa su amor. 18. El doctor Milagro. 19. Daisy y Leith en el Hotel Hemingway. 20. Leith se despide de la isla y de Mary.
EPÍLOGO. Leith regresa a Liverpool redimido

5.1. Títulos de crédito

Aunque nunca se da mucha importancia a los títulos de créditos, desde el punto de vista narrativo, estos cumplían una función importante. Desde luego tenían la misión de dar cuenta de los responsables, tanto en el campo creativo como técnico, de la producción cinematográfica. En ese sentido actuaban de la misma forma que la firma del artista en cualquier otra manifestación artística. Pero al margen de este cometido casi notarial, las imágenes sobre las que se sobreimpresionan los títulos de créditos también desempeñaban el papel de una pequeña obertura que, con un montaje poético, constituía un avance del contenido y el tono, casi siempre gracias a la música, de la historia que estaba a punto de comenzar. Esto fue así al menos hasta los años cincuenta cuando, por influjo de la televisión, "se puso de moda la costumbre de no comenzar las películas por un genérico sino por una secuencia completa –generalmente de acción- al final de la cual se intercalaban los títulos de crédito"[305].

Grand Canary, en cualquier caso, responde claramente a una tradición anterior. Sus títulos de crédito abren la narración con una sucesión de imágenes, posiblemente filmadas en las islas, que trasladaban al espectador al marco geográfico donde se iba a desarrollar la acción. Bajo los nombres del estudio y del productor, Jesse L. Lasky, se adivina la silueta oscura de los bordes de un barranco que, de manera abrupta, se precipitan hasta el mar mientras en el horizonte, tras una nube, los rayos del sol prometen un nuevo amanecer. Este paisaje de indudable influencia romántica que recuerda, en su composición, la obra del pintor C. D. Friedrich "Acantilados blancos en Rügen" (1818), resume el espíritu de su argumento, una historia de caída y redención. Los primeros acordes de la banda sonora que acompañan a esta imagen son majestuosos, teatrales. Retumba solemne la percusión y la voz grave de los instrumentos de viento impregna de dramatismo la atmósfera cinematográfica. Algo está a punto de ocurrir. A continuación, aparece el nombre del protagonista por encima del título de la película. El tono de la música cambia radicalmente. Frente a la severidad de su arranque, ahora parece inclinarse por una melodía edulcorada y sugestiva que, va a acompañar al resto de los títulos de crédito compuestos por tres planos generales donde se adivinan los perfiles de una aristada costa azotada por las olas. El evocador y sensible tema musical se superpone a la dureza del litoral insular. De alguna manera simboliza las fuerzas enfrentadas en la trama. El embate insistente de un amor puro va a terminar por suavizar la severidad y la amargura del protagonista.

305 ONAINDÍA (1996), *op. cit.*, p.82

5.2. Rumbo a las islas Canarias

Todas las historias del cine clásico arrancaban *in media res*. Principiaba así el relato cinematográfico en medio del asunto y no en su comienzo. Esta convención seguida a pies juntillas por la mayoría de las producciones del Hollywood de la época clásica obligaba al guionista a seleccionar un punto arbitrario dentro de una historia más larga, de tal manera que los hechos que habían desencadenado el conflicto, normalmente, habían ocurrido mucho antes del comienzo de la narración. Era una táctica singular, pero narrativamente muy efectiva con la que se conseguía despertar la curiosidad y el interés del espectador desde el inicio de la película.

Pero el comienzo del filme también era utilizado para presentar una situación determinada delimitando primero el espacio y el tiempo de la acción, para después definir psicológicamente al protagonista y a los distintos personajes principales que le iban a acompañar en su peripecia y, por último, suministrar suficiente información al público sobre el género al que se adscribía la propia película. Muy rápidamente la audiencia comenzará a comprender las motivaciones de sus acciones y, lo que es más importante, la clave de sus conflictos. Son estos los que romancearán la historia, los que obligarán a la narración a desplegarse ante nuestros ojos. Al final de este primer acto, la audiencia debería saber qué es lo que está en juego y compartir, con entusiasmo, los esfuerzos del protagonista de alcanzar sus metas.

La primera secuencia de *Grand Canary* respeta absolutamente estas dos tradiciones. Cuando terminan los títulos de crédito el drama que asola al protagonista ya se ha desencadenado. Un mozo transporta en su carretilla una caja donde se puede leer, impresa en una de sus caras: LIVERPOOL. Más adelante cuando deje su carga se muestra en otro lateral su destino: SANTA CRUZ, ISLAS CANARIAS. De esta ingeniosa manera se nos sitúa en un lugar concreto al tiempo que nos indica que el argumento gira en torno a un largo viaje en barco hasta un lugar que, por aquel entonces, resultaba lejano y exótico. El ambiente es portuario. Hay una actividad frenética. Los operarios van y vienen. Es de noche, llueve persistentemente. Todo está difuminado por una espesa niebla. Con tintes de incertidumbre y fatalidad, la banda sonora colorea todos estos momentos iniciales. Un automóvil se detiene y de él salen Ismay y un sombrío Dr. Leith. Fiel a las reglas de la construcción del relato hollywoodiense, el comienzo es un momento privilegiado narrativamente. Es ahora cuando se lleva a cabo la presentación de los personajes alrededor de los cuales girará todo el argumento. Para crear más expectativas sobre el protagonista y realzar su importancia, a veces se prolonga el momento de descubrirnos sus rasgos. La cámara juega con el espectador, dilata el momento. Muestra su figura, pero no su rostro. Algo así ocurre con el Dr. Leith. En estas primeras escenas aparece encorvado, envuelto en su gabardina y con un sombrero embutido hasta las orejas. Camina vacilante, con claros signos de estar borracho. Ismay, su fiel amigo, lo acompaña a bordo, lo sostiene del brazo mientras, desganado, sube uno a uno los peldaños de la escalerilla. Ni siquiera cuando el contador de navío le pregunta su nombre, Leith contesta. Es Ismay el que se erige en su portavoz. Sólo cuando tambaleante se dirige por la cubierta hasta su camarote, el espectador vislumbra entre las sombras el perfil del protagonista. Su gesto es duro, avinagrado. Es un héroe penitente, ha caído en desgracia y se mueve casi como un muerto viviente, sin voluntad, abatido por el peso de la culpa.

Al resto del pasaje se va presentando en escenas sucesivas. Tras Leith embarca Jimmy Corcoran, antiguo boxeador, campeón mundial de los pesos pesados y asiduo lector de Platón. Poco después la encantadora Lady Fielding y su amiga Elissa Mayham. Mary regresa a las Canarias tras una breve estancia en Inglaterra, su alegre y despreocupada acompañante suspira, con picardía, por encontrar a bordo "un par de hombres interesantes". Más adelante, en plena travesía, y ya instalados en su camarote, se dan a conocer Daisy Hemingway y los hermanos Robert y Susan Tranter. Su encuentro es interesante porque, para caracterizar mejor a estos personajes secundarios, el guion echa mano de otro de los procedimientos habituales en el cine clásico americano. Al presentarlos conjuntamente, compartiendo un mismo espacio, se subrayaba, por contraste, los rasgos fundamentales de la personalidad de unos y de otros. Aunque no se explicite los jóvenes hermanos Tranter viajan hasta las islas para fundar en ellas una misión religiosa. Visten de oscuro y sus maneras son ceremoniosas y educadas. Robert resulta envarado y torpe, Susan parece haber abrazado la fe para ocultar su frustración sentimental. Frente a ellos se encuentra Daisy. Su entrada en escena es impetuosa. Nada tiene que ver con sus compañeros. No coinciden ni en sus actitudes ni en su iconografía. Florea su indumentaria y sobre ella menudean las joyas. Frisando los cincuenta, fuma y al sentarse cruza las piernas de manera poco elegante. Habla con desparpajo, cotorrea en jerigonza y su diálogo está salpicado de interjecciones e imprecaciones. Para ahondar más en las diferencias el guion da a entender, gracias a sutiles insinuaciones, que el oficio de Hemingway dista de ser algo muy respetable. Instalada en Santa Cruz, allí regenta un local, una especie de "hotelito" donde los clientes duermen y desayunan. El tipo de negocio que a Robert Tranter "me temo no le interesaría"[306].

---

[306] En la novela la naturaleza del negocio de Daisy está más claramente sugerido. Ella misma dice: «No lo creería –insistió la Hemingway con untuosa vehemencia-. No creo que nadie trate a sus niñas como yo trato a las mías. Esto no es una catequesis, desde luego. Lo reconozco. Pero se hace justicia a todo el mundo. ¿Comprende? No quiero que nadie se sienta aquí desgraciado. Y aquella que no quiera quedarse, puede irse». [CRONIN (1965), *op. cit.*, p.127],

En estas primeras escenas se irá desvelando el misterio que rodea al Dr. Leith. Es él el que cumple la función de sujeto narrativo, el eje en torno al cual se van a organizar la información que, de modo gradual, se irá suministrando a los espectadores a lo largo de estas escenas iniciales. Una imagen aquí, un gesto allá, la mayoría de las veces a través del diálogo. Cuando Ismay acude a hablar con el capitán Renton para interceder por su amigo se adivinan los primeros elementos de su tragedia. Ismay apela a su autoridad para que ayude a Leith mientras esté a bordo. El capitán se muestra receloso, por su actitud se adivina que conoce la historia que rodea a su nuevo pasajero. "Veo que ha oído hablar de él" le dice Ismay. "Créame Harvey no es el monstruo inhumano que ha descrito los periódicos. Tendrá la oportunidad de juzgar por sí mismo", lo exhorta leal y convencido. La lealtad de Ismay es absoluta. La actitud desdeñosa de Renton le obliga a implorar su ayuda:

> ISMAY
> Se lo suplico en nombre de la humanidad, en nombre de la ciencia. Ha recibido un duro golpe, tal vez un golpe demasiado duro. Verá, yo también soy médico y sé de lo que estoy hablando. Su inteligencia es un don precioso.
>
> CAPITÁN
> Extraña clase de genio.
>
> ISMAY
> Un genio sin lugar a dudas y éste es un calificativo que no utilizo a la ligera.
>
> CAPITÁN
> Bueno, ¿qué quiere usted que haga?
>
> ISMAY
> Ayúdele a salvar esa mente. Ayúdeme a protegerle contra la debilidad, de la...la desesperación.

Mientras transcurre esta conversación Leith, solo en su camarote, vaga por el estrecho espacio con semblante contrariado, agrio, incómodo, forzado a emprender un viaje en contra de su voluntad. En un momento de esta escena Leith fija su mirada en la litera y, gracias a un *flashback* (el único en toda la película), retrocede a un tiempo anterior. La litera le recuerda a un quirófano. Acaba de morir un paciente en la mesa de operaciones. Lo rodean Leith y dos compañeros. Las sombras dominan el espacio, no hay dialogo, sólo un travelling de acercamiento hasta un primer plano de Leith subraya la tragedia. Iluminados cenitalmente y rodeado por las sombras, sus rasgos se convierten en una suerte de extraña calavera. El paciente ha muerto entre sus manos.

El Dr. Leith (Warner Baxter) frente a frente al reflejo de su amargura.

A través de esta vuelta visual y breve al pasado se nos presenta la raíz de los desvelos del protagonista principal, pero para completar su retrato la película además recurre a otra estrategia muy habitual en el cine de Hollywood. En ocasiones la presentación está en manos de los otros, es decir, en lugar de hacerlo directamente, el guion presenta al héroe y sus conflictos por medio de las opiniones que de él tienen el resto de los personajes. En *Grand Canary*, este recurso aparece claramente utilizado en la escena en que los pasajeros del *Aurora* celebran su primera cena con el capitán del barco. Leith, por supuesto, está ausente, hecho que no evita que toda la conversación gire en torno a él. Es ahora cuando, a través de los comentarios, se transmite a los espectadores la información acerca de lo que ha ocurrido y de cuál es la posición que mantienen cada uno de los comensales frente a su compañero de viaje.

La escena comienza con el plano de la silla vacía reservada para el doctor. Cuando el capitán revela a sus convidados el nombre del misterioso pasajero todos reconocen las noticias que la prensa ha difundido sobre las "malas" prácticas del Dr. Leith. De esta forma se revela el conflicto que el héroe tendrá que superar a lo largo de la película: Sobre él pesa la deshonra profesional y el desprecio social por la muerte de tres personas tras intentar salvarlas suministrándoles un suero de su invención. La prensa ha agitado el escándalo transformando un fracaso en un asesinato. No todos los presentes mantendrán la misma actitud. Mary y Jimmy Corcoran se muestran comprensivos y tolerantes, Elissa Bayham da pábulo a los comentarios insidiosos publicados en la prensa: "Experimentar con seres humanos. Sólo porque ese individuo es un fanático, un demonio". Daisy Hemingway, por su parte, sostiene sin reparos: "No me hubiera embarcado en ese viaje de haber sabido que a bordo se encontraría un sangriento asesino". Sólo Sue Tranter sale en defensa de su antiguo jefe: "Trató de salvarlos" interviene indignada, "lo habría conseguido si el hospital no le hubiera impedido utilizar su suero antes de que fuera demasiado tarde. Murieron... hubieran muerto de todas formas. Los periódicos se hicieron eco de ello y lo convirtieron en un escándalo. Y el hospital y los médicos se volvieron contra él, lo destruyeron por celos y por despecho".

En esta parte de la película, por tanto, además de presentarse a los personajes se ha establecido la situación de partida. Ese orden inicial que el héroe habrá de superar. Por esa razón es interesante el papel que cumple en la historia el personaje de Ismay, alguien que sólo encontraremos al principio y al final de la película. Narrativamente desempeña una función importante. Es el que impulsa a Leith hacia el cambio, el que le marca el objetivo: recomponerse. Harvey Leith se embarca en la *Aurora* a su pesar. Para él su camarote es una prisión en la que deambula, preso de su propia ansiedad, como una fiera enjaulada. No cree en las propiedades sanadoras del viaje que lo va llevar hasta el continente africano. Cuando Ismay le recuerda que en pocas jornadas estará en aguas más cálidas y bajo la luz radiante del sol, él refunfuña descreído y se revuelve en su dolor contra todos aquellos que, injustamente, le consideran un asesino: "Eso es lo que creen. ¡Canallas! La mayoría son unos ignorantes, unos ambiciosos, unos puercos hozando en el estiércol de la mentira". Leith se siente roto en pedazos, pero Ismay, impasible, insiste en el propósito que debe tener el viaje: "Tienes que juntarlos de nuevo... por nosotros y por la Humanidad".

Evidentemente para que haya emoción, la lógica narrativa interpondrá entre el héroe y su destino escollos y contratiempos de diversa naturaleza a lo largo de su camino. En el caso de Leith el primer obstáculo que debe superar será él mismo. Durante esta primera parte de la película, su actitud es derrotista y avinagrada. El viaje para él no tiene sentido, es un camino hacia la perdición. En el puerto de destino no hay un futuro resplandeciente esperando para él. Su espalda está abatida por un sino trágico y siniestro. Cuando Sue le ofrece su ayuda, la rechaza con aspereza: "No gracias, señorita Tranter, prefiero permanecer perdido". Su camarote es una celda de la que apenas sale salvo para intentar, sin conseguirlo, un trago de whisky. Al enterarse de que, por orden expresa del capitán, se ha prohibido a la tripulación servirle cualquier tipo de licor, monta en cólera y no duda en recriminarle a Renton su decisión. El momento del encuentro entre ambos es paradigmático de cómo, más allá de las palabras, la puesta en escena de una película es fundamental para comunicar al espectador también información sobre la historia que se está contando. Tras conocer la decisión, Leith busca enfurecido al capitán y lo encuentra en cubierta. Toda el dialogo de la escena se desarrolla en torno a una escalera. El capitán arriba, Leith al pie. Renton que encarna la máxima autoridad en el barco, siempre será filmado en contrapicado, por su lado Leith, el infeliz, siempre en picado. El doctor se revuelve indignado, pero el capitán se muestra inflexible: "Usted no probará ni una gota mientras se encuentre a bordo de este barco. Quizá me lo agradezca más adelante". La agria respuesta de Harvey Leith revela su tormento interior y sus resistencias: "Comprendo. Tengo que recuperarme aún en contra de mi voluntad. Primero me hunden y ahora quieren salvarme otra vez". Desesperado se encerrará en su camarote y aislado, sin contacto con los demás compañeros de viaje, estará rumiando su resentimiento durante los tres primeros días de la travesía. Sólo Jimmy Corcoran intenta, sin éxito, romper su encierro. Cuando lo visita, Leith está ensimismado, con la mirada fija en el techo, tendido sobre su litera. "Un día como éste devolvería a la vida al corazón de cualquier hombre" le dice sonriendo el afable Corcoran, "el sol está brillando y el aire es embriagador". Malhumorado, sin siquiera mirarle, Leith le contesta: "¿Y por qué no sale a cubierta y se emborracha con él?".

Una vez presentados los personajes principales, descrita la situación inicial y establecida la meta que el héroe debe alcanzar, en cualquier película del cine clásico de Hollywood se produce un giro, un acontecimiento imprevisto que altera la situación de partida: "En general se trata de la llegada de un personaje, o que uno de los personajes realiza algo que cambia su relación con los demás. En el cine clásico, frecuentemente, el espectador se entera antes que el protagonista del cambio producido, porque de ese modo se despierta mejor la curiosidad sobre qué puede ocurrir al tiempo que se siente la necesidad de que el protagonista actúe para alcanzar el objetivo, lo que, por otra parte, facilita y desarrolla la identificación del espectador y el protagonista"[307].

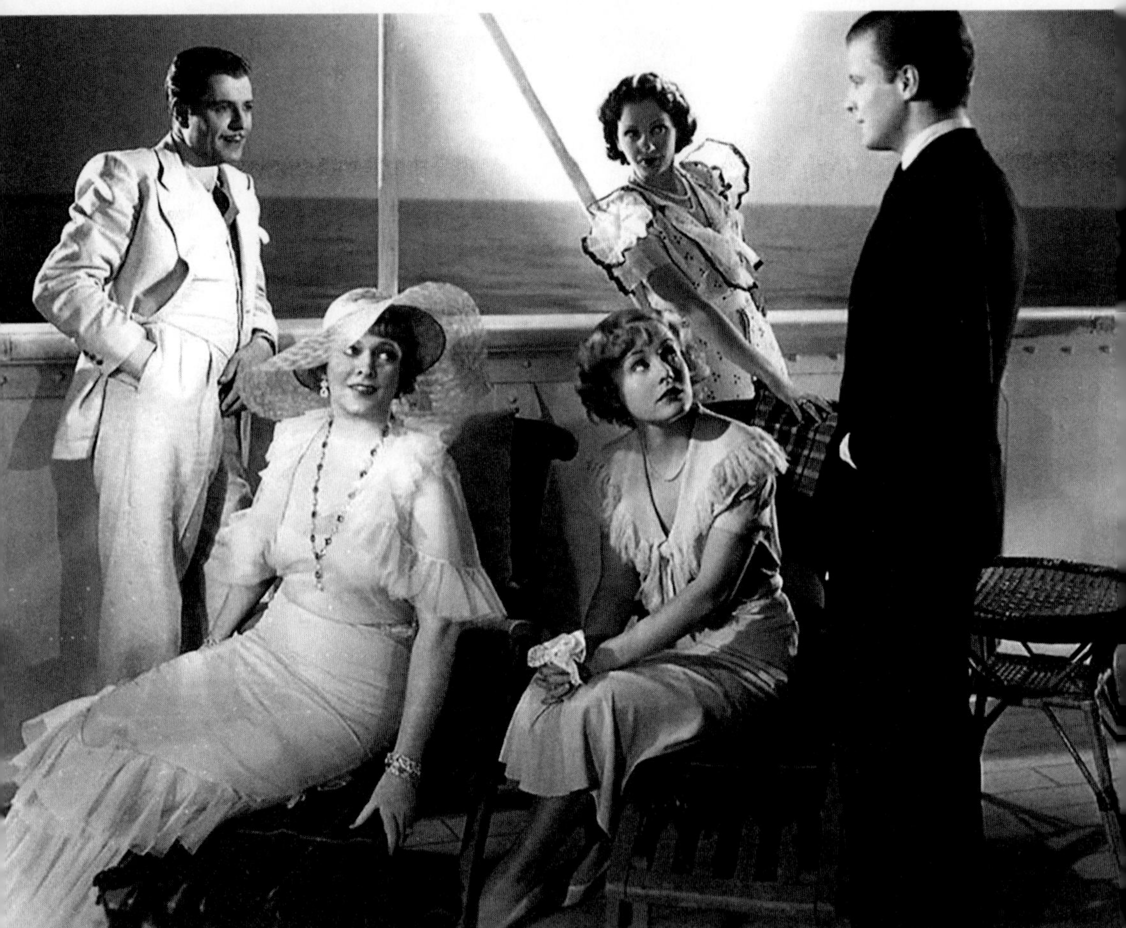

En ruta hacia las islas Canarias.

[307] ONAINDÍA (1996), *op. cit.*, p.68.

Este primer punto de giro en la película que nos ocupa está representando por Lady Fielding. Hasta este momento la pareja protagonista no ha coincidido durante el viaje. No han cruzado palabra. Con anterioridad se nos hace saber, a través del comentario hecho, casi de pasada, por el camarero Trout, que Mary ocupa justo el compartimento contiguo. Es precisamente esta circunstancia "casual" la que va a permitir su primera conversación. La escena transcurre justo después de que Corcoran abandona el camarote de Leith. El doctor se levanta, se acerca hasta un espejo y allí se ve reflejado. No se reconoce. En pijama, desaliñado el pelo, sin afeitar, la cara demacrada y con ojeras, su expresión es de perplejidad, de extrañeza. Larga es la tradición iconográfica en la historia del arte. Su simbología es muy rica. En el cine clásico, el espejo fue un recurso ampliamente extendido para connotar dualidad, pero también, como en este caso, es una herramienta a través de la cual el personaje puede tomar conciencia de su degradación. Es justo en ese momento cuando Leith advierte que el sonido de un gramófono llega hasta él desde el camarote de Lady Fielding. No es fortuito que Mary, al otro lado, esté justo en ese momento también mirándose en la luna de un espejo. Ella es, en sí misma, la encarnación de un espejo necesario, aquel que, de un modo simbólico, devolverá a Leith su verdadera imagen. La joven dama escucha la composición de Chopin *Nocturno en mi bemol mayor opus 9 nº 2*. Irritado golpea la pared y Mary, desde el otro lado de la pared se disculpa primero: "Pensé que lo animaría". Detiene el aparato, quita el disco, le da la vuelta y lo mira y, después, con expresión traviesa, vuelve a colocarlo para que suene la *Marcha fúnebre* del mismo compositor. Su atrevimiento no es bien recibido por su vecino, pero la coraza del apesadumbrado doctor acaba de agrietarse. El hielo se ha roto. Mary simbólicamente rompe el disco. El duelo ha terminado para el protagonista. Una segunda trama se inaugura en la película.

Gran parte de las películas clásicas, sostiene David Bordwell[308], están estructuradas de manera que existan dos personajes que tienen una relación amorosa. El argumento se desarrolla entonces a partir de una doble línea de acción: una historia de amor heterosexual y otra que tiene que ver con la esfera de lo profesional: "Y están imbricadas causalmente, de tal modo que el logro del amor de un personaje será trascendental para lograr el objetivo de la otra historia o viceversa. Ambos personajes resultan, pues, clave"[309].

En *Grand Canary* por tanto existe una trama principal, aquella que tiene que ver con la redención social y profesional del protagonista, y una subtrama amorosa, que comienza a expandirse justo en este punto de la historia. La irrupción de Mary en la vida de Leith no sólo es el punto de giro necesario, para que el héroe se ponga en marcha definitivamente, sino que además introduce a la narración en su segundo acto.

308 BORWELL, THOMPSOM y STAIGER (1988), p.16.

309 ONAINDÍA, *op.cit.*, pp.135-137.

El Dr. Leith (Warner Baxter)
con Jimmy Corcoran (Roger Imhof).

Fox Film Presents a scene from a Jesse L. Lasky Production. WARNER BAXTER in **GRAND CANARY**
with MADGE EVANS, MARJORIE RAMBEAU, ZITA JOHANN, ROGER IMHOF and H. B. WARNER

5.3. Un paraíso herido

Una vez alterada la situación previa, llega la hora para el héroe de recapacitar y tomar las riendas de su destino narrativo. Pasa a mantener una actitud más activa, se pone en marcha e inicia la lucha por alcanzar el objetivo que le permita resolver el problema. Se trata de un momento crucial. Su existencia se complica y se torna más inestable. Su conversión es lenta, pero perceptible. Las frustraciones y los reveses se suceden y, por momentos, las metas ansiadas parecerán, para él y para su público entregado, inalcanzables. Es lo que en la terminología técnica de Hollywood, según Mario Onaindía, denomina «punto de ataque» (*point of attack*). No le será fácil. En su camino se interpondrán obstáculos –o antagonistas- adicionales que, con voluntad e ingenio, el protagonista deberá sortear para llegar al desenlace feliz esperado por todos.

Es ahora cuando la subtrama sentimental de *Grand Canary* adquiere un peso considerable. Leith, gracias a la presencia de Mary, va a olvidar por un tiempo sus pesares y rencores. La trama principal queda aparcada provisionalmente. El doctor Leith queda ensombrecido por Harvey. El héroe antepone su lado más humano a su vertiente profesional. No obstante, no todo va a ser fácil para el hombre. También esta línea de acción existirá un objetivo y unos obstáculos que se interpondrán en los deseos del héroe. En ese sentido la secuencia con la que se abre esta segunda parte de *Gran Canary* es relevante en varios aspectos. En primer lugar, el escenario que rodea al héroe ha cambiado. Ya no está recluido en su camarote, sino en la cubierta del barco, ya no es un animal salvaje, irritado y en soledad, lamiéndose sus heridas, ahora se nos presenta relajado, con los ojos cerrados, sentado en una hamaca, vestido elegantemente y recién afeitado, disfrutando de la reparadora brisa del mar. Las señales de que algo ha comenzado a cambiar en él son inequívocas. La banda sonora que acompaña estos primeros pasos de la metamorfosis de Leith adquiere un tono más intimista. Es una melodía envolvente, sin estridencias que revela el nuevo estado de ánimo del protagonista.

Este breve instante de paz se ve interrumpido por la enfermera Susan Tranter. De entre todos los pasajeros ha sido la única que, en la primera parte del filme, salió al paso de calumnias y rumores, en defensa del honor y la profesionalidad del doctor. Sólo ella lo conoce de antes. Dos años atrás habían coincidido en el Hospital de St. Martin: “Siempre recordaré como se esforzó con aquellos niños, parecía que para usted todos eran hijos suyos”. Pero Tranter no sólo lo admira; por sus gestos, miradas y ademanes, se advierte que profesa por el héroe un sentimiento más profundo que cultiva, en soledad, a pesar de la indiferencia de su amado. La conversación que mantienen en esta ocasión es para el desarrollo del argumento importante. Si Mary es para Leith la encarnación del poder redentor del amor y, al tiempo, el objetivo a alcanzar, Susan, por el contrario, es el personaje que define con claridad los inconvenientes con los que tendrá que lidiar. Y la traba no es menor. Mientras hablan ella cae en la cuenta de que Leith, apenas la mira. Sus ojos están fijos en un punto más allá del plano que ocupan. Fuera de campo, junto la barandilla del banco dormita Mary en otra butaca. "Lady Fielding parece muy joven" comenta ella mirándola de soslayo. "Y muy guapa", contesta él. Los celos tensan una gruesa soga alrededor de su cuello. El rostro de la joven enfermera se descompone durante un instante, para luego advertirle al doctor, con impostada delicadeza, de los peligros que encierra la aventura:

> SUE
> Su marido, Sir Michael, es el más rico terrateniente de la isla. Ella ha estado en Londres visitando a su familia. Las mujeres que lo han tenido todo siempre tienen esa apariencia de autosuficiencia incluso cuando duermen parece proclamar su derecho a disponer de todo.

No sólo trata de interponer una barrera moral en el amor incipiente entre la pareja protagonista, sino que Susan, despechada, siembra las dudas acerca del carácter de Mary y su condición de aristócrata.

> SUE
> Y esas perlas. Cada una de ellas podría sostener a una familia hambrienta por no se sabe cuánto tiempo.
>
> LEITH
> Están sosteniendo su belleza, lo cual es incluso mejor.
>
> SUE
> Pero, ¿cómo puede decir eso? Una vez me dijo que las únicas personas válidas eran aquellas que estaban dispuestas a sacrificarse y entregar sus vidas al trabajo.
>
> LEITH
> Aquel era un hombre diferente.
>
> SUE
> Oh, usted todavía se encuentra perdido. Cómo me gustaría...

Esta última parte de la conversación que mantienen es clave. No sólo, a través de la servicial y puritana Susan, al protagonista se le ha marcado el terreno que va a comenzar a explorar y los peligros que le asechan, sino que también se nos comunica que Leith ya no se siente igual. Sus prioridades se han visto alteradas. Sus antiguos valores han quedado sepultados, al menos, de momento. El hombre que Susan amaba ya no existe, aquel que estaba –como ella y su hermano– consagrado, en cuerpo y alma, a los demás. De alguna manera es la constatación de que un primer obstáculo ha sido superado. Leith ha dejado tras de sí su talante hosco y permanentemente agraviado que había mantenido hasta ahora.

Para poner en evidencia que el cambio está en marcha, esta secuencia se complementa con una segunda escena en el que, por primera vez, Mary y Leith hablan cara a cara. Cuando Susan abandona la cubierta para cumplir con el ritual del té de las cinco, Mary despierta, se despereza, sonríe y saluda al arisco doctor. Con gracia y naturalidad, irá ahogando los rescoldos del resentimiento del héroe. Primero le pide que se acerque y le acompañe, cosa que Leith hace casi sin rechistar. Hay en este sentarse junto a ella un signo de claudicación y sometimiento. Leith se introduce en un nuevo territorio. El suelo está mojado y es resbaladizo. Mary guía la conversación y, a través del diálogo, va desactivando los últimos focos de resistencia de su compañero de hamaca. Nada más llegar a su lado, ella le hace una confesión personal sorprendente para alguien que acaba de conocer: "Sabe, me he despertado feliz, sin saber por qué, sin ninguna razón". La respuesta de Leith es todavía brusca: "La felicidad es un estado poco razonable. Si la analizas bien, desaparece". Ella hábilmente, antes de que él vuelva a ensimismarse en su tormento interior, le da la vuelta a su argumento: "Si la felicidad es un estado poco razonable, eso significa que la infelicidad también lo es". Un poco más adelante cuando ella le pregunta si es el famoso doctor Leith y él intenta recolocarse en su posición de autoflagelación, tachándose de criminal sanguinario: "Asesino de tres personas", Mary de nuevo inutiliza su reacción, apelando esta vez a su sentido del humor: "¿Tres? Uhm... bueno, bueno ¿Cree que estaré a salvo si tomo una taza de té a solas con usted?". Leith, vencido y desarmado, sonríe por primera vez.

En un momento posterior de esta misma escena intimista, todavía en cubierta, la pareja recostada cada uno en su hamaca hablan ya de un modo distendido. Resuelta en un sólo plano, la conversación ya no gira en torno al pasado de Leith. De hecho, es él quien pregunta obteniendo, a través de las respuestas de Mary, información acerca de su destino final ("Yo voy a Santa Cruz. Mi marido tiene una plantación en el interior de la isla") y, lo que es más importante, cuál había sido el motivo de su larga estancia en Inglaterra ("Sí, he estado de vacaciones... algo así como unas *vacaciones maritales*. Supongo que podríamos llamarlo así"). Con habilidad el diálogo ha introducido una prometedora falla en uno de los obstáculos que se interponía entre el protagonista y el objetivo de esta subtrama:

LEITH
A veces es bueno escapar de todo.

MARY
Sí. Se tiene la sensación como si... bueno, como si tu nariz estuviera siendo presionada contra el cristal de una ventana.

LEITH
Y ahora, ¿ya no se siente así?

MARY
No lo sé. Lo sabré más adelante.

Aunque no se explicita, los gestos y las palabras de Mary la delatan. Es una mujer casada, pero su matrimonio no está pasando por uno de sus mejores momentos. La sutilidad con la que el guion abre las puertas de la esperanza al personaje de Leith es brillante. Todo está preparado para que su amor por Lady Fielding fructifique.

Tras un breve fundido en negro y, sobreimpresionado sobre la imagen de un océano bamboleante, un mapa indica al espectador la ruta del vapor por el océano Atlántico hasta llegar a las inmediaciones de Las Palmas de Gran Canaria. En el Puerto de la Luz, el *Aurora* atraca en sus aguas y los viajeros bajan a tierra para visitar la ciudad en esta breve escala en la isla. Se trata de la primera imagen que se ofrece en la película de Canarias y sus habitantes. Este primer contacto entre los viajeros británicos y los canarios rememora los bucólicos encuentros de los europeos con los aborígenes de las islas de los Mares del Sur. Mientras se acercan hasta el costado de babor de la nave un enjambre de falúas y botes cargados de niños y nativos que ofrecen a los forasteros flores, frutas, jaulas con pájaros y canciones en señal de bienvenida, desde la cubierta del barco se avizora una pequeña localidad de casas blancas y de estilo colonial que trepa por un terreno escarpado y montañoso. Una iglesia coronada con dos grandes torres de cúpulas bulbosas marca el perfil de la ciudad. Al fondo se enseñorea una gran montaña de nieves permanentes. El plano descrito no coincide con ninguna de las ciudades costeras del archipiélago y, desde luego, la cumbre que en el argumento se confunde con el Pico del Teide, no es tal. Hollywood recrea, no describe con objetividad. Su intención no era la representación fiel de una geografía concreta. De hecho, en términos estrictamente narrativos, los diversos escenarios del filme, más allá del exotismo requerido, no tenían ninguna relevancia. Se puede entender el enfado y el malestar provocado por algunas de las imágenes de la película entre las autoridades canarias, pero realmente, en aquellos años, ni la Fox, ni ningún otro estudio perseguían la fidelidad en sus recreaciones paisajísticas.

El público norteamericano ignoraba entonces, como hoy, cuál era la localización exacta de Canarias que, a buen seguro, la mayoría situaría en el mar Caribe. La historia que cuenta *Grand Canary* podía haberse situado en cualquier otro archipiélago de cultura latina. Estas islas reinventadas sólo eran un simple telón de fondo sobre el que tejer los hilos argumentales de un guion que, como se ha visto, se desarrollaba por otros derroteros.

Daisy (Marjorie Rambeau) y Corcoran (Roger Imhof) en el bar del Aureola.

En la novela, Cronin, aprovechando que los viajeros abandonaban por un día el barco para visitar la capital de la isla, ofrecía al lector algunos apuntes, casi como breves pinceladas, acerca de la ciudad. En la película nada de esto existe. La cámara no acompañará a los personajes en su visita a Las Palmas. Al contrario de lo que sucede en la obra literaria, Harvey Leith no desembarca con los demás.

Las diversas escenas que componen esta larga secuencia de la escala en Gran Canaria ponen en evidencia los cambios que se han producido en el héroe durante la travesía. Las señales de la transformación experimentada por Leith son evidentes. Su integración con el resto del pasaje es total. Con Jimmy Corcoran bromea cuando se lo cruza en el salón. La pizpireta Elyssa Bayham no ha perdido detalle de la relación que ha surgido entre su amiga Mary y el otrora amargado doctor. "Si él hubiera mostrado por mí la mitad del interés que ha mostrado por ti en estos últimos días", le comenta en tono de chanza a su compañera de viaje, "lo habría amarrado con una cuerda y marcado con un hierro candente". Mary disimula su emocionada inquietud, trata de desviar la conversación y, nerviosa, saca un espejillo de su bolso para acicalarse, pero más tarde, junto a la barandilla de cubierta, mientras espera al bote que la traslade a tierra, musita ensimismada alzando los ojos al cielo: "El amor es dulce y quien lo desprecia es un loco". Pero quizá lo más importante de lo que sucede en esta secuencia es la presentación del mayor escollo que deberá sortear el héroe, un obstáculo que, por otro lado, narrativamente es crucial dado que se interpone, como una gran barrera de coral, ante las dos líneas argumentales. El ámbito de lo profesional se confunde con el de lo sentimental. Es una oportunidad para la redención, aunque, como se verá, no es un camino exento de riesgos. Es el capitán Renton el encargado de comunicárselo al protagonista:

CAPITÁN
Más allá de esas colinas existe un asunto de cierta gravedad. Hoy he recibido por cable las noticias. Fiebre amarilla.

LEITH
¡Fiebre amarilla!

CAPITÁN
Sí. Afortunadamente el brote está controlado. ¿Le importa mantenerlo en secreto? ¿Usted es médico, por eso se lo he contado?

LEITH
¿Cómo ha permitido que esas personas bajen a tierra?

CAPITÁN
Le he dicho que el brote está controlado.

LEITH
Es difícil controlar un brote de fiebre amarilla. Aparece por un mosquito... Es una plaga... Es tan mortal como la peste.

CAPITÁN
¿Está usted diciéndome cómo debo hacer mi trabajo? Esa cosa está más allá de las montañas y he recibido toda la información necesaria de nuestro delegado en tierra.

LEITH
La información viaja muy lentamente, capitán Renton. Las epidemias no.

El sentido del deber de Leith se desata precisamente porque sabe que Mary es una de las personas que ha desembarcado en Gran Canaria y que, por la imprudencia del capitán, se expone a contraer la enfermedad. La secuencia concluye cuando Leith sale al exterior para ver, impotente y preocupado, cómo Mary se aleja hacia la orilla. Ella desde la barca sonríe al verlo y, en un gesto de complicidad, huele las flores que porta en sus manos. Oscuras nubes de tragedia se ciernen sobre los personajes. La crisis necesaria en todo proceso dramático se ha puesto en marcha.

Tras dejar atrás el puerto de Las Palmas, el *Aurora* enfila su proa hacia Santa Cruz (de La Palma). Esta última etapa de su largo viaje transcurre a lo largo de una noche durante la cual Mary y Leith vuelven a coincidir -al parecer de forma casual-, nuevamente en la cubierta del barco. Todos sus encuentros, siempre azarosos, han sido en este mismo escenario, un lugar abierto y público. Mary es una mujer casada y sus contactos con los hombres –así lo sugería la censura- debían ser fortuitos y en espacios controlados socialmente. Sin embargo, el marco en el que se desarrolla esta conversación entre la pareja protagonista de *Grand Canary* está cargado de romanticismo. Atardece sobre el océano, las primeras sombras envuelven a los amantes confiriendo al lugar de una cierta intimidad. Pese a que no se esperan, ambos están vestidos de manera elegante, subrayando con su indumentaria el carácter especial de este momento. Con un sobrio smoking, Leith contempla el horizonte cuando ella aparece, ataviada con un vestido oscuro, discretamente abierto en la espalda hasta la cintura y portando todavía en sus manos el pequeño ramo de flores blancas de la escena anterior. La banda sonora remata la escena con una composición edulcorada, de recargado romanticismo, con la que trata de evidenciar la delicada sintonía que se ha tejido entre los dos protagonistas. Los sentimientos, hasta ahora ocultos, afloran con fuerza.

En un primer momento, nada es todavía demasiado explícito. Sabedor de los compromisos que atan a Lady Fielding, Leith se muestra al prudente, dubitativo, tantea con cuidado un terreno incierto y minado. Por eso cuando Mary admite, con cierta melancolía, que su visita a Las Palmas ha estado embargada por un profundo sentimiento de soledad, él la consuela: "Bueno, pronto dejará de estar sola. Mañana estará en su casa y con su marido". Ella le contesta sin reparos: "Pero yo... no puede desembarazarme de esa sensación... no hasta que volví a bordo". Con estas palabras, Mary está obviamente, de manera elíptica y por primera vez, reconociendo que algo más ha surgido entre ellos. Recurriendo a una cortinilla e insertando un plano de las olas del mar, avanza la narración un poco más. La pareja está ahora sentada en un par de butacas uno junto a otro. Aunque su semblante es grave, Leith está cómodo, relajado, ella lo mira cautivada, pendiente de cada una de sus palabras, atenta a sus gestos. Despojado de su acritud inicial, Leith relata por primera vez sus infortunios:

> LEITH
>
> ...el secreto que no había podido ser desentrañado ni por las mentes más privilegiadas. Y entonces, como si el destino lo hubiera previsto, ingresaron tres casos de meningitis en el hospital. Enseguida me puse en contacto con las autoridades y les ofrecí mi suero, pero lo rechazaron.
>
> MARY
>
> ¿Por qué?
>
> LEITH
>
> Es lo que a mí me gustaría saber... ¿Por qué? En aquel momento no me di cuenta que me había creado muchos enemigos... de que era considerado un arrogante, un engreído... Pero no me conformé con una respuesta negativa. Luché, perseguí a los miembros de la dirección.
>
> MARY
>
> ¿Y los tres pacientes?
>
> LEITH
>
> Estaban muriéndose. Tres vidas se apagaban. Entonces, de manera repentina, se me dijo que procediese. Me dirigí apresuradamente a la sala, les administré el suero... pero ya era demasiado tarde. Debería haberlo sabido. En el transcurso de una hora fallecieron.
>
> MARY
>
> Y te echaron a ti la culpa

LEITH

Un médico de un hospital público experimentando con seres humanos como si fueran cobayas. Juraron que yo había actuado por mi cuenta, sin su autorización. Fui tachado de criminal y curandero, y el trabajo de toda una vida quedó destruido.

La comunión entre los dos es total. Leith ha descargado. No se siente juzgado. La atmósfera se hace propicia para otro tipo de confesiones. A modo de contrapunto, la narración introduce ahora un par de escenas protagonizadas por dos parejas muy distintas. La primera tiene un tono más cómico. Transcurre en el bar restaurante del barco donde Daisy despluma sin contemplaciones a Jimmy Corcoran jugando al *rummy.* En la segunda, muy breve, se da cuenta del último acto de la seducción del puritano y ardiente Robert Tranter por la alegre Elyssa Bayham. Con la puesta en escena, la cámara recalca lo impostado de la situación. La mayor parte del tiempo Elyssa está de pie, inclinada sobre su arrebatado admirador que, arrobado, la mira y exclama: "Este es el momento más importante de toda mi vida". Para él su amor es puro, celestial, para ella el predicador es tan sólo una más de sus conquistas. Cuando lo invita a pasar más tarde por su compartimiento lo que hace es dejarle abierta la puerta de su camarote, no de su corazón.

Al contraponer esta escena con la que Mary y Leith están viviendo, en ese mismo instante, en otro lugar de la cubierta del barco, el guion busca resaltar la autenticidad de los sentimientos que han surgido entre la pareja protagonista. Elyssa, más fría, pragmática y racional, juega con Robert como un gato con su presa; Mary, espiritual, espontánea y verdadera, sigue los dictados de su intuición. Por eso cuando Leith, desarmado, le confiesa que la ha echado de menos todo ese día, Mary admite sin rodeos que, durante todo ese día, también ha sentido lo mismo. Ahora están frente a frente bajo la luz de la luna. Parece que todo está preparado. Ella, él y el amor naciendo a borbotones, imparable, a través de las olas. Pero el guion se mueve hacia adelante, sin hacer concesiones a la galería y al ritmo de las normas impuestas por la dramaturgia cinematográfica. No todo puede ser tan fácil. El héroe ha superado ya varias pruebas, pero justo en este punto, cuando el camino de los amantes parecía allanado, la moral se interpone entre ellos.

LEITH

Mañana, en unos cuantos días todo esto será pasado... olvidado

MARY

Así es como es la vida

LEITH
¡Un sinsentido! Te conduce con promesas hasta el premio y cuando ya lo tienes entre tus manos, te lo arrebata.

MARY
Somos nosotros los que huimos.

LEITH
Somos unos cobardes.

Cuando Leith, por fin, se decide a atraerla hasta sí, rodearla con sus brazos y a juntar su mejilla contra la de Mary, ella titubea, se desembaraza de su abrazo, se acerca hasta la barandilla y, con lágrimas en los ojos, deja caer por la borda del barco las flores que, hasta ahora, había llevado en su mano. Con un breve fundido en negro se quiere extender la desazón entre los espectadores. La naciente felicidad de la pareja protagonista ha tropezado con un obstáculo que, a todas luces, parece insalvable.

La última secuencia de esta segunda parte transcurre, casi toda, ya en tierra. Comienza con una elipsis temporal en la que, gracias nuevamente a un mapa sobreimpresionado, sabemos que la nave ha atracado en el puerto de la capital palmera. La narración parece estancarse, entrar en barrena. Los conflictos planteados en la trama parecen irresolubles. Todos los pasajeros excepto Leith han abandonado el *Aurora* porque han llegado a su destino. Para el protagonista, Santa Cruz sólo debía ser una escala más en su largo viaje hacia las profundidades del continente africano. Abatido, deambula sin rumbo por los pasillos del barco. Se detiene en el antiguo camarote de Mary, ahora vacío y desordenado. Hay tristeza en su mirada. Repara que hay un objeto familiar que llama su atención. En el suelo yace, quebrado, el disco con la marcha fúnebre de Chopin. Su presencia nos remite a las primeras palabras que intercambiaron los amantes a través de la pared. Un momento decisivo para el protagonista que marcaba el inicio de su transformación. Lo recoge, se lo lleva hasta su pecho y lo dobla con rabia hasta cuartearlo nuevamente. Representa este disco algo simbólico para Leith. De alguna manera encarna a Mary y su deseada redención profesional. Al cuartearlo manifiesta su desazón y desamparo. Justo ahora, cuando la luz al final del túnel estaba tan cerca, todo parece perdido. Una nueva promesa de felicidad rota en mil pedazos.

En la siguiente escena, al regresar a su camarote, Leith se encuentra con Trout, uno de los camareros del *Aurora*, limpiando su estancia. El diálogo que se desarrolla entre ambos es un catalizador y también una muestra de los cambios efectivos que se han producido en el carácter de Leith desde que salió de Liverpool. Una parte de la escena se resuelve con un primer plano de Leith, mientras, en segundo término, por encima de su hombro aparece desenfocado el rostro del camarero. A Trout se le representa casi como la voz de la conciencia, hablándole al oído. Al igual que un espejo, Trout reflejará el momento anímico que vive Leith ("Todo parece muy vacío ahora que se han marchado todos los pasajeros, ¿no es verdad señor?"), describe el verdadero sentido que ha tenido la travesía ("Sabe, si usted fuera camarero se daría cuenta de que cada viaje es una vida en sí mismo"). y le impone un plazo al héroe para que reaccione ("...y cuando se iza el ancla todo vuelve a comenzar"). Queda todo un día y toda una noche, por tanto, todavía hay esperanzas. Lejos de abandonarse, replegarse sobre si, Leith decide entonces actuar y bajar a tierra.

Con una cortinilla desembarcamos en Santa Cruz. Trout la dibuja como una "pequeña y extraña ciudad". El plano general con la que se abre la siguiente escena nos muestra una calle estrella y bulliciosa. Su función es meramente descriptiva. Se trata, evidentemente, de un decorado construido en los solares aledaños al estudio de la Fox. Hace calor, el ambiente es portuario. Marineros, prostitutas, comerciantes y turistas se confunden con los lugareños, guardias civiles tocados con sus tricornios y las bestias de carga que vienen y van. Abundan los sombreros blancos, de ala ancha y los pañuelos, en las mujeres, anudados a la cabeza. Los edificios de apenas dos plantas recuerdan vagamente la arquitectura canaria. Son sus paramentos blancos, coronados con tejas y soportales abiertos a la calle con amplios, pero chatos, arcos de medio punto sostenidos por anchos pilares cuadrangulares. En el lado derecho de la calle se levanta el Hotel Hemingway, garito regentado por Daisy, con balcones con forma de jaula y barandillas de hierro de forja, cuya estructura está sostenida por un par de grandes ménsulas también del mismo material. En la acera de enfrente, se alzan casas con balcones de madera, cubiertos por un tejadillo que se prolonga desde el faldón de la cubierta para apoyarse en bastos pies derechos y cuyo antepecho está adornado con barandas de simples tablas verticales.

Protegido del sol por la sombra de los soportales, Leith se tropieza con Jimmy y, después de saludarse, entran a tomarse algo en la cantina del hotel. Cronin en su novela fotografiaba la atmósfera del interior de esta peculiar fonda isleña:

> *Aquello era un tabernucho, más bajo que el nivel de la calle. El piso era de piedra y las mesas de madera sin barnizar. Encima, una lámpara de petróleo colgaba de una cadena. Tras el bar, un joven español en mangas de camisa comía pan negro y aceitunas. De cuando en cuando, volvía la cabeza para escupir los huesos por encima del hombro; aquel movimiento era una delicada concesión a los buenos modales. Sentados en*

los bancos de madera, había diversos clientes, todos hombres, de la clase que se encuentran en los muelles. Miraron curiosamente a Harvey cuando éste se sentó a una mesa. Y Harvey también los miró (...).

El mozo le trajo un vaso de vino, arrastrando los pies metidos en unas enormes alpargatas. Limpió la mesa con un trapo sucio, dejó el vaso en ella, recibió el dinero como quien recibe un insulto y volvió a sus aceitunas[310].

El Dr. Leith (Warner Baxter) y Corcoran (Roger Imhof) en las calles de Santa Cruz.

310 CRONIN (1965), op. cit., p.118.

En la película, poco o nada se recoge de esta pintoresca descripción, sin embargo, como ocurría en la obra literaria, en su interior se desarrolla una escena que será decisiva en el devenir de los siguientes acontecimientos. La pareja se enfrenta, a puño limpio y con desafortunado resultado, a una cuadrilla de canarios liderados por El Brazo, un torero pendenciero y bravucón que hace a Jimmy responsable de las deudas de su amigo Bob Sinnot, recientemente fallecido, de fiebre amarilla. Cuando el matón y sus secuaces, de manera aviesa, reclaman a Corcoran que pague lo que debe, el viejo boxeador se rebela y, junto con Leith que sale en su defensa, terminan inconscientes en el suelo. Alertada por los gritos y los ruidos de la pelea, Daisy Hemingway irrumpe en escena cuando sus compañeros de viaje se han desplomado sobre las baldosas de su cantina. Será ella la que, con un golpe directo en la mandíbula de El Brazo, acabe con sus petulancias. Las consecuencias de esta trifulca van a ser determinantes para el desarrollo del filme. Los márgenes de maniobra del héroe para esquivar su destino narrativo son cada vez más escasos.

El Dr. Leith se ve envuelto en una pelea con recios canarios.

Suena una sirena, el *Aurora* se despide de las islas. De espaldas, Mary contempla, con angustia, como el barco abandona lentamente el puerto de Santa Cruz. No hace falta más que un primer plano de su rostro para adivinar por sus gestos lo que siente Lady Fielding. No hay dialogo, sólo unos ojos a punto de quebrarse por el empuje de las lágrimas. Elyssa Bayham trata de consolarla a su manera: "¿Qué te ocurre? ¿Es por Leith? Sólo ha sido un idilio pasajero. En una semana te habrás olvidado de todo. A mí me ha ocurrido docenas de veces". Ahora cuando cree que Leith ha desaparecido para siempre de su vida Mary expresa en voz alta, sin titubeos, sus verdaderos sentimientos por Harvey ("No lo olvidaré jamás, jamás" afirma convencida) y la desazón que la embarga al pensar en el inevitable reencuentro con su marido ("No te puedes imaginar lo... lo feliz que me sentí cuando ayer recibí el mensaje de Michael diciéndome que hasta hoy no podía reunirse con nosotras"). Cuando Elyssa le recrimina que intente destruir su vida por un hombre que no va a volver a ver, Mary testaruda, exclama mientras el sonido del *Aurora* vuelve a sonar y se apaga gradualmente: "Siempre estará en mi corazón".

Si hasta ahora los obstáculos para resolver los conflictos de la subtrama sentimental habían sido el compromiso matrimonial de Lady Fielding y sus remordimientos de conciencia para actuar en contra sus votos maritales, ahora vemos como el proceso dramático va despejando el camino para su resolución. De manera imperceptible, los nudos argumentales comienzan a deshacerse. Una cortinilla da paso al interior de unas de las habitaciones del Hotel Hemingway. En una cama, tras una mosquitera, Leith recupera la conciencia rodeado por Daisy y Jimmy. A partir de este momento la trama va a empujar al héroe a actuar en un único sentido, limitando progresivamente sus opciones. Como resultado de la pelea Leith ha perdido el barco definitivamente. Tiene que esperar diez días para tomar el siguiente. Un lapso de tiempo enorme para el protagonista que se siente atrapado en una ciudad que no duda en calificar como un "agujero apestoso". Pero además a través de la propietaria del hotel conoce que la fiebre se ha llevado por delante a todos los médicos de la ciudad y que la epidemia está siendo especialmente virulenta en una hacienda cerca de Hermosa[311], a cuatro

[311] Evidentemente Hermosa no existe. Es una invención de Cronin. Según la novela, se trataba de una aldea situada al sur de La Laguna. Al contrario de lo que sucede en la película que, recordamos, sitúa la acción de su última parte en las costas de Santa Cruz de la Palma, el relato de Cronin en general, salvo esta pequeña licencia, se mantiene fiel a la realidad geográfica de la isla de Tenerife. Realidad que, con toda seguridad, conoció de primera mano. Algunas de sus descripciones son tan vívidas que parecen más propias de un libro de viajes que de una obra de ficción. Por ejemplo, cuando Harvey decide ir hasta Hermosa, el novelista aprovechar para ofrecernos un apunte al natural del paisaje que rodea al camino que conduce hasta la ciudad de Los Adelantados: *A última hora de la tarde, cuando el sol se hundía en la vertiente occidental del pico, Harvey se dirigió a pie a Hermosa, (...). La distancia era considerable y la pendiente muy pronunciada, la carretera subía en un zigzag de tramos cortos y vertiginosos, pero Harvey había adoptado*

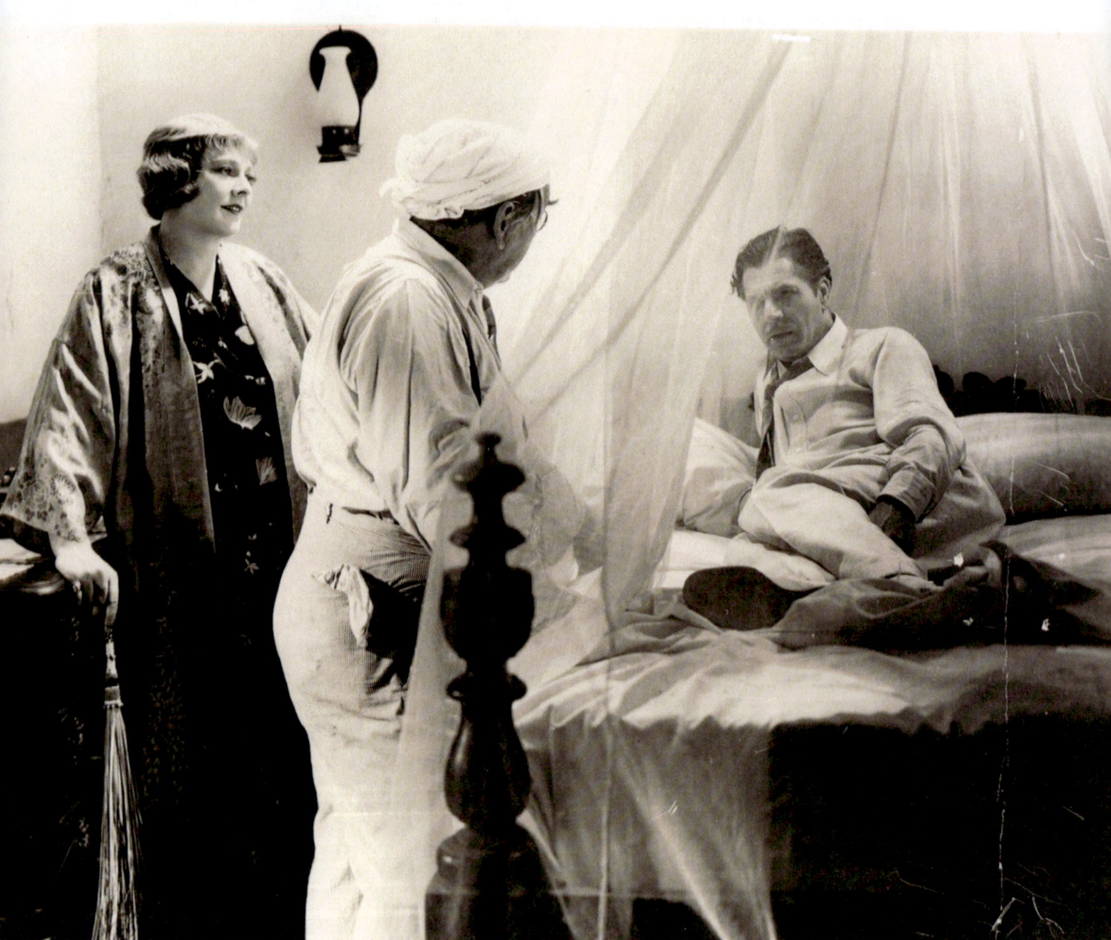

↑ El Dr. Leith (Walter Evans) despierta tras una pelea (Cortesía de la Academia de Artes y Ciencias Cinematográficas de Hollywood).

↑ El *Aureola* se aleja del Puerto de Santa Cruz (Cortesía de la Academia de Artes y Ciencias Cinematográficas de Hollywood).

millas de Santa Cruz, conocida como la Mansión de los Cisnes. "Un tío como usted podría ser de utilidad" le dice Daisy a Leith apelando a su sentido del deber profesional. Y el doctor reacciona, lejos están sus días de amargura y autoconmiseración, y movido por su sentido de la responsabilidad decide, entre el alborozo de sus compañeros ("¡Está salvado! ¡Aleluya!" exclama Daisy Hemingway con un punto de irónico alivio), acudir en ayuda de los habitantes de la vieja mansión.

Parecida sorpresa causa en los hermanos Tranter en la siguiente escena cuando se encuentran en la calle a Leith decidido a enfrentarse, cara a cara, a su destino. Ambos le ofrecen su ayuda. Robert para conseguirle los medicamentos que necesita, Susan para acompañarle hasta Hermosa y servirle como enfermera: "Será como cuando trabajamos juntos en el Hospital de San Martin en Londres. Volverá de nuevo a ser usted mismo". Susan juega, en la narración, un papel interesante. De alguna manera funciona como personaje puente entre las dos tramas. Sólo ella ha estado en el pasado (profesional) de Harvey Leith y, en secreto, aspira a su amor. Cuando todos lo atacaban, Susan se erigió en su más ferviente valedora y será ella también la primera en darse cuenta, con resignado dolor, de la poderosa atracción que existe entre Lady Fielding y su malhadado doctor. Con su hermano Robert forman las dos caras de la misma moneda. En la novela aparecían descritos, no con mucha benevolencia, como ardientes misioneros de una supuesta iglesia evangélica -la Unidad del Séptimo Día de Connecticut- decididos a sembrar la genuina palabra de Dios en el archipiélago. Por presión de la censura, esta condición religiosa de los hermanos Tranter quedó muy diluida en el filme. Se puede inferir por sus actitudes, por su modo de vestir, pero no porque así lo explicite el diálogo. Sólo de este modo era permisible la representación en pantalla de las debilidades de un hombre de fe. Robert caerá inevitablemente en las redes de Elyssa, pero a efectos de su trama, esta línea argumental apenas tiene la relevancia que tenía en la obra literaria. En la obra de Cronin, para Elyssa la conquista de Robert es un desafío. Además, lo desprecia profundamente, no se cree lo que predica, lo ve como "el ser más

la sombría y poco razonable determinación de hacer el viaje a pie. (...) Caminaba hacia poniente y era una mota oscura en el río de luz que dejaban pasar los dentados farallones de lava del Teide. Sobre los labios del volcán, una diminuta nube resplandeciente parecía una bocanada de vapor. El cielo cantaba con colores que tenía sus ecos en la tierra. A ambos lados, las hojas de un verde oscuro de los bananos caían hacia el suelo; eran una fronda carnosa, agitada por el viento, llena de luz en el aire diáfano. Los redondos depósitos de agua corrompida, amarilla y preciosa como el oro, eran una nota de quietud, asomando sombríamente entre el follaje de la plantación. Harvey continuó su ascensión y paso por un bosquezuelo de eucaliptos, altos como cedros, graciosas y aromáticos. Después la carretera entraba en terreno despejado; los árboles se retiraban y, allí abajo, la bahía se extendía tranquila y remota, tachonada con barcos de juguete y diminutas velas. En torno a la bahía la ciudad se mostraba achatada, con sus miradores aplastados, sus balcones parecidos a bocas que aspiraran aire y su masa de apiñados tejados hendida por el resplandor plateado de la Barranca Almeida. [CRONIN (1965), *op. cit.*, pp.131-132].

abyecto, el fastidioso más insufrible, el más despreciable pedante que hubiera entonado jamás una salmodia"[312]. En la película todo este episodio queda reducido a un interludio lúdico sin mayor trascendencia.

La historia continúa con una secuencia interesante porque, a lo largo de ella, trama y subtrama discurren en paralelo sentando las bases para su resolución. El proceso dramático se está acercando a su punto álgido. Leith se muestra decidido, no vacila cuando llega, junto con Susan, a la zona de cuarentena. Los lugareños huyen desesperados portando sus enseres y sus animales. En una mísera chabola cubierta de cañas, la enfermedad se ha cebado con los miembros de una familia de humildes campesinos. Cuando un guardia civil trata de evitar que entre, Harvey, resuelto, alega su condición de doctor. En el interior el panorama es desolador. Todo el suelo está cubierto de personas enfermas. Para subrayar el angustioso cuadro, el montaje alterna los primeros planos de dos mujeres canarias de mirada desesperadas, una de ellas con su hijo moribundo en su regazo. Harvey se muestra expeditivo y enseguida toma el control. "No podremos hacer mucho" le dice a su solícita enfermera "si antes no limpiamos este lugar. Será mejor trabajar desde la mansión que está sobre la colina. Subiré y veré que puedo hacer".

Los acontecimientos se precipitan. Las escenas se suceden con vertiginosa rapidez. De la chabola volvemos al hotel donde Mary aguarda a su marido. La cámara nos la muestra triste, tratando de olvidar, pero un encuentro con Robert Tranter en el patio del establecimiento le devuelve la esperanza. Leith sigue en la isla, en Hermosa, luchando contra la fiebre amarilla. La maravillosa y evanescente fotografía de Bert Glennon traduce, sin palabras, el efecto interior que tiene en Mary la noticia. Durante unos segundos enmudece, casi en estado de shock, no sabe qué decir, esboza una sonrisa y se despide, casi balbuciendo, del misionero. Pero en el zaguán se nos la presenta titubeante, parada justo en el quicio de la puerta. El vestíbulo es un lugar seguro, una frontera entre el escarnio y la virtud. Si abandona el hotel se arriesga a exponer a plena luz del sol sus sentimientos prohibidos. En el exterior, desde un carromato, un cochero insistentemente se ofrece como taxi. El personaje de Mary está lidiando con sus últimas resistencias. Lord Fielding está a punto de llegar, pero sus sentimientos por Leith son poderosos, van y vienen, como las olas de un mar impetuoso. Su corazón se impone. Mary decide tomar, no sin remordimientos, el vehículo que la transporte hasta su amado.

---

[312] CRONIN (1965), *op. cit.*, p.51.

La narración recupera nuevamente a Leith. Ya se encuentra frente a la Mansión de los Cisnes. Envuelta en sombras, se alza "una residencia de piedra, majestuosa todavía, pero caída en un triste desorden"[313]. Su jardín está marchito, sucio y descuidado. Sin embargo, su propietaria, la marquesa, aunque vieja y algo excéntrica, mantiene un porte aristocrático. Enjuta y toda vestida de negro, habla con afectación, engolando las palabras y los gestos. Pero su locura o su edad le permiten ver más allá de las apariencias, y cuando Leith le pide permiso para establecer allí su cuartel general, ella escruta sus ojos y, casi con ternura, observa: "Tuvo mala suerte. En su cara se ve reflejado... el amor y la pena. Es algo que no se puede disimular. Dios escribe con reglones torcidos. Pero, ¿quién sabe si el futuro nos deparará mejor fortuna?". La marquesa se torna en extraña sibila palmera que, al tiempo que describe el pasado de Leith, anuncia lúgubremente lo que está por venir.

Mientras tanto, en el hotel, un desconcertado Michael Fielding no encuentra a su esposa esperándolo con los brazos abiertos. El ritmo de la historia se encamina, sin remedio, hacia uno de sus puntos más álgidos. Mary llega a la Mansión de los Cisnes y en el jardín se produce su deseado reencuentro con Leith. Ella está exhausta, pero resplandece cuando lo vislumbra bajando los últimos peldaños de la escalera y, sorprendido al verla, atravesar la corta distancia que aún los separa.

MARY
Estoy temblando un poco... Soy tonta, ¿verdad? Pensarás que estoy loca, realmente loca, pero ¿recuerdas lo que hablamos la última noche en el barco?

LEITH
Hablamos de muchas cosas, Mary.

MARY

Pero toda la conversación giró en torno a una sola cosa, ¿no es así?... y entonces... y entonces hui como una cobarde.

LEITH
No, no fue así... Yo lo comprendí.

[313] CRONIN (1965), *op. cit.*, p.135.

MARY
Pero ahora no entiendes. Pensé que sería sencillo decírtelo... que no harían falta palabras... sólo necesitaría encontrarte y tú te darías cuenta.

LEITH
Lo sé. Sé que mi vida hasta ahora, no tenían ningún sentido.

MARY
Y la mía no tiene ningún sentido sin ti.

Todo está preparado para el triunfo del amor. El momento tan ansiado por los espectadores está a punto de llegar. Los obstáculos parecen haber quedado atrás. En medio de una devastadora epidemia y en este espacio anclado en el tiempo, al margen de toda convención social, las emociones, tanto tiempo reprimidas, se liberan, y los amantes, rodeados por el olor de las fresias y de los naranjos en flor, se besan tiernamente. Es un sueño hecho realidad. La subtrama ha llegado a su clímax, ese momento narrativo donde la trama alcanza su objetivo principal. Los amantes se reconocen. No hay barreras que impidan la libre expresión de sus sentimientos. Por unos instantes, todas las reticencias y resistencias parecen haber desaparecido. Atrás quedan el deshonor profesional, la amargura, los coqueteos con el alcohol, la pérdida del *Aurora*, Lord Fielding y este paraíso emponzoñado. Pero una película no es una simple narración de acontecimientos, es una narración dramatizada y todo drama requiera ciertas dosis de sorpresa. Lo inesperado atrapa al espectador, por eso las leyes de la poética establecen la necesidad de un último acontecimiento desconcertante. En *Grand Canary* el dictado de la narrativa es implacable. Y así, cuando todo parece encauzado hacia una solución, cuando en los brazos de Leith, Mary se siente ligera y con el corazón henchido de felicidad, de pronto, inesperadamente, se desmorona, desfallecida, ante los ojos impotentes de su amante. La enfermedad de Mary es la crisis que culmina el proceso dramático y que, al mismo tiempo, constituye el punto de giro con el que termina esta segunda parte del filme y se inicia el desenlace. La fiebre amarilla pone al protagonista ante su más decisivo desafío. Las dos líneas argumentales han articulado todo el argumento se solapan en esta encrucijada. Ha llegado la hora del héroe, ya no hay excusas.

En el hotel de Daisy Hemingway (Cortesía de la Academia de Artes y Ciencias Cinematográficas de Hollywood).

5.4. La hora de la redención

Para Mario Onaindía, desde el punto de vista del significado, el final de toda película es más importante que su principio. Si el comienzo se utiliza para presentar unos personajes y una situación antes de que se produzca el primer giro que determinará la acción del héroe, el final, en cambio, "cierra una estructura que dota de perspectiva al espectador, desde la cual puede contemplar la historia con una lógica coherente, algo que no se producía en ningún momento previo a la contemplación de la película"[314]. Así pues, esta tercera parte comienza mostrándonos las consecuencias de la secuencia anterior. Ronda la muerte en el interior de la oscura Mansión de los Cisnes.

Esta es la parte más sombría de la película. El ambiente es tétrico. Fotográficamente las sombras acaparan el espacio compositivo. Es oscura porque la vida de Mary pende de un hilo, pero también porque está en juego la reputación de Leith como médico competente. Salvo Mary, cuyo rostro siempre permanece bañado por una luz angelical, los rasgos del resto de los personajes aparecen desdibujados por marcados contrastes lumínicos. Leith carga, escaleras arriba, el cuerpo inerte de Mary hasta el *piano nobile* de la residencia para aislarla del mundo. Casi como un ermitaño que, arrepentido expía sus pecados, el doctor permanecerá día y noche junto a su cama. Sin comer, sin dormir, sólo pendiente de la evolución de su enamorada. Sólo algunos personajes acompañan y confortan al héroe en este momento de difícil trance. La marquesa representa la hospitalidad, Jimmy la amistad y Susan Tranter, la abnegación. Su papel es difícil. Aunque secundario, su personaje también tiene que lidiar y resolver sus propios conflictos. Su perfil psicológico es aristado. La enfermera ama y sufre en silencio. Cuando llega a la habitación y se encuentra al doctor junto a la cama donde convalece Mary sudorosa, sus labios se contraen contrariados. Los celos anegan sus grandes y perturbadores ojos. Acompañada por la cámara su mirada se fija en un pequeño detalle. Sobre la silla, desordenada, se amontona la ropa de su rival. Mary está desnuda bajo las sábanas y ella, con un nudo en la garganta, sólo es capaz de preguntar: "¿por qué está ella aquí?". Más adelante, en una breve escena posterior con Jimmy Corcoran, le confesará que ha estado "haciendo todo lo posible. Estoy luchando... luchando con él para salvarla. Pero no se da cuenta... no se da cuenta de que lo amo... no quiero que se cure" y cuando Michael Fielding, irrumpe en la casa, con la intención de llevarse a su esposa, en la cara de Susan se iluminará por un rayo de malévola esperanza.

314 ONAINDÍA (1996), *op. cit.*, p.84.

No obstante, el centro de atención de esta secuencia, como no podía ser de otra manera, se encuentra en Leith. Arriba, en esa oscura habitación, no sólo Mary se debate entre la vida y la muerte, también él se sitúa, dramáticamente, al borde de un acantilado. Debe aceptar los riesgos porque su futuro profesional está en juego. En el montaje de esta secuencia un primer plano de perfil de Leith frente a una jeringuilla cargada con su suero encarna a la perfección el reto al que se enfrenta. Si vuelve a fallar, ya no habrá vuelta atrás, perderá a la mujer y destruirá, para siempre, su reputación como médico honorable. Pese a todo, se decide y se lo inyecta, una y otra vez. Susan alarmada le advierte: "Será mejor que no le inyecte más esa cosa. Si no funciona volverán a hacerle responsable como la última vez. Lo acusarán de... haberla matado". Pero Harvey ya no atiende a razones y sigue adelante con su tratamiento, apostando todo a una sola carta.

Muy representativa del grado de entrelazamiento que, en este momento de la película, alcanzan la trama y la subtrama, es la escena en la que el marido de Mary, Lord Fielding, se presenta en la mansión. Aunque ausente físicamente en la pantalla hasta ahora, Michael encarnaba el freno a la plena realización del amor entre la pareja protagonista. En medio de esta crisis, el proceso narrativo enfrenta al héroe con su adversario. Sabedor de que su amor no cuenta con el respaldo social, Leith utiliza otras armas para disuadir al impertinente e irresponsable esposo de su intención de llevarse a Mary sin dilaciones. Los argumentos de Leith que esgrime son profesionales, habla como médico, no como dueño del corazón de la enferma.

FIELDING
Tengo que sacarla de aquí.

LEITH
No, no, no puede ser trasladada.

FIELDING
Bueno, creo que soy yo quien debe decidirlo.

LEITH
¿No se da cuenta de la gravedad de su estado?

FIELDING
Tengo un coche cubierto todo irá bien.

LEITH
¿Todo irá bien? Probablemente ella morirá.

FIELDING
En cualquier caso, esa es mi responsabilidad.

El forcejeo dialéctico es tenso. Fielding da a entender que conoce bien las noticias que, desde la lejana Inglaterra, se han publicado sobre Leith. “Es un médico muy conocido” ironiza, “difícilmente el tipo de médico que yo dejaría que atendiese a mi esposa”. Pero el héroe ya ha vadeado su último río, ha reconstruido sus corazas; ahora se muestra inflexible y seguro. Mary no se moverá de donde está. Su decisión es firme. Exasperado, Lord Fielding lo insulta: “Y usted va a impedírmelo... un curandero”.

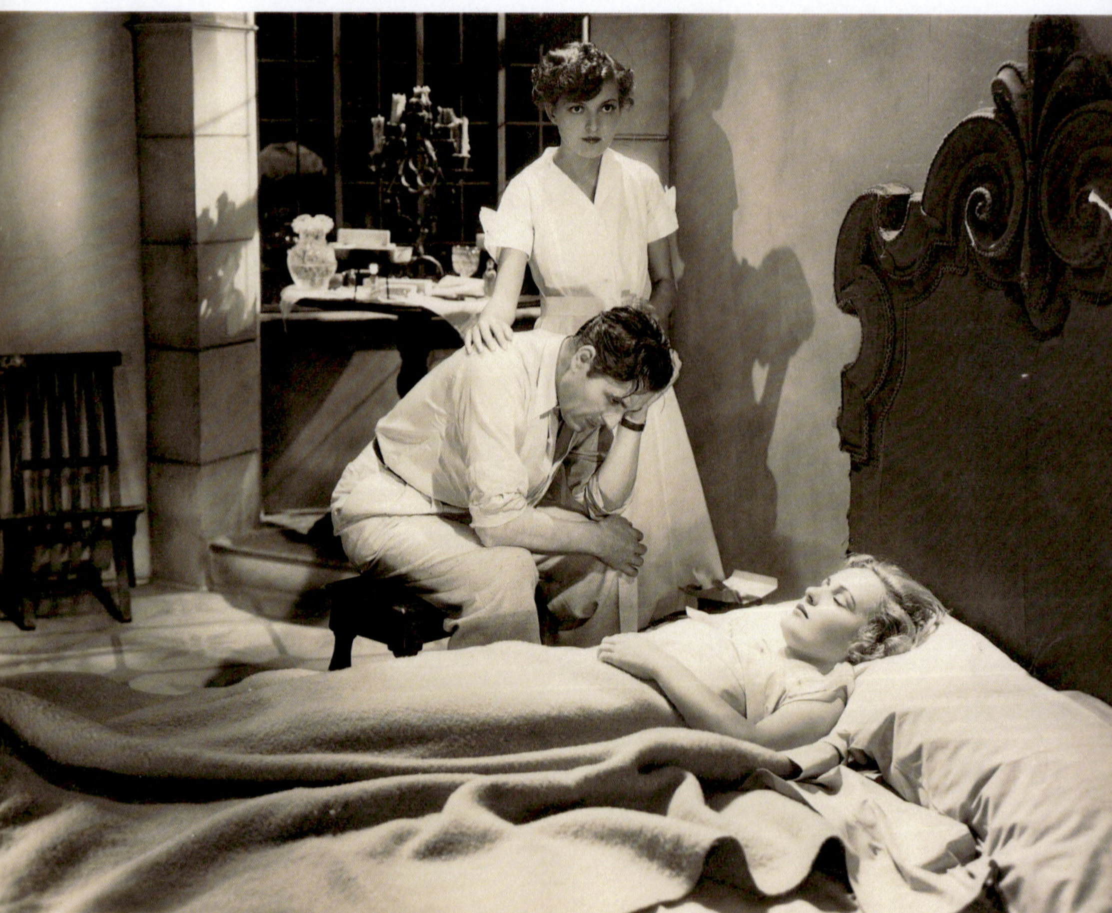

El Dr. Leith (Walter Evans) y Susan Tranter (Zita Johann) velan a Mary (Magde Evans).

Pese a sus protestas, el aristócrata desiste y decide marcharse, no antes sin pedirle al médico que le explique las razones por las que Mary llegó hasta la mansión. Leith entonces actúa como un caballero y la protege del escarnio: "Ella vino... estaba enferma, deliraba... Me cuesta creer que ella supiera hacia dónde se encaminaba o por qué". Su respuesta, balbuciente, es interesante narrativamente porque deja abierta todas las expectativas. Sus primeras palabras son un murmullo apenas audible, tal vez coquetea con decir la verdad y proclamar su amor por Mary, pero enseguida recapacita y tratan de disipar cualquier sombra de sospecha en torno a la honorabilidad de su amada. Al atribuir su presencia en la casa al aturdimiento provocado por la fiebre amarilla, Harvey está actuando como doctor, no como un impulsivo enamorado. Con notable habilidad, el guionista siembra la duda entre los espectadores acerca de la solidez de los sentimientos de Mary y de sus últimos movimientos antes de caer inconsciente, víctima de las fiebres. Si su amor es sólo fruto de un delirio pasajero provocado por un factor ajeno a su voluntad (en este caso la enfermedad), su personaje, en su condición de mujer casada, no podría ser moralmente reprobado ni por sus actos ni por sus sentimientos. Aunque el adulterio fue un motivo frecuente en los argumentos de las películas de principios de los treinta, a partir de 1934 los Estudios buscaron la forma de evitar –si no era necesario– un enfrentamiento directo con la Oficina Hays. Los forcejeos de intereses fueron constantes. Sin drama no hay película, argumentaban los productores, y tampoco recaudación en las taquillas. De ahí que tuvieran que devanarse los sesos para mostrar lo prohibido, casi siempre recurriendo a la sugerencia y a la ambigüedad tanto verbal como visual, sin tropezar continuamente con las limitaciones impuestas por el Código de Producción. La representación en la pantalla de la relación adúltera entre Leith y Mary había sido, como se ha señalado, motivo de fricción con los censores. Como será habitual de ahora en adelante, la censura cinematográfica no prohibirá mostrar el pecado, lo que exigirá es que, si se hace, se presente unos valores morales compensatorios que, casi siempre, pasará por castigar duramente a quienes lo habían cometido. El dilema en *Grand Canary* radica en el hecho de que los "pecadores" eran justo la pareja protagonista y, en ambos casos, pero especialmente en el de Mary, se trataba de personajes totalmente positivos. De ahí que no debe extrañar que los productores quisieran jugar, coquetear con la representación de un tema prohibido hasta el último minuto, pero al mismo tiempo salvaguardar el futuro y la dignidad de los amantes.

Después de esta larga crisis, el proceso dramático está a punto de alcanzar su momento culminante. Es de noche, la luz cimbreante de las velas escasamente disuade las sombras que rodean la cama donde yace moribunda la bella Mary. Confortado por Susan y la Marquesa, Leith se encorva sobre si mismo abatido y desesperado. Todo parece perdido, no existe ya esperanza en la recuperación de la joven. Pero, sin embargo, la lógica de la narrativa de Hollywood impone sus reglas y, después de conducir emocionalmente a su público, no puede romper sus expectativas. El héroe debe triunfar y, efectivamente, cuando ya nadie lo espera, cuando la tensión ha alcanzado su clímax, la narración permite al héroe alcanzar su objetivo. Mary despierta de su largo letargo febril, abre los ojos y sonríe al ver a su amado. El peligro ha pasado, ahora Lady Fielding puede dormir tranquila. Sólo entonces Leith abandona la habitación y, lentamente, baja extenuado las escaleras. El objetivo de la trama principal se ha alcanzado. Al conseguir la curación de Mary, el doctor se ha redimido. No obstante, antes de llegar al desenlace de este largo viaje, la narración debe resolver un último asunto. Si Mary ha sobrevivido, ¿qué ocurrirá con los amantes?

Dos planos, el de una molina cuyas aspas se mueven, parsimoniosamente, con el viento y el de un campesino arando la tierra con su dromedario al amanecer, dan paso, por medio de una cortinilla, a Leith acostado, casi encajado, en un banco de madera. Es el mismo rincón del jardín donde se besaron los amantes. Duerme en posición fetal, anunciando tal vez, el renacimiento de un nuevo hombre. Al despertar ve en la tierra, cubierto por la hojarasca, el sombrero que Mary dejó caer justo antes de perder la conciencia enfebrecida. Para el espectador puede parecer un objeto sin importancia, sin embargo, no es así. El sombrero es un icono que aquí tiene un papel premonitorio, anuncia una ausencia de la que todavía el protagonista no tiene noticia y que no será pasajera. Además, para subrayar el valor simbólico que tiene para el protagonista esta prenda, al levantarse y dirigirse nuevamente hacia la casa, en la mano porta su sombrero junto al de ella. Es una señal inequívoca de la especial comunión que se había establecido entre ambos. Cuando llega a la habitación donde se supone Mary se encuentra todavía convaleciente, alarmado descubre que ha desaparecido y, en ese momento, ambos sombreros se desprenden y caen al suelo. Una vez más el ineludible destino narrativo corrige al protagonista de esta historia. Si alguna vez creyó que su objetivo era conquistar el corazón de Mary, una mujer ya comprometida, se equivocaba. Leith es un hombre de ciencia, no un héroe romántico. No era el amor un fin, sino sólo el mecanismo destinado a desencadenar su proceso de redención. En primera instancia, Leith se rebela, llama a voces a Susan, la interpela, la hace responsable de que Michael Fielding se haya llevado a su esposa: "Ha infringido su deber como enfermera... ¡Eso es lo que ha hecho!". Sin embargo, Susan reacciona –en ese sentido su personaje es clave, se enfrenta a Leith y, como un espejo, apela a su sentido moral y ético– y le recuerda que Lord Fielding es el marido de Mary y, lo que es más reprobable para este héroe renacido, le reprocha su falta de compromiso profesional: "Usted también violó sus obligaciones como médico no permitiendo que su marido se enterase... abandonando a todas aquellas personas del pueblo. Ellas también estaban enfermas, estaban muriendo, pero usted estaba aquí con ella, constantemente, día y noche. ¿Es que eso no importaba?". Leith se resiste, ciego de amor, y Susan, cansada ya de silenciar con un yugo sus sentimientos, estalla y confiesa.

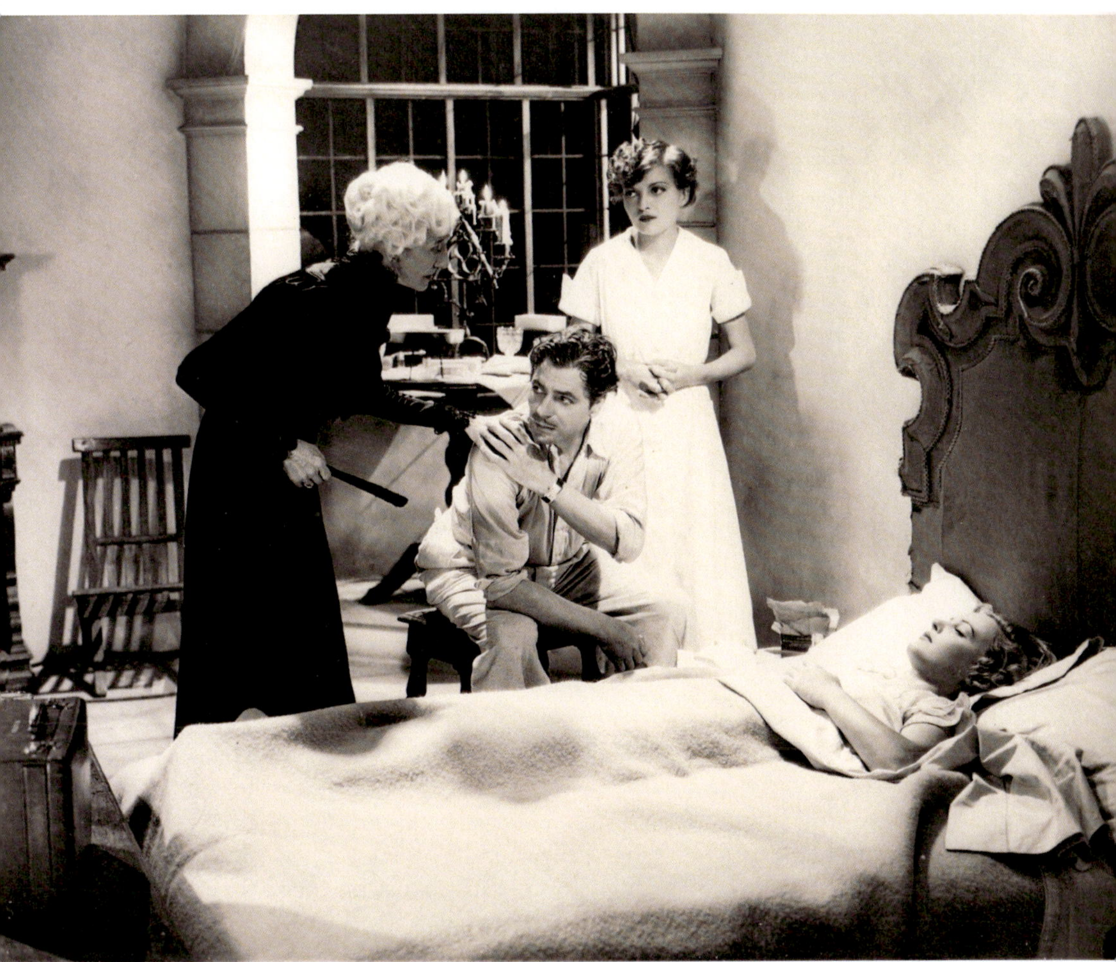

La Marquesa (Carrie Daumery) consuela al Dr. Leith (Walter Evans)
(Cortesía de la Academia de Artes y Ciencias Cinematográficas de Hollywood.

La puesta en escena de esta declaración de amor es muy diferente a la que, escenas atrás, hemos asistido en el jardín de la mansión de los Cisnes. Ahora Leith, se mueve de un lado para otro, incómodo e impaciente, con las manos en los bolsillos, Susan, con la cabeza gacha, entrelaza los dedos de sus manos en actitud suplicante. No hay entre ellos durante toda la conversación, una caricia, una mirada amable, un abrazo reconfortante, una pequeña señal de complicidad. La enfermera ha confundido la admiración con el amor. Su despecho ha sido tan grande que, incluso, ha deseado ver morir a Mary consumida por las fiebres. "El amor nos transforma en seres horribles, ciegos y egoístas" exclama desencantada para luego, fuera de campo, añadir: "Usted la ama y la tendrá. Usted la arrancará de los brazos de su marido sin importarle el dolor y el sufrimiento que esto causará. Y eso es el amor". En primer plano, Leith escucha, en silencio y cariacontecido, estas últimas palabras de su asistente. Algo ha ocurrido en su interior. Ha tomado conciencia de la realidad. El verdadero sentido de su aventura narrativa no ha sido su providencial idilio con Mary, sino el restablecimiento de su autoestima y honorabilidad científica. Todo lo demás no forma parte de la trama, sino necesaria subtrama para enriquecer el proceso dramático. Durante un tiempo avanzaron confundidas, casi en paralelo, pero ahora Leith debe optar por uno de esos dos objetivos que, además en *Grand Canary*, se presentan como contradictorios entre sí. Para dar cuenta, precisamente, de este cambio definitivo de actitud del protagonista, la siguiente escena nos lo presenta atendiendo, junto con Jimmy Corcoran a los enfermos del pueblo de Hermosa en el interior de una humilde cabaña. Los rayos del sol se abren paso a través de su techo de hojas de palma y sus paredes de palos y ramas. Gracias a su pócima, los pacientes se recuperan y, agradecidos, le dan muestras de cariño. Leith es ya un hombre diferente, más fuerte y seguro. El desenlace está cerca.

En la recta final, la narración del cine clásico trata de no dejar atrás ningún cabo suelto. Los espectadores esperan conocer el destino del resto de los personajes que han acompañado al protagonista hasta aquí. Leith debe regresar a Inglaterra. Como ocurre en todo viaje, éste adquiere sentido en la medida que existe un regreso al punto de partida. Leith emprendió no sólo un viaje físico, también moral. Al principio de la historia se negaba a confiar en las bondades de una larga travesía, sin embargo, los hechos le han demostrado cuán equivocado estaba. De hecho, de todos los pasajeros que se embarcaron en el *Aurora* rumbo al archipiélago, sólo él, convertido ya en el "Doctor Milagro", tiene derecho a regresar. Los demás se instalarán en la isla. De Jimmy Corcoran se sugiere que contraerá matrimonio con la marquesa y que los hermanos Tranter continuarán, felices, con su misión evangélica entre los mansos y humildes canarios justo en frente de la alegre casa de lenocinio de Daisy Hemingway. Sera ella, la franca, descreída y extravertida madama la que certifique la metamorfosis del héroe: "Sinceramente, en un primer momento no esperaba mucho de usted, pero ahora creo que usted es un ser humano, y eso es lo que cuenta". Antes de embarcar Leith no puede evitar pasar por el hotel donde Mary todavía se encuentra pernoctando en Santa Cruz. No la verá, preferirá despedirse de ella a través de su amiga Elissa:

LEITH
¿Cómo está usted, señora Bayham?

ELISSA
¿Y usted? Ha venido a ver a Mary.

LEITH
¿Qué tal se encuentra?

ELISSA
Maravillosamente. Le diré que está usted aquí.

LEITH
No, no, por favor no lo haga. Sólo quería asegurarme de que se encontraba bien. Yo... regreso a Inglaterra. ¿Podría decírselo, por favor?

ELISSA
Claro que sí, pero...

LEITH
Ella lo entenderá. Adiós.

5.5. Epílogo. De vuelta a casa

Para cerrar su estructura es necesario que la narración regrese al punto de origen. El paralelismo entre la secuencia inicial y la final es evidente. La acción, en ambos casos, se desarrolla en el mismo espacio y por los mismos personajes. Además, el realizador, Irving Cummings, las concibió como secuencias casi especulares, recurriendo una planificación muy similar que tiende a resaltar la metamorfosis del protagonista. En cierto modo, puede entenderse como una recapitulación, una imagen contrapuesta de aquel triste y lóbrego comienzo.

Suena una sirena, su tono es alegre. Un barco atraca en el puerto de Liverpool. Se apresta un marinero a afirmar un cabo alrededor de uno de los noráis del muelle. La luz de un sol radiante baña a los pasajeros mientras desembarcan. Ismay aguarda mientras lee las noticias de la prensa del día y sonríe complacido. Leith hace su aparición en la barandilla, saluda radiante y risueño desde allí a su colega, avanza con paso firme por la cubierta hasta la escalerilla seguido por la cámara con un travelling lateral. Cuando por fin pisa tierra firme estrecha entusiasmado la mano del hombre que, a su pesar, lo empujó a hacer este largo viaje. "Eres un hombre nuevo" le dice Ismay señalándole la noticia en el periódico, "pero también famoso... mira, la Sociedad Médica se dispone a recibirte con todos los honores". El prestigio de Leith ha sido reestablecido. El objetivo de la trama ha sido alcanzado. Pero el personaje de Ismay todavía tiene que cumplir una última función en este argumento. Es el encargado de cerrar también la segunda línea argumental, aquella que había arrancado con el encuentro a bordo de Leith y Mary. Es él quien le entrega al doctor un telegrama de ella que acaba de recibir y dónde le expresa su alegría al saber que la Sociedad Médica le rendirá un homenaje por los logros alcanzados en las islas. Es un texto breve, frio, casi protocolario, despojado de cualquier traza de complicidad. No hay ninguna palabra de cariño, nada que aluda al amor que, un día, brotó entre ellos. Como ocurría también en la novela, Mary decide permanecer junto a su marido y, tal vez, olvidar. Para el público, quizás, no fuera el final más reconfortante, aunque en el desarrollo de las últimas secuencias ya se podía barruntar este desenlace. En el cine clásico el enfrentamiento entre el protagonista y los obstáculos, debe acabar de manera clara (eso sucede en la trama principal de *Grand Canary*) o, por el contrario, sin alcanzarlo (en la subtrama: el amor de Mary), pero nunca en tablas, a medias o ambiguamente. Alcanzar el objetivo se considera clímax. Lo contrario es el anticlímax. Esto es lo que sucede con Mary. Estuvo a punto, pero no llegó siquiera a ser porque nunca, como se ha dicho, fue la verdadera meta, sino sólo un instrumento para la consecución de un fin más importante. Leith es un héroe inmaculado. Por esta razón, Harvey no se muestra decepcionado ni contrariado cuando lee el mensaje de Lady Fielding, sino que más bien esboza una sonrisa abierta y satisfecha.

> ISMAY
> Sabía que lograrías juntar todos los pedazos.
>
> LEITH
> Están todos juntos de nuevo...pero me temo que no fui yo quien lo hizo. Fue... gracias a Gran Canaria.

Leith y Ismay se alejan y salen fuera de campo. La CÁMARA traza una PANORÁMICA hasta la bodega del barco. En ese momento un hombre coloca sobre una carretilla una caja voluminosa. Impresas en uno de sus lados se puede leer: PROCEDENTE DE GRAN CANARIA. La CÁMARA la sigue mientras es trasladada hasta la entrada. Al fondo del plano se ve como Leith e Ismay toman un taxi. Otro estibador recoger la caja y le da vuelta, en la otra cara se han escrito dos palabras: THE END. El círculo se ha cerrado definitivamente.

6. A MODO DE CODA

Pocas manifestaciones artísticas han gozado de tanta repercusión social como la que ha tenido el cine desde sus orígenes. Una película puede transformar, determinar y dirigir los gustos, las modas, los hábitos de consumo, la forma de pensar y de interpretar la realidad.

Cuando se apagan las luces de las salas, desde la pantalla blanca luminosa, se invita a los espectadores a sumergirse en la bella mentira que parpadea frente a sus ojos. El tiempo queda entonces suspendido y todo, incluso lo más sólido, mágicamente se disuelve en el aire. Es ahí, en ese poderoso influjo que ejerce el cine sobre su público, donde radica su fuerza, pero también su dulce encantamiento. Cuenta la leyenda, que los parisinos que asistieron a las primeras proyecciones de los hermanos Lumière, corrieron despavoridos ante la imagen de un tren que avanzaba directamente hacia ellos. Si este hecho verdaderamente ocurrió tal y como se ha contado, fue porque aquella visión en movimiento era tan subyugante que, al tiempo que los elevaba, anulaba su capacidad de crítica, de interpretación y su raciocinio. La realidad circundante desaparecía de golpe y se proponía ante los ojos incrédulos de los espectadores un mundo paralelo prodigioso. De esta forma, indefensos y entregados, obnubilados por los juegos de luces y sombras, los asistentes a las salas cinematográficas, desde entonces, perciben las imágenes proyectadas como algo omnímodo, único, casi como una nueva verdad revelada.

Desde muy temprano gobiernos y regímenes de distinto signo político se dieron cuenta que aquel artilugio, "hijo de la máquina y del sentimiento", podía convertirse en un instrumento de control a su servicio. La capacidad de penetración y seducción de las imágenes en movimiento conectaban, de forma fluida, casi imperceptiblemente, con individuos que, abiertos como una flor, eran susceptibles de ser moldeados como ciudadanos. Si *Grand Canary* desató en Canarias las iras de la prensa local fue porque se temía las repercusiones que la película podía tener sobre la imagen turística de la región en los mercados donde se abastecía. Empeñada en ofrecer una visión idílica, paradisiaca del archipiélago, la burguesía canaria clamó venganza por lo que consideraba un agravio contra su dignidad. Herido en su orgullo y en sus intereses, la salubridad del paraíso quedaba en entredicho. Es innegable que la Fox no pretendió representar fielmente la realidad de Canarias de aquella época (tampoco era necesario), y pocas veces Hollywood se preocupó de hacerlo con otros escenarios. Pero no es menos cierto que la imagen construida por los defensores del "tipismo" como fórmula para atraer a los turistas hasta las costas canarias distaba mucho de ser verdadera. Puede que el filme no hiciera justicia al contexto social, económico y cultural de las islas, pero ni el traje típico de Néstor, ni las acuarelas de Bonnín, ni la literatura costumbrista, ni esa fotografía de paisajes cuidadosamente escogidos, reflejaban la verdadera situación de una región que, en a principios de la década de los treinta, distaba mucho de ser brillante, ni luminosa. Todos estos artistas, alentados por un credo común, persiguieron embellecer, ocultando las condiciones reales en las que vivían la mayoría de los canarios en aquel tiempo. A la ingenua recreación de Hollywood se opuso fue la interesada reinvención de las fuerzas vivas de la sociedad canaria. Al final, tan sólo fueron dos *bellas* mentiras dispuestas frente a frente.

7. FICHA ARTÍSTICA Y TÉCNICA

Título: *Grand Canary*
Año de producción: 1934

Director: Irving Cummings
Productor: Jesse L. Lasky
Guion: Ernest Pascal,
basado en la novela *Grand Canary* de A. J. Cronin
Director de fotografía: Bert Glennon
Sonido: S. C. Chapman
Decorados: Max Parker
Vestuarios: Rita Kaufman
Dirección musical: Louis De Francesco
Canción: *El amor es una flor,* música de Cyril J. Mockridge, letra en inglés de Monte Howard, letra en español de José López Rubio
Jefe de Unidad: Earl Rettig
Ayudante de dirección: Eli Dunn
Inicio de Rodaje: 9 de abril 1934
Fecha de estreno: FOX, 19 de julio 1934
Duración: 73 minutos
Longitud del filme: 2.051,9 metros
Certificado MPPDA Nº: 7

Reparto: Warner Baxter (*Dr. Leith)*, Magde Evans *Lady Mary Fielding)*, Marjorie Rambeau *(Daisy Hemingway)*, Zita Johann *(Susan Tranter)*, Barry Norton *(Robert Tranter)*, Roger Imhof *(Jimmy Corcoran)*, Juliette Compton *(Elissa)*, H. B. Warner *(Dr. Ismay)*, Gilbert Emery *(Capitán Renton)*, John Rogers *(Trout)*, Desmond Roberts *(Contador de navío)*, Gerald Rogers *(Camarero)*, Carrie Daumery *(Marquesa)*, Rosa Ray *(Manuela)*.

Papeles secundarios: Harrington Reynolds (*Contramaestre)*, Rodolfo Hoyos *(Cantante)*, Alan Sandford *(Vendedor de flores)*, George Regas (*ElBrazo)*, Pedro Regas *(Matón)*, Chris Pin Martin *(Matón)*, Sam Appel *(Barman)*, Charles Stevens *(Taxista)*, Doublas Gordon *(Cartero)*, Keith Kenneth (*Lord Michael Fielding)*, Alphonse Du Bois, Chito Alonzo, B. Fuente *(Figurantes)*.

8. BIBLIOGRAFÍA

Archivos y colecciones

Archivo General del Ministerio de Asunto Exteriores, Madrid

Archivo Municipal del Puerto de la Cruz

Arts Library, UCLA, Los Angeles, California

Cinema and TV Library, USC, Los Angeles, California

Hemeroteca de Biblioteca de Guajara, Universidad de La Laguna, La Laguna

Margaret Herrick Library, Academy of Motion Pictures Arts and Sciences, Beverly Hills, California

MOMA Film Archive, Nueva York

Museo Canario, Las Palmas de Gran Canaria

UCLA Film and Television Archive, Powell Library, UCLA, Los Angeles, California

Twentieth Century Fox Archive, Arts/Special Collections, Arts Library, UCLA, Los Angeles, California

Artículos

BALIO, Tino, "Feeding the Maw of Exhibition", en *Grand Desing: Hollywood as a modern business enterprise, 1930-1939,* edición a cargo de Tino Balio, Charles Scribner's Son, Nueva York, 1993

BORDWELL, David y THOMPSON, Kristin, "Technological Change and Classical Film Style", en *Grand Design. Hollywood as a Modern Business Enterprise, 1930-1939,* edición a cargo de Tino Balio, Charles Scribner's Sons, Nueva York, 1993

BOURGUET, Marie-Nöelle, "El mundo visto desde lo alto del Teide: Alexander von Humboldt en Tenerife", Fundación Canaria Orotava de Historia de la Ciencia, 2003

DUX, Sally, "The Citadel (1938): Doctors, Censors and the Cinema", en Historical Journal of Film, Radio and Television, vol. 32, nº 1, marzo 2012

MALTBY, Richard, "The Production Code and the Hays Office", en *Grand Design: Hollywood as a Modern Business Enterprise, 1930-1939,* edición a cargo de Tino Balio, Charles Scribner's Sons, Nueva York, 1993

MARTÍN, Fernando G., "El cine y las vanguardias en Canarias" en *Canarias: Las vanguardias artísticas* (edición de Andrés Sánchez Robayna), Viceconsejería de Cultura/CAAM, Las Palmas de Gran Canaria, 1992

MARTÍN, Fernando Gabriel, "El cine y la izquierda en Tenerife durante la República. Progresía, producción y cultura", en *Internacional Constructivista frente a Internacional Surrealista. A propósito de gaceta de arte,* edición a cargo de María Isabel Navarro Segura, Cabildo Insular de Tenerife, Santa Cruz de Tenerife, 1999

RODRÍGUEZ HAGE, Teresa, "La producción del cine documental en Canarias durante la II República", en *La herida de las Sombras. El cine español en los años 40,* Academia de las Artes y Ciencias Cinematográficas de España/Asociación Española de Historiadores del Cine, Madrid, junio 2001

SLIDE, Anthony, "Warner Baxter", en *The International Directory of Films and Filmmakers: Actors and Actress,* vol.III, edición a cargo de James Vinson, St. James Press, Chicago, 1986, p. 59

STAIGER, Janet, "The Hollwood Mode of production, 1930-1960", en *The Classical Hollywood Cinema, Film Style & Mode of production to 1960,* Routledge, Londres, 1988

Libros

AAVV, *Catalog of Copyrights Entries. Motion Pictures 1912-1939,* The Library of Congress, 1951

AAVV, *New York Times film Reviews (1932-1938),* vol. II, The New York Times-Arno Press, Nueva York, 1970

AAVV, *The International Directory of Films and Filmmakers: Actors and Actress,* vol.III, edición a cargo de James Vinson, St. James Press, Chicago, 1986

AAVV, *American Film Catalogue.Feature Films 1931-1940,* edición a cargo de Patricia King Harrison, University of California Press, Berkeley-Los Angeles-Oxford, 1993

AAVV, *Grand Desing: Hollywood as a modern business enterprise, 1930-1939,* edición a cargo de Tino Balio, Charles Scribner's Son, Nueva York, 1993

AAVV, *Rodajes en Canarias (1896-1950),* Tomo I, coordinado por Jorge Gorostiza, Consejería de Educación, Cultura y Deportes del Gobierno de Canarias, Santa Cruz de Tenerife, 2004

BLACK, Gregory D., *Hollywood Censurado,* Cambridge University Press, Madrid, 1998

BLACK, Gregory D., *La cruzada contra el cine* (1940-1975), Cambridge University Press, Madrid, 1999

BORWELL, David, THOMPSON, Kristin y STAIGER, Janet, *The Classical Hollywood Cinema. Film Style & Mode of Production to 1960,* Routledge, Londes, 1988.

BORDWELL, David y THOMPSON, Kristin, *Film History. An Introduction,* McGrawHill, Inc., Nueva York, 1993

CIORANESCU, Alejandro, *Historia de Santa Cruz de Tenerife,* Tomo II, Servicio de Publicaciones de la Caja General de Ahorros de Santa Cruz de Tenerife, Santa Cruz de Tenerife, 1977

COLA BENÍTEZ, Luis, Santa Cruz. Bandera amarilla. Epidemias y calamidades, (1494-1910), Ayto. Santa Cruz de Tenerife, Santa Cruz de Tenerife, 1996

CRAFTON, Donald, *History of the American Cinema. The Talkies: American cinema's transition to sound, 1926-1931,* vol. IV, edición a cargo de Charles Harpole, University of California Press, Berkeley, 1999

CRONIN, A.J., *Grand Canary,* Grosset & Dunlap Publishers, Nueva York, 1942 (Edición española: A.J. Cronin, *Gran Canaria,* Círculo de Lectores, Barcelona, 1965)

CRONIN, A. J., *Adventures in Two Worlds,* McGraw Hill Books, Nueva York, 1952

DAVIES, Alan, *A. J. Cronin. The Man Who Created Dr Finlay,* Alma Books, Surrey, 2011

DÍAZ PÉREZ, Ana María y DE LA FUENTE PERDOMO, Juan Gabriel, *Estudio de las grandes epidemias en Tenerife. Siglos XV-XX,* ACT, Cabildo Insular de Tenerife, Santa Cruz de Tenerife, 1990

DOHERTY, Thomas, *Pre-Code Hollywood. Sex, Immorality, and Insurrection in American Cinema, 1930-1934,* Columbia University Press, Nueva York, 1999

DOHERTY, Thomas, *Hollywood Censor's. Joseph I. Breen & The Production Code Administration,* Columbia University Press, Nueva York, 2007

DUX, Sally, "The Citadel (1938): Doctors, Censors and the Cinema", en *Historical Journal of Film, Radio and Televisión*, vol. 32, nº 1, marzo 2012, pp.1-17

GARCÍA PÉREZ, José Luis, *Viajeros ingleses en las Islas Canarias durante el siglo XIX*, Ediciones Idea, Santa Cruz de Tenerife, 2009

GOMERY, Douglas, *Hollywood. El sistema de estudios,* Verdoux, Madrid, 1986

GÓMEZ GÓMEZ, Juan Imeldo, *La organización del comercio marítimo en Canarias. Navieras y consignatarias en el Archipiélago entre 1880 y 1980,* Tomo II, MS, Tesis doctoral, Universidad de La Laguna, Departamento de Ciencias y Técnicas de la Navegación, 1992

GONZÁLEZ LEMUS, Nicolás, *Las islas de la ilusión. Británicos en Tenerife.1805-1900),* Ediciones del Cabildo Insular de Gran Canaria, Las Palmas de Gran Canaria, 1995

GONZÁLEZ LEMUS, Nicolás, *Viajeros Victorianos en Canarias. Imágenes de la sociedad isleña en la prosa de viajes,* Ediciones del Cabildo Insular de Gran Canaria, Las Palmas de Gran Canaria, 1998

GONZÁLEZ LEMUS, Nicolás, *Recuerdos del Teide*, Ediciones Idea, Santa Cruz de Tenerife, 2009

GONZÁLEZ LEMUS, Nicolás, GONZÁLEZ MORALES, Alejandro, HERNÁNDEZ LUIZ, José Ángel y NAVARRO MARCHANTE, Vicente, *El viaje y el turismo en Canarias. Evolución histórica y geográfica*, Anroart ediciones, Madrid, 2012

GUBERN, Román, *El cine sonoro en la República (1929-1936),* Editorial Lumen, Barcelona, 1977

JEFF, Leonard J. y SIMMONS, Jerold L., *The Dame in the Kimono,* Anchor Books, Nueva York, 1990

JEWELL, Richard, *The Golden Age of Cinema. Hollywood, 1929-1945*, Blackwell Publishing, Malden, MA, 2007

LANGMAN, Larry, *A Guide to American Screenwriters. The Sound Era, 1929-1982,* Nueva York-Londres, 1984

LASKY, Jesse L. y WELDON, Don, *I Blow My Own Horn,* Doubleday & Company. Inc., Garden City (Nueva York), 1957

MARTÍN, Fernando G. y FERNÁNDEZ AROZENA, Benito, *Ciudadano Rivero. La Rivero Film y el cine mundo en Canarias,* Excmo. Ayuntamiento de San Cristóbal de La Laguna, La Laguna, 1997

ONIANDÍA, Mario, *El guion clásico de Hollywoood*, Paidós, Barcelona, 1996

PODELL, Jane, *The Annual Obituary. 1981*, St. Martin Press, Nueva York, 1982

SALWAK, Dale, *A.J. Cronin. A reference guide,* G.K.Hall & CO, Boston, 1982

SALWAK, Dale, *A.J. Cronin,* Twayne Publishers, Boston, 1985

STONE, Olivia M., *Tenerife y sus seis satélites,* vol. I, traducción y notas Juan S. Amador Bedford, Ediciones del Cabildo Insular de Gran Canaria, Las Palmas de Gran Canaria, 1995

VASEY, Ruth, *The World According to Hollywood: 1918-1939,* University of Exeter Press, Devon, 1997

VASEY, Ruth, "Beyond Sex and Violence: *Industry Policy* and the Regulation of Hollywood Movies, 1922-1939", en *Controling Hollywood. Censorship and Regulation in the Studio Era,* edición y prólogo a cargo de Matthew Bernstein, Rutgers University Press, New Brunswick (Nueva Jersey), 1999

VASEY, Ruth, "Foreing Parts. Hollywood's Global Distribution and the Rerpresentaction of Ethnicity", en *Movie Censorship and American Culture,* edición a cargo de Francis G. Couvares, Smithsonian Institution Press, Washington-Londres, 1996

VEGA, Carmelo, *La Isla Mirada. Tenerife y la Fotografía (1839-1939). Los fotógrafos en su estudio*, Tomo I, Centro de Fotografía "Isla de Tenerife", Organismo Autónomo de Museos y Centros Cabildo de Tenerife, Santa Cruz de Tenerife, 1995

VEGA, Carmelo, *La isla mirada. Tenerife y la fotografía (1839-1939). Los fotógrafos y el paisaje,* Tomo II, Cabildo Insular de Tenerife/Organismo Autónomo de Museos y Centros/Centro de Fotografía de Tenerife, Santa Cruz de Tenerife, 1997

9. ANEXO: GUION DE MONTAJE

Lo que sigue a continuación es la traducción del guion de montaje de *Grand Canary,* fechado el 13 de agosto de 1934. En este tipo de texto, también conocidos como guiones de continuidad, se realizaba una transcripción fidedigna y detallada de la información tanto visual como la sonora contenida en la película una vez que ésta había sido ya estrenada: diálogos, efectos sonoros, planos e incluso algunos elementos del montaje son recogidos en estos documentos. Varios fueron los borradores que tomaron como punto de partida la novela de Cronin, pero se ha considerado que el guion de montaje era el que más cerca está, por su propia naturaleza, de lo que fue el resultado final de esta adaptación cinematográfica. Esta proximidad permite al lector acercarse al contenido del filme al tiempo que, le permite hacerse una idea, necesariamente imperfecta, de los aspectos más visuales de *Grand Canary.* Aunque toda traducción implica siempre cierto grado de traición, se tratado de mantener no sólo el espíritu del texto, sino también su presentación original. Los guiones de los filmes en Hollywood estaban sometidos a toda una serie de convenciones de carácter formal que se ha intentado respetar siempre que ha sido posible. Las palabras que en el texto original aparecían en español aparecen aquí en cursiva, y se ha optado por no traducir las diversas canciones y tonadas que salpican el relato porque, en estos casos, al trasladarlas a nuestro idioma se perdía una buena parte de su encanto.

GRAND CANARY

Guion de montaje

FUNDIDO DE APERTURA
EXTERIOR MUELLE
PRIMER PLANO DE UNA CAJA EMBALADA

En el exterior de la caja se puede leer lo siguiente: PROCEDENTE DE LIVERPOOL. La CÁMARA SIGUE a la caja que, dando vueltas, está siendo izada a bordo de un barco. En el momento de ser introducida en la bodega de carga, en el lado opuesto de la caja se puede leer: SANTA CRUZ, ISLA CANARIA.

FUNDIDO ENCADENADO
PLANO GENERAL DEL BARCO

El navío está siendo cargado. Hay actividad general. PANORÁMICA hacia la entrada del puerto. Un taxi acaba de llegar al muelle y se detiene en primer plano. Ismay y Leith salen del taxi. Leith está bajo los efectos del alcohol e Ismay lo ayuda a sostenerse.

INSERTO DE UNA PIZARRA

En la pizarra se puede leer lo siguiente:

NAVIERA MANNESS.
S. S. AURORA.
LIVERPOOL-ISLA CANARIA
SALIDA: 5:30

LA CAMARA RETROCEDE para ofrecernos una vista más amplia.

PRIMER PLANO DE LA BODEGA DEL BARCO

Varios hombres están colocando la carga. La CÁMARA RETROCEDE para darnos una vista más amplia. Ismay y Leith aparecen y se dirigen hacia el barco.

PLANO MEDIO
PASARELA DE EMBARQUE

Varios marineros ascienden por la pasarela para embarcar.

PRIMER PLANO
PASARELA DE EMBARQUE

Al final de la pasarela. Aparece el capitán en escena. LA CÁMARA LO SIGUE por la cubierta.

MUELLE

PRIMER PLANO de Ismay y de Leith en el momento en que llegan a la pasarela y comienzan a subir al barco.

PRIMER PLANO

Varios hombres cargan la bodega del barco.

TRAVELLING CORTO

La CÁMARA sigue a Ismay y Leith mientras ascienden por la pasarela. Al final les espera el contador de navío. Ambos se detienen frente a él.

CONTADOR DE NAVÍO
¿Su nombre, caballero?

ISMAY
Leith.

CONTADOR DE NAVÍO
Dr. Harvey Leith. Camarote número cinco, señor. ¡Trout!

Trout da un paso hacia adelante

TROUT
Cogeré sus cosas. El número cinco, ¿no es así?

ISMAY
Comprobaré que todos tus papeles están en orden, Harvey.

Trout se va. La CÁMARA sigue a Leith mientras camina por la cubierta.

PRIMER PLANO

Jimmy está subiendo a bordo por la escalerilla de embarque y se dirige hacia el contador de navío.

CONTADOR DE NAVÍO
¿Su nombre, caballero?

JIMMY
Jimmy Corcoran.

CONTADOR DE NAVÍO

Sr. James Corcoran. Camarote número tres, señor. Ahora vendrá el camarero para mostrarle su camarote.

JIMMY

Puedo encontrar el camarote por mí mismo. Gracias.

La CÁMARA sigue a Jimmy a través de la cubierta.

PLANO MEDIO
CUBIERTA DEL BARCO

La escalera que conducen a las estancias del capitán que se encuentran situadas al fondo del plano. La CÁMARA se acerca hasta un PLANO MÁS CERCANO mientras el capitán entra en escena, se dirige hacia la escalera y comienza a subir.

ISMAY

(voz en off)

CAPITÁN RENTON

El capitán se detiene y se da la vuelta.

CAPITÁN

Sí.

Ismay aparece en plano y se dirige hacia el capitán.

PRIMER PLANO

Ismay y el capitán se encuentran a los pies de la escalera.

ISMAY

Mi nombre es Ismay.

CAPITÁN

¿Cómo está usted?

ISMAY

He traído a bordo a mi amigo, el Dr. Harvey Leith.

CAPITÁN

Ah, sí.

ISMAY
Veo que ha oído hablar de él. ¡la prensa! Créame, Harvey no es el monstruo inhumano que han descrito los periódicos. Tendrá la oportunidad de juzgar por sí mismo.

CAPITÁN
El capitán de una fragata tiene muy poco tiempo para codearse con los pasajeros.

ISMAY
Por supuesto que no...

LA CÁMARA realiza una PANORÁMICA hacia arriba. Un marinero aguarda al final de la escalera.

MARINERO
Señor, el piloto ya se encuentra a bordo.

CAPITÁN
Estaré arriba enseguida.

ISMAY
Se lo suplico en nombre de la humanidad, en nombre de la ciencia. Ha recibido un duro golpe, tal vez un golpe demasiado duro. Verá, yo también soy médico y sé de lo que estoy hablando. Su inteligencia es un don precioso. Es la mente de un genio.

CAPITÁN
Extraña clase de genio.

ISMAY
Un genio, sin lugar a dudas y éste es un calificativo que no utilizo a la ligera.

CAPITÁN
Bueno, ¿qué quiere usted que haga?

ISMAY
Ayude a salvar a esa mente. Ayúdeme a protegerle contra la debilidad de la... la desesperación.

INTERIOR DEL CAMAROTE DE LEITH
PRIMER PLANO

Leith, con gesto taciturno, se encuentra de pie junto a la litera. La CÁMARA lo sigue mientras atraviesa el camarote y hasta que se detiene frente a una foto de un hombre ataviado con un salvavidas. Leith se balancea hacia atrás y hacia delante. Observa el dibujo y sonríe cínicamente.

Se vuelve y su mirada se dirige hacia la litera que se encuentra fuera de plano.

PRIMER PLANO de la litera.

PRIMER PLANO de Leith mirando con expresión preocupada. PANORÁMICA hasta un PRIMER PLANO de la litera.

FUNDIDO ENCADENADO

INT. HOSPITAL
PLANO CORTO DE LEITH

Leith y dos enfermeras se encuentran alrededor de una mesa sobre la cual hay un hombre tendido. Una de las enfermeras cubre el rostro del individuo con una sábana. La CÁMARA se mueve hasta PRIMER PLANO de Leith. Se quita la mascarilla y, con tristeza, fija su mirada en el suelo. TRAVELLING DE RETROCESO para ofrecer una vista más amplia.

FUNDIDO ENCADENADO
INTERIOR CAMAROTE

PRIMER PLANO de la litera. PANORÁMICA hasta PRIMER PLANO de Leith con mirada perdida y expresión severa.

PLANO MEDIO

Leith permanece de pie al fondo del plano. Entra Ismay.

LEITH
¿Dónde has estado?

LA CÁMARA se acerca para obtener un plano cercano de los dos.

ISMAY
Estaba hablando con alguien. Con el camarero.

LEITH
Esto es igual que la celda de una prisión.

ISMAY
Bueno, debes salir... tomar aire.

PRIMER PLANO de Ismay

ISMAY
En unos pocos días estarás en aguas más cálidas, bajo la luz radiante del sol.

PRIMER PLANO de Leith

LEITH
(Cínicamente)
¡Aire y luz del sol! Entonces me habré recuperado. Sano y fuerte otra vez.

PRIMER PLANO CORTO de Leith e Ismay

LEITH
Sano y feliz.

ISMAY
Inténtalo, Harvey.

LEITH
Sí.

ISMAY
Prométemelo.

LEITH
Estoy cansado de intentarlo.

ISMAY
Escúchame ahora. Nadie cree. Toda persona decente sabe...

PRIMER PLANO de Leith.

LEITH
... que soy un asesino. Eso es lo que creen. ¡Canallas! La mayoría son unos ignorantes, unos ambiciosos, unos puercos hozando en el estiércol de la mentira.

PRIMER PLANO de Ismay.

ISMAY
Entonces olvídate de ellos, piensa en ti, en tu futuro.

PRIMER PLANO de Leith.

LEITH
¡Futuro!
(Se ríe cínicamente)
Mi futuro está destruido. Roto en pedazos, pero esos pedazos me pertenecen.

PRIMER PLANO de Ismay.

ISMAY
No, no te pertenecen. Si fueras un hombre común y corriente puede que estuviera de acuerdo contigo, podrías hacer lo que tú quisieras con esos pedazos.

PLANO CORTO de Ismay y Leith.

ISMAY
Pero tú eres un ser extraordinario, único en el mundo, y esos pedazos hay que juntarlos de nuevo.

PRIMER PLANO de Leith.

ISMAY (fuera de campo)
Tienes que juntarlos de nuevo...

PRIMER PLANO de Ismay.

ISMAY
...por nosotros y por la Humanidad.

PRIMER PLANO de Leith.
Leith se ríe y se levanta.

PLANO CORTO de ambos.

LEITH
¡La Humanidad!

Leith se dirige hacia la litera.

ESCALERILLA DE EMBARQUE
PLANO MEDIO

Mary y Elissa suben por la escalerilla de embarque hacia el lugar donde se encuentra el contador de navío.

CONTADOR DE NAVÍO
Lady Fielding.

MARY
¿Cómo está usted, Mr. Humble? Le presento a la señora Mrs. Baynham.

CONTADOR DE NAVÍO
¿Señora Baynham?

LA CÁMARA se mueve hasta conseguir un PLANO CORTO de los tres.

CONTADOR DE NAVÍO
Camarote número siete, señora.

ELISSA
Gracias.

CONTADOR DE NAVÍO
(A Mary)

Y usted está en el número cuatro, milady, el mismo de siempre.

Entra Trout en escena.

MARY
Hola, Trout.

TROUT
Milady, es un placer tenerla entre nosotros una vez más.

MARY
Gracias.

TROUT
¿Han sido buenas sus vacaciones?

MARY
Magníficas.

TROUT
Pero, al mismo tiempo, feliz por regresar a casa.

MARY
Para mí, Inglaterra siempre será mi hogar.

TROUT
Eso es verdad, milady.

Trout sale de plano. TRAVELLING DE SEGUIMIENTO de Mary y Elissa mientras siguen a Trout a través de la cubierta.

TROUT (fuera de campo)
No importa el lugar donde se encuentren, para los ingleses Inglaterra siempre será su hogar.

PASILLO
PLANO MEDIO

Trout entra y sale de escena. Mary y Elissa entran y caminan hacia el primer plano.

ELISSA
Espero encontrar a bordo un par de hombres interesantes.

MARY
¿No te conformarías con uno?

TRAVELLING DE SEGUIMIENTO de Mary y Elissa mientras avanzan por otro corredor.

ELISSA
No, cariño, me sentiría obligada a compartirlo contigo.

Se detienen en frente del camarote de Mary.

MARY
De acuerdo, si está a bordo es todo tuyo, pero me temo que no va a ser así. Recuerda que esto es una simple fragata, no el *Mauritania*.

Mary entra en su camarote. Elissa está a punto de entrar en el suyo cuando ve, al fondo, a Leith e Ismay.

Pasan junto a ella sin mirarla siquiera. Ella los mira durante un momento y después entra en su camarote.

INSERTO de una humeante chimenea. Suena la sirena.

CUBIERTA DEL BARCO
PLANO CORTO

Ismay y Leith salen a cubierta.

ISMAY
Bueno, me voy.

HARVEY
Gracias. Perdóname por recompensar tu amabilidad con tanto rencor.

ISMAY

No te preocupes. Lo comprendo. Me sentiré recompensado si cuando vuelvas te veo recuperado y listo para volver a empezar.

LEITH
Entonces estaré siempre en deuda contigo. Navego hacia el olvido. No existe un barco para mi regreso.

ISMAY
Este volverá dentro de tres semanas. No es demasiado tiempo, pero sí suficiente. Estaré aquí esperándote.

LEITH
No, ahórrate la molestia.
(Da la mano a Ismay)

Adiós.

ISMAY
Au revoir.

Ismay se va.

INSERTO de una humeante chimenea. Suena la sirena.

CUBIERTA DEL BARCO
PRIMER PLANO

Leith está solo, con la mirada perdida.

MUELLE
PLANO MEDIO

Entre la niebla Ismay se dirige hacia la entrada del puerto y desaparece.

CUBIERTA DEL BARCO
PRIMER PLANO de Leith con gesto de estupor. Sobre esta imagen se superponen las siguientes: PLANO CORTO de la chimenea humeante. La sirena suena. PLANO CORTO de la escalerilla siendo retirada. PRIMER PLANO donde se ve la suelta de las amarras y cómo el barco, al fondo, comienza a moverse.

CORTINILLA

PLANO CORTO de chimenea humeante. Suena la sirena.

CORTINILLA

PLANO LARGO del océano mientras la lluvia cae sobre él.

CORTINILLA

INT. CAMAROTE DE LEITH
PRIMER PLANO DEL OJO DE BUEY

Fuera de campo, Leith se encuentra en la litera. Se sienta, entra en plano y mira hacia fuera a través del ojo de buey. La CÁMARA RETROCEDE para ofrecer una visión más amplia. Leith se levanta de la litera, atraviesa el camarote y la CÁMARA lo sigue hasta llegar al timbre que Leith pulsa enérgicamente. Hace ademán de regresar a la litera, pero a medio camino, se detiene un momento y vuelve hacia el timbre, y lo pulsa una vez más. Cuando se gira, Trout entra en el camarote.

LEITH
¿Cómo te llamas?

TROUT
Trout, señor.

LEITH
Te lo piensas dos veces antes de contestar una llamada.

TROUT
Lo siento mucho, señor, estaba muy ocupado con el equipaje de Lady Fielding.

LEITH
¿Lady Fielding?

TROUT
Se aloja justo en el camarote de al lado, señor. Su señoría navegó con nosotros hace un par de travesías. Ahora regresa a casa.

LEITH
Eso es muy interesante. Bueno, yo no ostento ningún título, Trout, pero tengo una sed de mil demonios. Tráeme una botella de whisky y no te detengas.

TROUT
Sí, señor.

Trout se marcha.

PASILLO
PLANO MEDIO

Trout sale del camarote de Leith y se dirige hacia el fondo de la escena. Robert entra y avanza por el pasillo hacia el primer plano.

TROUT
Una noche horrible, señor.

Robert asiente y entra en el camarote de Sue. Trout desaparece al fondo de la escena.

INT. CAMAROTE DE SUE
PLANO CORTO

Sue está sentada en primer plano, cambiándose los zapatos. Robert se acerca.

ROBERT
Bueno, ya estamos en camino.

SUE
Uhhu.

ROBERT
(mirando alrededor del camarote)
Oh, creí que tendrías un camarote para ti sola.

SUE
Yo tenía esa esperanza.

PASILLO
PLANO MEDIO

Daisy, riéndose de una forma algo ruidosa, avanza desde el fondo el pasillo hasta el primer plano donde se encuentra su camarote y entra.

INT. CAMAROTE DE SUE
PLANO CORTO

Robert y Sue observan a Daisy cuando entra en el camarote, riéndose bulliciosamente.

DAISY
Vaya... vaya niebla. Santa María, este tiempo me pone tensa.

PRIMER PLANO de Daisy

DAISY
He estado abajo bebiendo un poco de ron con la camarera en su habitación.

PLANO CORTO de Sue y Robert.

PRIMER PLANO de Daisy.

DAISY
¿No iremos a dormir todos aquí?

PLANO CORTO de Sue y Robert.

DAISY (fuera de campo)
¿Verdad?

SUE
Oh, no. Este es mi hermano.

DAISY
Oh.

ROBERT
¿Y usted es...?

PRIMER PLANO de Daisy.

DAISY
Daisy Hemingway. Esa soy yo.

PLANO MEDIO de los tres personajes.

ROBERT
Me perdonará, pero esperaba que mi hermana ocupase la parte baja de la litera. No es muy buena marinera.

DAISY
Lo siento, señor, el primero en llegar es el primero en elegir. Ese siempre ha sido mi lema.

SUE
Es igual Robert, no te preocupes.

PRIMER PLANO de Daisy.

DAISY
Claro que estará bien. Nos haremos amigas íntimas en el tiempo que dura el viaje hasta...

PRIMER PLANO de Robert.

DAISY (fuera de campo)
...hasta las islas.

ROBERT
¿Vive en Santa Cruz?

PRIMER PLANO de Daisy.

DAISY
Sí señor, tengo un comercio. Se trata de un pequeño negocio dentro de la ciudad. Pero me temo que no le interesaría.

SUE
¿Qué clase de negocio?

DAISY
Bueno, pues... podríamos considerarlo como una especie de hotel, cariño.

PLANO CORTO de los tres.

SUE
Oh.

ROBERT
Bueno, me voy. Querrán deshacer las maletas.

Robert sale del camarote.

PASILLO
PLANO MEDIO

Elissa acaba de salir del camarote de Mary y se dirige hacia el suyo. Se para al ver a Robert abandonando el camarote de Sue y desapareciendo al fondo de la escena. Elissa lo sigue con la mirada. Leith aparece en primer plano, pasa junto a Elissa sin reparar en ella y sale de la escena. Elissa lo observa.

PLANO CORTO

Elissa sigue observando a Leith. Elissa entra en su camarote.

INT. BAR

PRIMER PLANO de una mesa sobre la cual hay un vaso, etc. La CÁMARA retrocede hasta un PLANO MEDIO de Jimmy Corcoran sentado a la mesa. Leith entra en escena, da un golpe en la barra y hace sonar el timbre. A continuación se sienta dando la espalda a Jimmy Corcoran que comienza a hablar.

JIMMY CORCORAN

Buenas noches, caballero. Me llamo Corcoran, Jimmy Corcoran. Un nombre por todos conocido.

LEITH

No debería decir eso.

PLANO CORTO de ambos personajes que siguen sentados espalda contra espalda.

JIMMY CORCORAN

Campeón de los pesos pesados del Norte en el 88, y el único hombre capaz de aguantar hasta el final a Crocky Joe Crotty.

PLANO MÁS AMPLIO de Jimmy y Leith.

JIMMY CORCORAN

Escuche, podía haber llegado a ser campeón mundial de no haberme roto una pierna.

PLANO CORTO de ambos, todavía están sentados espalda contra espalda.

JIMMY CORCORAN

¿Ha leído alguna vez a Platón?

LEITH

(mostrando por primera vez cierto interés)

¿A Platón?

JIMMY CORCORAN

Sí, al viejo filósofo griego. Era un hombre que sabía lo que tenía entre manos.

Leith se da la vuelta otra vez. Al fondo se ve entrar al camarero que se sitúa tras la barra.

JIMMY
Me ha llevado por sitios muy curiosos.

LEITH
¡Camarero!

JIMMY
Debería leerlo de vez en cuando, muchacho.

LEITH
He mandado a que me llevaran una botella de whisky a mi camarote, el número cinco. Puede hacer que me la envíen, por favor. Mientras tanto, sírvame un brandy con soda.

PLANO CORTO. Desde un ángulo diferente. El camarero en primer plano tras la barra, y Leith al fondo sentado en la mesa.

CAMARERO
¿Es usted el Dr. Leith? ¿Del camarote número cinco, señor?

LEITH
Sí.

CAMARERO
Lo siento, señor, el bar está cerrado.

LEITH
¿Cerrado?

CAMARERO
Está cerrado para usted, señor. Son órdenes del capitán.

LEITH, furioso, se acerca hasta la barra.

LEITH
¿El capitán?

PLANO MEDIO de Leith, Jimmy y el camarero.

CAMARERO
Sí, señor.

LEITH se marcha.

CUBIERTA DEL BARCO
PLANO GENERAL

Al fondo se divisan las habitaciones del capitán. Leith entra en plano y cruza la cubierta hacia las escaleras que llevan hasta las habitaciones del capitán y comienza a subir algunos peldaños.

LEITH
¡Capitán!

El capitán aparece al final de la escalera.

PRIMER PLANO del capitán y de Leith.

LEITH
Capitán, mi nombre es Leith.

CAPITÁN
Debe venir a verme en otro momento. El piloto todavía se encuentra en el puente.

LEITH
Lo sé, pero usted ha dado órdenes al camarero...

PRIMER PLANO del capitán.

CAPITÁN
En mi barco doy las órdenes que estimo oportunas, Dr. Leith.

LEITH (fuera de campo)
Espere un momento... Está fuera de toda lógica...

CAPITÁN
Sin lugar a dudas, pero he estado hablando con su amigo, el Dr...

PRIMER PLANO de Leith.

CAPITÁN (fuera de campo)
...Ismay. Los casos desesperados requieren medidas desesperadas.

PRIMER PLANO del capitán.

CAPITÁN
Usted no probará ni una gota mientras se encuentre a bordo de este barco. Quizá me lo agradezca más adelante.

PRIMER PLANO de Leith.

LEITH
Comprendo. Tengo que recuperarme aún en contra de mi voluntad. Primero me hunden y ahora quieren salvarme otra vez.

Se vuelve.

PLANO GENERAL

Leith baja las escaleras.

PLANO MEDIO

Leith abre una puerta.

PASILLO

TRAVELLING de Leith avanzando por el pasillo. En una esquina aparece Sue y tropiezan.

SUE
Oh, lo siento.

LEITH
Perdóneme.

Leith continúa caminando, pero Sue lo reconoce y lo detiene.

SUE
Pero Dr. Leith, ¿no se acuerda de mí? Soy Susan, Susan Tranter.

LEITH
Sí, claro, por supuesto.

SUE
No, no se acuerda de mí, sólo está siendo amable conmigo. El Hospital de St. Martin, una epidemia de difteria. Siempre recordaré como se esforzó con aquellos niños, parecía que para usted todos eran hijos suyos.

LEITH
Eso ocurrió hace mucho tiempo.

SUE
Sólo hace dos años. A veces a mi también me parece que hubiera pasado más tiempo. Mi hermano va a abrir una misión en Santa Cruz. Voy ayudarle hasta que se asiente y después volveré a mi trabajo como enfermera. ¿Va a quedarse en Santa Cruz?

LEITH
No.

SUE
Oh, entonces ¿se dirige a África?

LEITH
No, me dirijo hacia la perdición.

SUE
Oh, por favor, no diga eso. He leído acerca de sus tribulaciones.

LEITH
Por favor.

SUE
Lo siento de veras.

LEITH
¡Por favor!

SUE
Permitirá que le ayude... que hable con usted, quiero decir.

LEITH
Y tratar de reconducirme otra vez por el buen camino.

SUE
Cuando una persona se encuentra herida y perdida...

LEITH
No gracias, señorita Tranter, prefiero permanecer perdido.

Leith sale de plano. Suena un gong.

PASILLO
TRAVELLING de Trout caminando por el corredor haciendo sonar el gong. Pasa al lado de Sue.

TROUT

La cena estará servida en media hora, señorita.

Se va hacia el fondo y vuelve hasta el primer plano. La CÁMARA se acerca hasta un PRIMER PLANO del gong en el momento que Trout lo vuelve a golpear.

CORTINILLA

INT. RESTAURANTE
PRIMER PLANO de una silla vacía.

MARY (fuera de plano)
Esa silla vacía.

PANORÁMICA hasta PLANO CORTO de Mary y el capitán sentados a la mesa.

MARY
Capitán, ¿no es un mal augurio que esto suceda tan pronto en nuestro viaje?

CAPITÁN
Me temo, Lady Fielding, que no es una cuestión de superstición. Si...

PLANO MEDIO

El capitán y otros pasajeros se encuentran sentados alrededor de la mesa. La silla de Leith está vacía.

CAPITÁN
...el pasajero prefiere no ocuparla; supongo que tiene una buena razón para no hacerlo.

MARY
Sí, pero es descorazonador.

ELISSA
Pero también intrigante.

PLANO CORTO del capitán y de Elissa.

ELISSA
Debe tratarse de aquel sombrío individuo que vimos cuando subimos a bordo. Parecía organizado, severo y ardiente... encantador... ardiente. ¿Quién es él, capitán?

PLANO MEDIO de todos los comensales. El capitán trata de cambiar de conversación.

CAPITÁN
¿Cómo está el curry, Señora Baynham? Se trata de una de las especialidades del Aureola, está hecha con pimientos.

PRIMER PLANO de Elissa y del capitán

ELISSA
Volviendo al misterioso pasajero, capitán. ¿Quién es él, qué es lo es y dónde está?

PRIMER PLANO de Mary y del capitán.

CAPITÁN
Se llama Leith, señora, Dr. Harvey Leith.

ELISSA (fuera de campo)
¡Harvey Leith!

MARY
¿El mismo que ha aparecido en los periódicos?

ELISSA (fuera de campo)
¿El que mató a todas aquellas personas?

PLANO CORTO de Daisy y Robert.

DAISY
¿A cuántos mató?

ELISSA
A tres, creo... y a sangre fría.

PRIMER PLANO de Sue.

SUE
No lo hizo... no importa lo que digan.

PLANO CORTO de Elissa y del capitán.

ELISSA
Bueno, después de todo, va a tener a una defensora.

PLANO CORTO de Daisy y de Robert.

DAISY
¿Qué podría ser más prometedor? Un asesino a bordo y una pareja de reformadores dispuesta a salvarlo.

PLANO MEDIO de todos los comensales.

DAISY
La vida al desnudo, así es como lo llamaría.

CAPITÁN
Lady Fielding.

DAISY
Y ahora tiene una oportunidad para demostrar lo bondadoso que es usted...

PLANO CORTO de Daisy y de Robert.

DAISY
...un par de himnos en el órgano. Es todo lo que necesita para purificarlo completamente. Redimido como un blanco corderito.

PLANO MEDIO de todos los comensales.

DAISY
¡Aleluya!

Risas.

JIMMY
¿Usted cree saberlo todo, no es cierto?

DAISY
Dios mío...

PLANO CORTO de Daisy y Robert.

DAISY
No me hubiera embarcado en este viaje de haber sabido que a bordo se encontraría un sangriento asesino.

PRIMER PLANO de Sue.

SUE
No tiene derecho a llamarlo de ese modo.

PLANO CORTO de Elissa y del capitán.

ELISSA
Pero lo es... Toda la sociedad médica estaba escandalizada. Experimentar con seres humanos. Sólo porque ese individuo es un fanático, un demonio.

SUE
Trató de salvarlos... los hubiera salvado si el hospital no le hubiera impedido utilizar su suero antes de que fuera demasiado tarde.

PLANO MEDIO de todos los comensales.

SUE
Murieron... hubieran muerto de todas formas. Los periódicos se hicieron eco de ello y lo convirtieron en un escándalo.

PLANO CORTO de Sue y Jimmy.

SUE
...y el hospital y los médicos se volvieron contra él, lo destruyeron por celos y por despecho.

CAPITÁN (fuera de campo)
¡Señoras, por favor!

SUE
Piensen lo que quieran... yo sé la verdad, lo hundieron por cobardía.

PLANO MEDIO de todos

SUE
...y por celos.

Sue se levanta y trata de abandonar la mesa, pero el capitán la detiene.

CAPITÁN
Señoras, señoras, por favor. No quiero escándalos. No los permitiré en mi barco.

Sue se sienta de nuevo.

```
MARY
Muy bien, capitán.

CAPITÁN
Los rumores pueden acabar con una agradable travesía.

MARY
Y también con un hombre decente.

JIMMY
Eso es cierto.
```

INT. CAMAROTE DE LEITH
PLANO CORTO

Leith está registrando uno de sus bolsos en busca de una botella de whisky. Encuentra el forro de paja de una botella, pero no la botella. La CÁMARA se mueve hasta un PRIMER PLANO de las manos de Leith mientras acaba con el forro de paja. La CÁMARA sigue al forro de paja en su vuelo hasta la litera.

PLANO CORTO de Leith.

Saca un botiquín de unos de sus bolsos, lo abre, mira unos instantes en su interior, y hace ademán de arrojarlo. Pero se lo piensa mejor y lo vuelve a colocar dentro del bolso.

FUNDIDO EN NEGRO

FUNDIDO DE APERTURA

PRIMER PLANO de un mapa sobreimpresionado sobre una imagen de un mar ondulante.

CORTINILLA

INT. PASILLO
PLANO CORTO

A través de una puerta, se ven al fondo a Jimmy y a uno de los marineros. Jimmy cruza la puerta y avanza por el pasillo cantando mientras la CÁMARA lo sigue.

JIMMY
(cantando)

I'll sing you a song, a good song of the sea
With me aye, aye blow the man down
Come Bos'n and mate, sing the chantee with me
And give me some time to blow the man down

Jimmy llega a la puerta del camarote de Leith.

INT. CAMAROTE DE LEITH
PLANO CORTO

Leith está acostado en la litera completamente vestido. PANORÁMICA hacia la puerta, justo en el momento en que Jimmy entra en el camarote.

JIMMY
Buenos días, muchacho. Hace un día espléndido.

Jimmy cruza la habitación y se sienta cerca de Leith.

LEITH
(fríamente)
¿De verdad?

JIMMY
Un día como éste devolvería a la vida el corazón de cualquier hombre. El sol está brillando y el aire es embriagador.

LEITH
¿Y por qué no sale a cubierta y se emborracha de él?

JIMMY
Pensé que le gustaría saberlo, querido amigo. Estoy algo preocupado por usted, lleva tres días encerrado aquí dentro.

LEITH
Oh, el buen samaritano.

JIMMY
¿Y por qué no? Mi corazón se compadece de un hombre que ha sufrido los golpes del destino. Yo también he tenido en muchos sentidos una vida agitada. Es verdad que podía haber sido el campeón mundial si no me hubiera roto la pierna, pero me la rompí.

LEITH
¿Ha terminado?

Leith aprieta sus manos con irritación, nervioso, mientras Jimmy continúa hablando.

JIMMY
¿Terminado? Por todos los santos, eso sólo fue el principio. Desde entonces sólo el cielo sabe lo que he hecho. He trabajado en unos salones de billar de Sidney. He participado en una de esas revoluciones de juguete de Sudamérica. Estuve en la fiebre del oro de Bulls Gulch. He buscado plata en Colorado y después viajé con el Circo Sinnot. El viejo Bob Sinnot. Voy a unirme otra vez con él en Santa Cruz después de todos estos años. Fue un día triste para mí cuando me despedí de él.

LEITH
¿Podría despedirse de mí también?

JIMMY
Lo haré. Sólo entré un momento para comprobar si estaba subiéndose por las paredes. Le he juzgado mal. Tiene la cara y los rasgos de un peso ligero.

Jimmy se levanta. Esto hace que Leith sienta algo de interés, se vuelve y sigue a Jimmy con la mirada, mientras éste cruza el camarote hasta la puerta y se va.

SEGUNDO ROLLO

INT. CAMAROTE DE LEITH
PLANO CORTO
Leith se encuentra acostado en la litera, su rostro luce una barba de varios días. Se oye la música procedente de un gramófono. Leith comienza a levantarse. PANORÁMICA hacia un espejo que se encuentra en la pared. Leith entra en plano y se mira en el espejo.

PRIMER PLANO de Leith observando su reflejo en el espejo. La música le irrita, se dirige a la pared y comienza a dar golpes.

LEITH
¿Tiene que escuchar esa música?

INT. CAMAROTE DE MARY
PLANO CORTO

El gramófono se encuentra sobre el aparador. Mary se dirige hacia la pared contigua al camarote de Leith.

MARY
¿Qué?

INT. CAMAROTE DE LEITH
PLANO CORTO de Leith al lado de la pared.

LEITH
Ese condenado gramófono.

INT. CAMAROTE DE MARY
PLANO CORTO de Mary al lado de la pared.

MARY
Pensé que lo animaría.

LEITH (fuera de campo)
¿Cómo dice?

INT. CAMAROTE DE LEITH
PRIMER PLANO de Leith al lado de la pared.

MARY (fuera de campo)
Digo que... ¿por qué no sale usted a cubierta donde no le moleste?

INT. CAMAROTE DE MARY
PLANO CORTO

Mary detiene el gramófono, quita el disco, le da la vuelta y lo mira.

INSERTO de la cara del disco:

MARCHA FÚNEBRE- FREDERIC CHOPIN.

PLANO CORTO de Mary que coloca de nuevo el disco en el gramófono.

PRIMER PLANO del gramófono. Comienza a sonar la marcha fúnebre.

PRIMER PLANO de Mary apoyada en la pared.

MARY
¿Y qué le parece ésta?

INT. CAMAROTE DE LEITH
PRIMER PLANO de Leith junto a la pared.

LEITH
¡Qué gentil! Gracias.

Se da la vuelta.

INT. CAMAROTE DE MARY.
PLANO CORTO de Mary. De repente se da cuenta de lo que ha hecho y se apresura a quitar el disco.

MARY
Oh, yo... yo lo siento. No pensé...

Mary rompe el disco en dos.

CORTINILLA

EXT. CUBIERTA DEL BARCO
PRIMER PLANO

Leith, con los ojos cerrados, descansa en una silla sobre cubierta. La CÁMARA se aleja para darnos una visión más amplia al tiempo que Sue entra en plano. Leith abre sus ojos, ve a Susan y hace ademán de levantarse. Ella lo coge por el brazo y se sienta junto a él.

SUE

Por favor no se levante. Esa es la silla de mi hermano. Me alegro de volverlo a ver. ¿Se siente mejor?

LEITH

Sí, me encuentro mejor, gracias.

SUE

Eso es magnífico. Quise acercarme para saber cómo se encontraba, pero pensé que no le gustaría.

LEITH

Exactamente.

Leith gira su cabeza hacia un lado y mira fuera de plano. Sue mira en la misma dirección.

PRIMER PLANO de Mary durmiendo en una silla en cubierta.

PLANO CORTO de Leith y Sue.

SUE

Lady Fielding parece muy joven.

LEITH

Y muy guapa.

PRIMER PLANO de Sue delante de Leith.

SUE

Su marido, Sir Michael, es el más rico terrateniente de la isla. Ella ha estado en Londres visitando a su familia. Las mujeres que lo han tenido todo siempre tienen esa apariencia de autosuficiencia, incluso cuando duermen parecen proclamar su derecho a poseer y disponer de todo.

PRIMER PLANO de Mary durmiendo.

SUE (fuera de campo)
Y esas perlas.

PLANO CORTO de Leith y Sue.

SUE
...cada una de ellas podría sostener a una familia hambrienta por no se sabe cuánto tiempo.

LEITH
Están sosteniendo su belleza, lo cual es incluso mejor.

SUE
Pero, ¿cómo puede decir eso? Una vez me dijo que las únicas personas válidas eran aquellas que estaban dispuestas a entregar sus vidas al trabajo y al sacrificio.

LEITH
Aquel era un hombre diferente.

SUE
Oh, usted todavía se encuentra perdido. Como me gustaría...

Se oye un gong.

PLANO MEDIO

Leith, Sue y Mary se encuentran en sus sillas. Trout pasa de largo haciendo sonar el gong.

PLANO CORTO de Sue y Leith.

SUE
La hora del té. ¿Le gustaría acompañarme?

LEITH
No, gracias.

PLANO MEDIO de Sue, Leith y Mary. Sue se marcha.

PRIMER PLANO de Mary. Se despierta y estira sus brazos. Se da cuenta de la presencia de Leith fuera de plano.

MARY
Hola.

PRIMER PLANO de Leith mirando a Mary que está fuera de plano.

LEITH
Hola.

PRIMER PLANO de Mary.

MARY
¿Quiere acompañarme?

PRIMER PLANO de Leith. Comienza a levantarse.

PLANO MEDIO de Leith y Mary. Leith llega hasta donde está Mary. La CÁMARA se acerca hasta ellos mientras Leith se sienta a su lado.

MARY
Sabe, me he despertado feliz, sin saber por qué, sin ninguna razón.

PLANO CORTO de ambos.

LEITH
La felicidad es un estado poco razonable.

MARY
Entonces, ¿para qué analizarlo?

LEITH
Para no vivir en el paraíso de un loco.

PRIMER PLANO de Mary

MARY
Me conformaría cualquier paraíso. Por otra parte, si la felicidad es un estado poco razonable, eso significa que la infelicidad también lo es.

PRIMER PLANO de Leith.

MARY (fuera de campo)
Examínela de cerca y desaparecerá.

PRIMER PLANO de Mary.

MARY
Pero no es así, ¿verdad? Cuanto más se la examina, más presente está.

PLANO CORTO de ambos.

MARY
¿Por qué será? ¿Usted qué cree, doctor?

LEITH
No lo sé... Soy médico, no filósofo.

PRIMER PLANO de Mary.

MARY
Se lo he preguntado como hombre. Usted, usted parece que piensa mucho las cosas.

PRIMER PLANO de Leith.

LEITH
Hasta hace bien poco no tenía tiempo más que para pensar en mi trabajo, y ahora lo único que tengo es tiempo.

PLANO CORTO de ambos.

MARY
¿Para pensar en cosas?

LEITH
Sí.

MARY
Eso será muy divertido. ¿No es así?

PLANO MÁS AMPLIO de ambos.

MARY
Oh, aquí viene Trout con mi té. A Trout lo llamo mi "trucha de mar". Es tan encantador.

Trout entra con una bandeja de té y la coloca sobre la mesa cerca de Mary.

TROUT
Aquí tiene, milady. Recién hecho.

MARY
Gracias. Trae otra taza para el Dr. Leith.

TROUT
Enseguida, señora.

Trout sale de escena.

MARY
Usted es el Dr. Leith...

PLANO CORTO de ambos.

MARY
...¿no es así? El famoso...

LEITH
Criminal... un asesino, milady. Asesino de tres personas.

MARY
¿Tres? Uhm... bueno, bueno ¿Cree que estoy a salvo si tomo un té con usted a solas?

LEITH
(riendo)
Bueno, yo trataré... yo trataré de hacer lo posible para reprimirme.

EXT. CUBIERTA DEL BARCO
PLANO CORTO

Robert y Elissa toman té sentados en unas sillas sobre la cubierta del barco. Mientras Robert le acerca su taza a Elissa y levanta la suya, la CÁMARA se acerca para obtener un PLANO MÁS CERCANO de ambos personajes.

ELISSA
¿Es usted un hombre tímido?

ROBERT
No creo que sea tímido. Siempre he llevado una vida muy cuidadosa.

ELISSA
¿Ningún vicio? ¿Ni uno pequeño?

ROBERT
El diablo siempre está presente para tentar incluso al mejor de nosotros.

ELISSA
Incluso al peor de nosotros. En eso el diablo es un verdadero demócrata.

CORTINILLA
PRIMER PLANO de las manos de Trout recogiendo la bandeja del té. PANORÁMICA hasta un PLANO CORTO de Mary y Leith todavía sentados en las sillas de la cubierta del barco.

MARY
Con el sol todas las cosas saben mucho mejor. Y la travesía hasta Las Palmas será cálida y más hermosa.

LEITH
¿Desembarcará allí?

MARY
No, no. Yo voy a Santa Cruz. Mi marido tiene una plantación en el interior de la isla.

LEITH
Entonces, ¿vuelve a casa?

MARY
Sí, he estado de vacaciones... algo así como unas vacaciones maritales. Supongo que podríamos llamarlo así.

LEITH
A veces es bueno escapar de todo.

MARY
Sí. Se tiene la sensación como si... bueno, como si tu nariz estuviera siendo presionada contra el cristal de una ventana.

LEITH
Y ahora, ¿ya no se siente así?

MARY
No lo sé. Lo sabré más adelante.

FUNDIDO EN NEGRO

FUNDIDO DE APERTURA
PRIMER PLANO

Sobreimpresionado sobre la imagen de un océano bamboleante, un mapa nos indica la ruta del barco de vapor hasta llegar a las inmediaciones del puerto de Las Palmas.

CORTINILLA

PLANO GENERAL del Puerto rodado desde la cubierta del barco. Se ven al fondo como se acercan unas pequeñas embarcaciones con niños y nativos para dar la bienvenida al barco de vapor.

(VOCES)

INT. PASILLO
PLANO CORTO

Trout entra, va hacia la puerta del camarote de Mary y golpea la puerta.

TROUT
La barcaza ya está aquí, milady.

MARY (fuera de campo)
Gracia, Trout.

Trout se va. Mary sale del camarote, va hacia el de Elissa y entra en él.

INT. CAMAROTE DE ELISSA

PLANO CORTO de la puerta. Mary entra y la CÁMARA la sigue hasta Elissa que está preparando un bolso con ropa de baño.

MARY
Querida, ¿estás preparada? ¿Tienes tu traje de baño?

ELISSA
¿Qué si lo tengo? Querida, espera a ver lo que sucede cuando el Dr. Leith me vea con él.

MARY
¿Va a venir?

ELISSA
¿Ah, no? ¿No se lo preguntaste?

MARY
Pues no.

ELISSA
Vaya, pensé que este baño que has planeado era tan sólo una excusa. Mary, eres una chica muy rara.

TRAVELLING DE RETROCESO para mostrar un campo mayor de ambos personajes.

ELISSA
Si él hubiera mostrado por mí la mitad del interés que ha mostrado por ti en estos últimos días, lo habría amarrado con una cuerda y marcado con un hierro candente.

MARY
De la misma manera que tú has hecho con Tranter, ese pobre muchacho.

PRIMER PLANO de Elissa.

ELISSA
¡Oh, él!

PRIMER PLANO de Mary.

MARY
No significa nada para ti, lo sé Elissa, pero has conseguido que se enamore de ti.

PLANO CORTO de Mary y Elissa.

MARY
Me da pena.

ELISSA
Querida, estar enamorada es un privilegio. No sabes cuánto desearía estarlo, de quien sea.

MARY
Pues yo no... es demasiado doloroso.

ELISSA
Oh, ¿con que de eso se trata? No quieres causarle ningún dolor al Dr. Leith.

MARY
Venga ya, no seas tonta.

Mary se acerca a la puerta.

ELISSA
O a ti misma. En lo que a mí respecta siempre vale la pena... en el mar como en la tierra, desde la cuna hasta la tumba.

Salen del camarote.

EXT. CUBIERTA DEL BARCO
PLANO GENERAL

En primer plano, sobre la cubierta, se encuentra Daisy arrojando monedas a los chicos que se acercan con botes hasta el barco.

INT. SALÓN
TRAVELLING

Jimmy entra y cruza el salón hasta la mesa donde se encuentra Leith leyendo un libro.

JIMMY
(cantando)
...finest in the land
And when he dresses in his best
They say... oh, ain't he grand

LEITH
¿Y quién podría culparlos? Reúnes en una sola persona a Beau Brummel y a Casanova.

JIMMY
Como decía Platón, la fuerza de un león y la belleza de un cervato.

LEITH
Sí.

JIMMY
¿Hay algo que pueda hacer por ti en tierra?

LEITH
No, no, gracias Jimmy, nada en absoluto.

PRIMER PLANO de Daisy asomándose a la ventana.

DAISY
Vamos, Cocky, o te dejarán a bordo.

PLANO CORTO de Jimmy y Leith al fondo del plano. En primer plano Daisy en la ventana.

JIMMY
Me va a llevar a dar una vuelta para ver el paisaje.

DAISY
Y él, ¿no viene?

LEITH
No.

DAISY
Su señoría se está yendo.

Leith levanta la mirada con cierto interés.

EXT. CUBIERTA DEL BARCO
PLANO GENERAL

Al fondo del plano se encuentran Mary y Elissa que está observando los botes de los nativos.

HOMBRE
(cantando en español)
...divina ilusión...

PLANO CORTO. Sobre una pequeña embarcación un nativo canta y toca una guitarra.

HOMBRE
...cógela con tu mano y dale...

PRIMER PLANO de Mary y Elissa mirando hacia abajo desde la barandilla del barco.

HOMBRE (fuera de campo)
...u calor.

ELISSA
Un trovador de alta mar.

PLANO CORTO del hombre sobre el bote, cantando y tocando la guitarra.

HOMBRE
(cantando en español)
Es lo más puro que Dios nos ha dado...

PRIMER PLANO de Mary y Elissa en la barandilla del barco.

ELISSA
Es una canción divina.

MARY
"El amor es dulce y quien lo desprecia es un loco".

HOMBRE (fuera de campo)
...aquellos que no han caído bajo sus encantos...

INT. SALÓN
PLANO CORTO de Leith. La CÁMARA lo sigue mientras cruza la puerta.

HOMBRE (fuera de campo)
...no saben lo importante que es para vivir...

PLANO MEDIO de los pasajeros accediendo a una barcaza desde el barco.

(VOCES)

HUMBLE
Está bien, señoras.

PRIMER PLANO de Elissa y Mary en la barandilla. Cogen sus bolsas y se van.

INT. SALÓN
PLANO CORTO de Leith sentado a la mesa y leyendo.

CAPITÁN (fuera de campo)
Ah, doctor.

PLANO CORTO de la puerta. El capitán entra al salón y la CÁMARA lo sigue hasta donde se encuentra Leith.

CAPITÁN
¿No va a desembarcar?

LEITH
No, capitán.

CAPITÁN
Hum. Aquella montaña es el famoso Pico del Teide... una vista maravillosa.

PLANO GENERAL de la ciudad con una montaña cubierta de nieve al fondo.

INT. SALÓN
PRIMER PLANO de Leith y del capitán.

LEITH
El paraíso.

CAPITÁN
Sí, y como todo paraíso tiene, de vez en cuando, sus inconvenientes.

LEITH
¿Sí?

CAPITÁN
Más allá de esas colinas existe un asunto de cierta gravedad. Hoy he recibido por cable las noticias. Fiebre amarilla.

LEITH
¡Fiebre amarilla!

CAPITÁN
Sí. Afortunadamente el brote está controlado. ¿Le importa mantenerlo en secreto? Usted es médico, por eso se lo he contado.

PRIMER PLANO de Leith por encima del hombro del capitán.

LEITH
¿Cómo ha permitido que esas personas bajen a tierra?

CAPITÁN
Le he dicho que el brote está controlado.

LEITH
Es difícil controlar un brote de fiebre amarilla. Aparece por un mosquito... Es una plaga... Es tan mortal como la peste.

PLANO CORTO de ambos.

CAPITÁN
¿Está usted diciéndome cómo debo hacer mi trabajo? Esa cosa está más allá de las montañas y he recibido toda la información necesaria de nuestro delegado en tierra.

LEITH
La información viaja muy lentamente, Capitán Renton. Las epidemias no.

Encogiéndose de hombros, el capitán se vuelve y se va. Leith se queda solo con expresión preocupada.

PLANO CORTO de Mary y Elissa en la barcaza.

EXT. CUBIERTA DEL BARCO
PLANO CORTO
Leith sale del salón y la CÁMARA lo sigue hasta la barandilla.

PLANO CORTO de Leith mirando hacia abajo apoyado en la barandilla.

PLANO CORTO de Mary y Elissa en la barcaza. Mary mira hacia arriba y sonríe a Leith que se encuentra fuera de plano.

PLANO CORTO de Leith en la barandilla, mirando hacia abajo con cara de preocupación.

PLANO GENERAL. En primer plano, sobre la cubierta, se ve a Leith. Al fondo se ve la barcaza alejándose del barco.

FUNDIDO EN NEGRO

FUNDIDO DE APERTURA

EXT. CUBIERTA DEL BARCO
PLANO CORTO de un marinero enrollando la soga alrededor de un puntal.

MARY (fuera de campo)
Hola.

LEITH
Hola.

PLANO MEDIO de ambos. Mary se acerca hasta Leith.

MARY
Es estupendo encontrarse de nuevo...

PLANO CORTO de ambos.

MARY
...en camino.

LEITH
¿Qué tal lo pasó en tierra?

MARY
Nadamos. Nadé hasta una balsa vacía... fue... fue como estar en otro barco todo para mi sola.

PLANO CORTO de ambos.

CONTRAPLANO

LEITH
La privilegiada Lady Fielding.

MARY
Pero, pero de repente, tuve... tuve miedo.

LEITH
¿De qué?

MARY
De la soledad.

LEITH
Oh, ¿por estar allí sola?

MARY
No, no... no sólo allí... en todos lados.

LEITH
Bueno, pronto dejará de estar sola. Mañana estará en su casa y con su marido.

MARY
Regresé a nado, pero yo... no pude desembarazarme de esa sensación... no hasta que volví a bordo. Supongo que le parecerá ridículo... los hombres no conocen esta clase de soledad.

PLANO CORTO de ambos.

LEITH
¿Ah, no? ¿Por qué cree usted que se dedican a beber? o ¿por qué se dejan corromper o se refugian en el trabajo como yo lo hice durante años?

CORTINILLA

PLANO CORTO de la proa del barco abriéndose paso entre las olas.

CORTINILLA

PLANO CORTO de Mary y Leith sentados en las sillas de la cubierta del barco.

LEITH
...y entonces una noche en mi laboratorio lo encontré... el suero que abarcaba todo el campo de la inoculación. No podía creerlo... Había trabajado durante meses haciendo las pruebas más decisivas y ahí estaba...

PRIMER PLANO de ambos.

LEITH
...el secreto que no había podido ser desentrañado ni por las mentes más privilegiadas. Y entonces, como si el destino lo hubiera previsto, ingresaron tres casos de meningitis en el hospital. Enseguida me puse en contacto con las autoridades y les ofrecí mi suero, pero lo rechazaron.

MARY
¿Por qué?

LEITH
Eso es lo que a mí me gustaría saber... ¿por qué? En aquel momento no me di cuenta que me había creado muchos enemigos... de que era considerado un arrogante, un engreído... Pero no me conformé con una respuesta negativa. Luché, perseguí a los miembros de la dirección.

MARY
¿Y los tres pacientes?

LEITH
Estaban muriéndose. Tres vidas se apagaban. Entonces, de manera repentina, se me dijo que procediese. Me dirigí apresuradamente a la sala, les administré el suero... pero ya era demasiado tarde. Debería haberlo sabido. En el transcurso de una hora fallecieron.

MARY
Y te echaron a ti la culpa.

LEITH
Un médico de un hospital público experimentando con seres humanos como si fueran cobayas. Juraron que yo había actuado por mi cuenta, sin su autorización. Fui tachado de criminal y curandero, y el trabajo de toda una vida quedó destruido.

INT. SALÓN
PLANO CORTO

Daisy y Jimmy están sentados alrededor de una mesa. Acaban de terminar una partida de rummy. Daisy guarda con prisas algunos billetes en el escote de su traje.

DAISY
Otra vez te he dejado limpio.

JIMMY
No se preocupe. Sólo se trataba de calderilla.

DAISY
Oh, ¿de verdad, Rockerfeller? No puedes engañarme.

PRIMER PLANO de Daisy.

DAISY
Sé dónde estuviste esta tarde cuando me diste esquinazo. Estabas empeñando el reloj...

PRIMER PLANO de Jimmy.

DAISY (fuera de campo)
...y así tener algo de dinero preparado para jugar al *rummy*.

PRIMER PLANO de Daisy.

DAISY
De modo que ahora, que la Sra. Hemingway te ha limpiado, vuelves a encontrarte sin un céntimo.

PRIMER PLANO de Jimmy.

JIMMY
Usted no sabe de lo que está hablando. Cuando desembarqué tenía que resolver unos asuntos pendientes.

DAISY (fuera de campo)
¿En serio?

PLANO CORTO de ambos.

DAISY
Pues en todos estos días jamás has mencionado nada acerca de ello.

JIMMY
¿No se lo había comentado? Está todo arreglado.

PRIMER PLANO de Jimmy.

JIMMY
Mi viejo camarada de circo, el profesor Sinnot, está esperándome con los brazos abiertos para darme la bienvenida.

DAISY (fuera de campo)
¿Bob?

JIMMY
Y para hacerme su socio.

PRIMER PLANO de Daisy.

DAISY
¿Bob Sinnott?

JIMMY (fuera de campo)
Sí.

DAISY
¿El que es propietario de un pequeño local de recreo?

JIMMY (fuera de campo)
Sí, ese es el hombre.

DAISY
No es profesor... es una ruina.

PRIMER PLANO de Jimmy mientras Daisy continúa hablando. Jimmy sorprendido se queda boquiabierto.

DAISY (fuera de campo)
...está en las últimas. Su local se está viniendo abajo a pedazos y él también.

Jimmy, muy nervioso, se seca el sudor de la cara.

JIMMY
Eso es una sarta de tonterías. Un atroz disparate.

DAISY (fuera de campo)
Espera.

PLANO CORTO de ambos.

DAISY
Espera y verá.
(Levantándose de la silla)
Bob le debe dinero a todo el mundo. No tiene ni un condenado penique.

JIMMY
Está usted equivocada.

DAISY

Te lo estoy diciendo, Cocky, estás apostando por el caballo equivocado. Pero no te apures, no dejaré que mueras de hambre.

Daisy se dirige al fondo del salón y se sienta junto a un órgano portátil.

PRIMER PLANO de Daisy mientras canta y toca el órgano.

DAISY

(cantando)

It's the same the whole world over.

PLANO CORTO de ambos.

DAISY

It's the poor what gets the blame.

PRIMER PLANO de Daisy cantando.

DAISY

And the rich has all the pleasure.

Ain't it...

PRIMER PLANO de Jimmy. Alza los ojos frunciendo el entrecejo cuando Daisy comienza a desafinar.

DAISY (fuera de campo)

a blinking...

PLANO CORTO de ambos.

DAISY

...shame.

JIMMY

¡Oh, váyase y déjeme en paz!

Daisy se levanta y se dirige hacia la puerta.

DAISY
Bueno, me voy a tomar un poco de aire fresco y después bajaré a tumbarme en mi pequeña litera blanca.

Daisy se marcha.

EXT. PUERTA DEL SALÓN
PLANO CORTO

Daisy sale del salón.

EXT. CUBIERTA DEL BARCO
PLANO CORTO

Robert y Elissa están sentados muy juntos en unas sillas de la cubierta del barco.

ROBERT
(besando las manos de Elissa)
¡Elissa!

PLANO CORTO de la puerta de acceso a cubierta. Daisy ve a Robert y Elissa, ríe y se va.

PLANO CORTO de nuevo de Robert y Elissa.

ROBERT
Eres maravillosa.

ELISSA
Mi querido muchacho.

ROBERT
Este es el momento más importante de toda mi vida.

ELISSA
Pero es tarde.

Elissa se levanta.

ROBERT
Por favor.

TRAVELLING DE RETROCESO para mostrarnos una visión más amplia de la escena.

ELISSA
Ese librito que querías darme.

PRIMER PLANO de ambos.

ROBERT
¿Lo aceptarás? No es mucho, pero lo he atesorado... lo he llevado siempre conmigo.

ELISSA
Por supuesto que lo aceptaré. Vete y llévamelo a mi camarote.

Elissa se inclina y besa a Robert. Él la acerca y la estrecha entre sus brazos.

TERCER ROLLO

EXT. CUBIERTA DEL BARCO
PLANO MEDIO

Al fondo, junto a la barandilla se encuentran Mary y Leith.

MARY
Si no vuelve. Si sigue sin detenerse... abandonándose... ese secreto... ese suero se perderá para siempre.

PLANO CORTO de ambos.

LEITH
Cualquier otro lo encontrará.

MARY
En cincuenta años.

LEITH
O cien... o tal vez quinientos...

MARY
Y durante todo ese tiempo la humanidad se empobrecerá.

LEITH
Sí, desgraciadamente; la humanidad será mucho más pobre.

MARY
Volverá algún día.

LEITH
No.

MARY
Me alegro que lo hayas contado todo.

LEITH
No sé por qué lo hice.

MARY
Si lo sabes... está noche será ya el pasado.

LEITH

Estás en lo cierto, ya no pienso en ello. Lo supe hoy, cuando te encontrabas en tierra. Todo aquello ahora es el pasado y estoy viviendo el presente. Te he echado de menos todo el día.

MARY

Y yo a ti... en aquella barcaza, cuando sentí temor...

LEITH

De la soledad... tienes un marido... lo amas... y ahora forma parte del pasado.

MARY

(lentamente)

No, no.

EXT. CUBIERTA DEL BARCO
PLANO MEDIO

Entra Sue, da unos pasos y se detiene cuando ve, fuera de plano, a Mary y a Leith.

PRIMER PLANO de Sue mirando a la pareja. Se da la vuelta frunciendo el entrecejo.

PLANO MEDIO de Sue mientras sale de escena.

PRIMER PLANO de Mary y de Leith.

LEITH

Mañana, en unos cuantos días todo esto será el pasado... olvidado.

MARY

Así es como es la vida.

LEITH

¡Un sinsentido! Te conduce con promesas hasta el premio y cuando ya lo tienes entre tus manos, te lo arrebata.

MARY

Somos nosotros los que huimos.

LEITH

Somos unos cobardes.

Leith la rodea con sus brazos y la acerca hasta él.

PRIMER PLANO de Sue que, viendo a Mary y Leith abrazados fuera de plano, frunce el entrecejo con angustia y con expresión herida. Cierra los ojos y se va.

PRIMER PLANO de Leith y de Mary. Ella se desembaraza de su abrazo y sale.

PLANO CORTO de Mary. Se acerca a la barandilla y mira hacia el mar.

PRIMER PLANO de Mary. Hay una cierta inquietud en su mirada. Deja caer al mar por la borda del barco, las flores que llevaba en la mano, se da la vuelta y se marcha.

FUNDIDO EN NEGRO

FUNDIDO DE APERTURA
PRIMER PLANO

Sobre un océano en movimiento, se sobreimpresiona un mapa de las islas. Una línea marca el rumbo del barco desde el puerto de Las Palmas hasta el de Santa Cruz.

CORTINILLA

INT. PASILLO
PLANO CORTO

Leith se encamina hacia el camarote de Mary y entra.

INT. CAMAROTE DE MARY
PLANO CORTO

Después de la marcha de Mary, su camarote se encuentra totalmente desordenado. Leith permanece en el quicio de la puerta contemplando el camarote. TRAVELLING DE ACERCAMIENTO hasta PRIMER PLANO de Leith.

INSERTO de un disco roto en el suelo.

PRIMER PLANO de las manos de Leith recogiendo los pedazos del disco. PANORÁMICA hasta PRIMER PLANO de Leith mientras alza el disco y lo observa. Lo mira durante un instante, y luego lo vuelve a romper.

INT. PASILLO
PLANO MEDIO

Leith sale del camarote de Mary y se dirige al suyo.

INT. CAMAROTE DE LEITH
PLANO CORTO

Trout está limpiando el camarote. Leith entra.

TROUT
Todo parece muy vacío ahora que se han marchado todos los pasajeros, ¿no es verdad, señor?

LEITH
Sí. Como un domingo lluvioso en casa.

TROUT
Es verdad, señor. Un grupo de extraños se embarcan y antes de que el viaje termine...

PRIMER PLANO de Leith. Trout está detrás de él, hablándole por encima del hombro.

LEITH
...son amigos.

TROUT
A veces, más que amigos. Sabe, si usted fuera camarero se daría cuenta de que cada viaje es una vida en sí mismo. Hay encuentros...

LEITH
Hay encuentros y despedidas...

PLANO CORTO de ambos.

TROUT
...y cuando se iza el ancla todo vuelve a comenzar.

LEITH
¿A qué hora se levará el ancla?

TROUT
No hasta mañana, señor.

Leith va hacia la puerta y coge su sombrero.

TROUT
¿Va a desembarcar, señor?

```
LEITH
Sí.

TROUT
Tenemos todo el día y toda la noche, señor. Santa Cruz
es una pequeña y extraña ciudad, señor.

LEITH
Gracias, Trout.
```

Leith sale. Trout reemprende, silbando, sus tareas de limpieza.

CORTINILLA

EXT. CALLE DE SANTA CRUZ
PLANO GENERAL

En la calle hay mucha actividad. A mitad de camino se encuentra el Hotel Hemingway. TRAVELLING DE ACERCAMIENTO hasta PLANO CORTO del Hotel. GRUA hasta el balcón donde se encuentra una joven. PANORÁMICA hacia la calle.

PLANO MEDIO de la calle frente al Hotel. Leith camina por la calle, va a entrar en el hotel, pero se detiene y se da la vuelta.

EXT. CALLE DE SANTA CRUZ
PLANO MEDIO

Actividad general. Jimmy corre por la calle.

PLANO MEDIO de Leith. De pie ante la entrada del Hotel Hemingway. Jimmy entra en plano.

```
LEITH
Hola.

JIMMY
Hola, ¿qué está haciendo en tierra?

LEITH
Matando el tiempo. Y bueno ¿cómo le han ido sus asuntos
con Sinnot?
```

JIMMY
Oh, todo ha sido una cuestión dolorosa, y todo por culpa de Bob Sinnott... aunque creo que no debería decir nada ahora que ya está muerto.

LEITH
¿Muerto?

JIMMY
Sí, ha muerto víctima de la fiebre amarilla.

LEITH
Mal asunto.

JIMMY
Pero eso no es lo peor de todo... Él estaba endeudado... Vayamos dentro y escapemos de este calor.

Entran en el Hotel.

CORTINILLA

INT. CAFETERÍA DEL HOTEL
PLANO CORTO

Jimmy y Leith están sentados alrededor de una mesa.

JIMMY
Claro, después me ofrecieron llegar a un acuerdo no demasiado limpio.

PRIMER PLANO de Jimmy sobre el hombro de Leith

JIMMY
Pobre Bob. Muy apurado debía de estar para que me escribiera pidiéndome que viniera. Estaba hasta el cuello de deudas. Debería haber visto al sinvergüenza al que le debía la mayor parte del dinero...

PRIMER PLANO de Leith sobre el hombre de Jimmy.

JIMMY
...allí estaba, esperándome. Pidiéndome que fuera yo el que pagara las deudas.

LEITH
¿Y usted que hizo?

PLANO CORTO de ambos.

JIMMY
Se necesita ser muy astuto para vencer a Jimmy Corcoran.

PANORÁMICA hacia la puerta mientras Jimmy continúa hablando.

JIMMY
Sí, señor, usted sabe que yo fui...

Al ver entrar a tres individuos, Jimmy se calla.

JIMMY
¡Por todos los demonios!

LA CÁMARA sigue a los tres hombres mientras entran en el bar.

BARMAN
(en español)
¿Cómo está usted, señor?

EL BRAZO
(en español)
¿Cómo estás, Miguel? Tres vasos de vino, por favor.

PRIMER PLANO de Leith y Jimmy sentados a la mesa.

JIMMY
Ese es. El alto. El Brazo.

PLANO CORTO de El Brazo, sus dos acompañantes y el barman.

EL BRAZO
(en español)
Aquel gordo de allí pagará nuestros vinos.

BARMAN
(en español)
Muy bien, señor.

El barman desaparece. La CÁMARA se mueve hasta un PLANO MÁS CORTO de los tres hombres mientras estos e mueven y miran hacia el lugar donde está Jimmy fuera de plano.

PLANO CORTO del barman. La CÁMARA lo sigue hasta donde están Leith y Jimmy.

BARMAN
El Brazo dice que usted pagará su consumición.

JIMMY
(enfadado)
¿Pagar?

BARMAN
Por el *vino*... el vino. El Brazo es un torero. Ha matado a muchos toros.

LEITH
Escuche no queremos tener problemas. Yo pagaré.

JIMMY
Usted no pagará ni un centavo.

El Brazo y sus dos hombres entran en plano.

EL BRAZO
Pagará por el *vino* y pagará todo el dinero que su amigo Sinnott debía.

JIMMY
Fuera de aquí o...

PLANO MEDIO de todos los personajes.

JIMMY
les daré su merecido.

El Brazo y los dos hombres comienzan a luchar con Jimmy. Leith acude en su ayuda. En poco tiempo los tres rufianes derriban a Jimmy y golpean a Leith en la cabeza con una silla.

(CONFUSIÓN DE VOCES)

Daisy y dos muchachas bajan por unas escaleras que están en primer plano.

DAISY
¡Santa María!

Los tres hombres regresan a la barra. Daisy se acerca hasta Jimmy y Leith, los mira durante un instante y después se dirige hacia la barra.

PLANO CORTO de El Brazo y de los dos hombres en la barra. Daisy aparece por detrás riéndose.

DAISY
¿El Brazo?

EL BRAZO
Sí.

El Brazo se vuelve hacia Daisy con una sonrisa de bienvenida. Daisy le golpea en la cara y El Brazo se cae al suelo. Los otros dos salen corriendo.

FUNDIDO EN NEGRO
FUNDIDO DE APERTURA

PLANO GENERAL
Un barco abandona el puerto.

FUNDIDO ENCADENADO

INT. HOTEL
PLANO MEDIO
Mary, en el portal del balcón, ve como el barco se aleja hacia el horizonte.

PRIMER PLANO de Mary que, con ojos llorosos, ve cómo se aleja el barco de vapor.

PLANO MEDIO de Mary en el umbral del balcón. Al fondo se ve todavía el barco. Elissa aparece junto a Mary.

PRIMER PLANO de Mary y Elissa.

ELISSA
¿Qué te ocurre? ¿Es por Leith? Sólo fue un romance náutico, cariño. En una semana te habrás olvidado de todo. A mí me ha ocurrido docenas de veces.

MARY
No lo olvidaré jamás, jamás.

ELISSA
Mi pobre niña.

MARY
No te puedes imaginar lo... lo feliz que me sentí cuando ayer recibí el mensaje de Michael diciéndome que no podía reunirse con nosotras hasta hoy. Pensé, Elissa, que hoy podría ser yo otra vez, que sería capaz de enfrentarme con él, pero no puedo.

ELISSA
¿Qué no puedes volver con Michael? Tú estás loca.

MARY
¿Es estar loca no querer ser falsa ni hipócrita?

ELISSA
Es una locura querer destruir tu vida por un hombre que no vas a volver a ver.

MARY
Siempre estará en mi corazón...

Se escucha la sirena del barco.

CORTINILLA

INT. HOTEL HEMINGWAY
PLANO CORTO

Leith está acostado con una toalla húmeda sobre la frente. Se despierta y se quita la toalla. TRAVELLING DE RETROCESO y vemos a Daisy junto a la cama, y a Jimmy sentado junto a la ventana con la cabeza vendada.

DAISY
Así que se ha despertado. Espero que haya dormido bien.

LEITH
¿Dónde está Corcoran?

DAISY
Ahí lo tiene.

LEITH
Hola, Jimmy

JIMMY
¿Cómo se encuentra mi valiente amigo?

Jimmy atraviesa la habitación.

JIMMY
Después de todo, no te curé tan mal, ¿verdad?

PLANO CORTO de los tres.

LEITH
¿Cómo se siente?

JIMMY
Me encuentro bien excepto por este corte aquí en mi cabeza.

DAISY
Oh bueno, sangró algo, manchando la mejor alfombra de la casa, y no encontramos a ningún médico. La fiebre se ha llevado consigo a dos de ellos. El último murió ayer.

LEITH
¡Pobres diablos!

Se escucha la sirena del barco. Leith trata de incorporarse.

PLANO MEDIO de los tres. Leith se levanta y va hasta la ventana.

PLANO GENERAL del barco abandonando el puerto.

PRIMER PLANO de Leith, Jimmy y Daisy en la ventana.

LEITH
¡Se han ido sin mí!

PLANO GENERAL del barco.

CORTINILLA

INT. HABITACIÓN
PLANO CORTO de Leith, Daisy y Jimmy.

DAISY
Dentro de diez días vendrá otro barco.

LEITH
¡Diez días!

Leith se levanta y comienza a caminar de aquí para allá.

LEITH
Diez días en este agujero apestoso.

Abatido, se vuelve a sentar.

DAISY
¿Usted es médico, no es así? ¿y no le importa demasiado si vive o si muere?

LEITH
Así es.

DAISY
Pues un tío como usted podría ser de utilidad en *Hermosa*. Están muriendo como doce cada hora. Y en la Mansión de los Cisnes la situación es dramática.

LEITH
¿La Mansión de los Cisnes?

DAISY
Sí, es un lugar extraño, propiedad de la vieja *Marquesa*. Está un poco chiflada.

LEITH
(levantándose)

LA CÁMARA sigue a Leith mientras se dirige hacia la puerta donde, sobre una silla, cuelga su chaqueta.

DAISY (fuera de campo)
Está como a cuatro o cinco millas.

JIMMY (fuera de campo)
Iré con usted...

Entra en campo Jimmy en el momento en que Leith se está poniendo la chaqueta.

JIMMY
Si usted va.

LEITH
Espere un minuto.
(señalando a la cabeza de Jimmy)
¿Cómo se siente?

JIMMY
No siento nada en absoluto.

LEITH
Pues bien... Se quedará aquí y se cuidará de todas formas.

DAISY (fuera de campo)
¿Va a irse? ¿Realmente va a hacer algo por alguien?

JIMMY
¡Cállese de una vez!

Leith se va.

PRIMER PLANO de Daisy.

DAISY
¡Está salvado! ¡Aleluya!

CORTINILLA

EXT. CALLE
TRAVELLING DE SEGUIMIENTO de Sue y Robert mientras caminan. Se paran ante la fachada de un edificio.

SUE
Creo que éste estará bien, Bobby; es justo el lugar para instalar un centro de asistencia social.

ROBERT
¡En el corazón de las cosas!

SUE
Y justo enfrente del Hotel Hemingway.

PANORAMICA
EXT. HOTEL HEMINGWAY
Leith sale del hotel.

SUE (fuera de campo)
¡Toma, Dr. Leith!

PLANO CORTO de Sue and Robert.

ROBERT
Hola.

LA CÁMARA sigue a Robert y a Sue que se acercan hasta Leith.

LEITH
Hola, hola.

ROBERT
Vaya sorpresa, creímos que ya estaba rumbo a...

PLANO MEDIO de los tres.

ROBERT
...África.

LEITH
Sí, también yo lo creí, pero el Destino ha decidido otra cosa. Me dirijo a *Hermosa* para echar un vistazo a la epidemia.

SUE
¿De verdad? Eso es estupendo.

ROBERT
¿Estupendo? Un poco arriesgado, ¿no es cierto?

LEITH
No lo están pasando muy bien allá arriba. Los dos médicos han muerto. Voy a ver qué es lo que puedo hacer.

PRIMER PLANO de Leith y de Sue.

SUE
¿Puedo ir con usted?

Robert entra en plano.

ROBERT
Oh no, Susan...

SUE
Pero necesitará una enfermera.

LEITH
Sí, venga si quiere. Hay mucho que hacer.

PLANO CORTO de los tres. Leith se vuelve hacia Robert.

LEITH
Si quiere echar una mano puede conseguir medicamentos y llevarlos ahí arriba.

ROBERT
Bueno yo...

SUE
Por supuesto que lo hará.

LEITH
Espera... aquí tienes algo de dinero. Te haré una lista con lo que necesito.

Se encaminan hacia un banco situado al fondo de la escena y se sientan. Leith comienza a escribir la lista de las cosas que necesitará.

SUE
Será como cuando trabajamos juntos en el Hospital de San Martín en Londres. Volverá de nuevo a ser usted mismo.

FUNDIDO EN NEGRO

FUNDIDO DE APERTURA

EXT. CALLE
PRIMER PLANO

Un soldado hace guardia frente a una señal de cuarentena. PANORÁMICA hacia un PLANO CORTO de Sue y Leith. La CÁMARA los sigue hasta la cabaña donde se encuentra el soldado.

SOLDADO
(en español)
No se puede pasar...

LEITH
Soy doctor... médico.

SOLDADO
Oh, un doctor... pase.

El soldado se aparta, y Leith y Sue entran en la cabaña.

INT. CABAÑA
PLANO MEDIO

Repartidos por la cabaña se encuentran varios nativos acostados sobre lechos mugrientos. Aparecen Sue y Leith. Ambos se detienen en el umbral de la puerta.

PRIMER PLANO de una nativa que mira, con ojos suplicantes, hacia el lugar donde se encuentra Leith fuera de plano.

PLANO CORTO de Leith y Sue que examinan, desde el umbral de la puerta, el interior de la cabaña.

PRIMER PLANO de una nativa con su hijo enfermo. Ella mira a Leith y a Sue que se encuentran fuera de plano. Sin pronunciar palabra, sus labios solicitan ayuda para su bebé.

PLANO CORTO de Sue y de Leith en la puerta.

LEITH

No podremos hacer mucho si no limpiamos antes este lugar. Será mejor trabajar desde la mansión que esta sobre...

PLANO MEDIO de Sue y de Leith en el umbral de la puerta. Los enfermos están alrededor de la habitación.

LEITH

...de la colina. Subiré y veré que puedo hacer.

SUE

Me quedaré y haré lo que pueda.

LEITH

Sí.

Leith se va y Sue se arrodilla junto al enfermo que se encuentra más próximo.

CORTINILLA

INT. BALCÓN DEL HOTEL
PLANO CORTO

Mary sale al balcón desde el interior de su habitación, se detiene ante la baranda un momento y se pasa una mano por la frente. La CÁMARA la sigue mientras atraviesa el balcón hasta las escaleras, baja y cruza el patio.

PLANO CORTO de la entrada al patio. Robert aparece y se encuentra con Mary.

ROBERT

¡Lady Fielding!

MARY

¿Cómo está usted, señor Tranter?

ROBERT

Me alegra saber que usted está todavía por aquí... en el hotel, me refiero.

MARY

Oh sí, estamos todavía por aquí.

ROBERT
¿Y la señora Bayham?

MARY
Está arriba, en su habitación, pero bajará en cualquier momento.

ROBERT
Si no le importa, la esperaré.

PRIMER PLANO de Mary.

MARY
Sí, hágalo; justo ahora iba a bajar a la playa. A esta hora está deliciosa.

PRIMER PLANO de Robert.

ROBERT
Me di cuenta mientras venía hacia aquí. Estoy haciendo un recado al Dr. Leith.

PRIMER PLANO de Mary. Está sorprendida por lo que ha dicho Robert. Lo mira prolongadamente antes de hablar.

MARY
¿El Dr. Leith?

PRIMER PLANO de Robert.

ROBERT
Sí, al final no cogió el barco... Se ha ido a Hermosa.

PRIMER PLANO de Mary.

MARY
¿Hermosa?

ROBERT (fuera de campo)
Sí, allí donde ha brotado la fiebre. Me pidió que bajara hasta aquí para conseguir algunos medicamentos...

PLANO CORTO de ambos.

ROBERT
Y al pasar por aquí no pude resistir entrar.

MARY
Para ver a Elissa, claro. Creo que voy a ir.

Mary se va. Robert durante unos instantes la sigue con la mirada. A continuación se vuelve y la CÁMARA lo sigue hasta las escaleras.

INT. ZAGUÁN
PLANO MEDIO

Mary, al fondo, está de pie frente a la puerta del Hotel. Un coche se acerca y se detiene frente a ella.

COCHERO
(en español)
Señorita, ¿necesita un taxi?

MARY, trastornada por la información que le ha dado Robert, se gira, y se sienta en un banco. Una pareja pasa junto a ella en dirección a la puerta.

COCHERO
(en español)
Taxi... taxi... taxi...

PRIMER PLANO de Mary sentada, con cara pensativa.

PLANO MEDIO de Mary que se levanta y se dirige hacia la puerta donde todavía aguarda el taxi.

EXT. HOTEL
PLANO CORTO

Mary sale del hotel, se sube al taxi y el coche arranca.

CORTINILLA

EXT. VERJAS DE LA MASIÓN DE LOS CISNES
PRIMER PLANO de las verjas. La CÁMARA retrocede para ofrecernos una visión más amplia. Leith está frente a las verjas haciendo sonar el timbre. Manuel sale de la casa y se dirige a las verjas.

PLANO CORTO de Leith y Manuela en la verja.

LEITH
Quiero ver a la señora de la casa.

MANUELA
Es muy tarde, *senor* [sic], será mejor que venga mañana.

Mientras Manuela está pronunciando estas palabras, Leith comienza a abrir la verja.

MANUELA
Pero *senor* [sic], la Marquesa es muy mayor... ella no recibe visitas.

Leith termina de abrir la verja y entra en el jardín.

PLANO GENERAL de Leith corriendo hacia la casa.

CORTINILLA

EXT. MANSIÓN

PLANO CORTO

La puerta de la casa se encuentra abierta. Leith y Manuela corren, escaleras arriba, hacia ella y se detienen en el umbral de la puerta.

INT. MANSIÓN

PLANO CORTO de la Marquesa en la escalera.

MARQUESA
¿Quién es, Manuela?

PLANO MEDIO de Leith y de Manuela en el umbral. Leith entra en la casa y va hacia el fondo seguido de Manuela.

INT. MANSIÓN

PLANO MEDIO

La Marquesa desciende la escalera. Se detiene casi en el rellano justo en el momento en que Leith aparece.

LEITH
Señora, soy médico. Mi nombre es Leith.

MARQUESA
¿Un médico?

LEITH
Sí.

MARQUESA
¿Y se presenta al atardecer?

PLANO CORTO de ambos.

MARQUESA
Dios mío, es extraño. ¿Se han llevado su caballo?

PRIMER PLANO de Leith por encima del hombro de la Marquesa. Por unos segundos la mira extrañado y después le responde.

LEITH
¿Mi caballo? Oh verá... he oído comentarios en torno a esa enfermedad contagiosa que ha surgido en su propiedad... los muchos muertos que ha habido.

PRIMER PLANO de la Marquesa por encima del hombro de Leith.

MARQUESA
Aquí hace ya muchos años que todos han muerto... todos excepto Manuela...

PRIMER PLANO de Leith por encima del hombro de la Marquesa.

MARQUESA
...y yo.

LEITH
Es cierto. Pero mire tengo una enfermera, la señorita Tranter, abajo en el pueblo. Pensé que tal vez usted me permitiría establecer aquí mi cuartel general...

PLANO MEDIO de Leith y de la Marquesa.

LEITH
...en este lugar tan importante.

La Marquesa se ríe con tristeza.

MARQUESA
Un lugar importante. Si lo hubiera conocido antes...

PLANO CORTO de Leith y la Marquesa.

MARQUESA
...con sus fuentes funcionando y no como se encuentra ahora hundido, decadente. Eso fue hace mucho tiempo. Desde entonces sólo he tenido desventuras.

LEITH
Sí, pero muchos también las hemos tenido, Marquesa.

Ella baja unos cuantos peldaños, acercándose a Leith.

MARQUESA
Tuvo mala suerte. En su cara se ve reflejado... el amor y la pena.

PRIMER PLANO de Leith por encima del hombro de la Marquesa.

MARQUESA
Es algo que no se puede disimular, lo que ocurre es que Dios escribe derecho con renglones torcidos.

PLANO CORTO de ambos.

MARQUESA
Pero, ¿quién sabe si el futuro nos deparará mejor fortuna? Se quedará, cenará conmigo, *senor*, y...

PRIMER PLANO de Leith por encima del hombro de la Marquesa.

MARQUESA
...más tarde hablaremos.

PLANO CORTO de Leith y de la Marquesa. Manuela está al fondo.

LEITH
Gracias.

MARQUESA
Rápido, Manuela... Haz los preparativos.

MANUELA
Sí, Marquesa.

CORTINILLA

INT. HOTEL
PLANO CORTO

Un botones, seguido por Fielding, camina por la galería del hotel. Al llegar a la habitación de Mary toca en su puerta.

ELISSA (fuera de campo)
¿Sí?

BOTONES
Sir Michael Fielding.

El chico se va y Elissa abre la puerta.

ELISSA
¡Oh Michael!

FIELDING
¡Elissa! Cada día estás más joven.

PRIMER PLANO de ambos.

FIELDING
No sabes lo que me ha costado llegar hasta aquí... Toda la maldita isla está en cuarentena... No te permiten entrar ni salir. ¿Dónde está Mary?

ELISSA
Creo que comentó algo sobre bajar a la playa.

PLANO CORTO de Elissa y de Fielding.

FIELDING
¿Pero cómo ha podido marcharse a la playa sabiendo que yo venía? Vaya recibimiento para un marido.

Elissa se ríe, toma a Fielding del brazo y lo introduce en la habitación.

CORTINILLA

EXT. FINCA DE LA MASIÓN DE LOS CISNES
PLANO GENERAL

Varios nativos pasan de largo frente a la verja de la Mansión de los Cisnes. Aparece Mary, se acerca a la verja y la abre.

PLANO CORTO de Mary en la verja. La empuja y entra. La CÁMARA, frente a Mary, comienza a retroceder para seguirla mientras camina.

INT. MANSIÓN DE LOS CISNES
PLANO MEDIO de Leith y la Marquesa.

MARQUESA
¡Manuela!

Entra Manuela.

MANUELA
Sí, Marquesa.

MARQUESA
Acompañarás al *senor* hasta el pueblo.

MANUELA
No, no... La enfermedad se encuentra en el aire de la noche.

LEITH
Está bien, no se preocupe... encontraré el camino.

MARQUESA
¿Y regresará usted a la modesta hospitalidad de esta casa?

PLANO CORTO de Leith y de la Marquesa.

MARQUESA
Está a su entera disposición, *senor*. La puerta está abierta.

PLANO MEDIO de Leith, la Marquesa y de Manuela.

LEITH
Gracias, Marquesa... Adiós, Marquesa.

Leith se va.

MARQUESA
Adiós.

PLANO GENERAL CORTO de Leith, en primer plano, que se despide de la Marquesa con un saludo.

PLANO CORTO de Manuela y la Marquesa.

MARQUESA
Voy a retirarme, Manuela. Ilumíname el camino.

PLANO GENERAL CORTO. Manuela coge un candelabro y las dos mujeres se dirigen hacia la escalera.

EXT. MANSIÓN DE LOS CISNES
PLANO GENERAL

Leith sale de la casa a la galería y se dirige hacia las escaleras.

PRIMER PLANO de Mary en el jardín. Ve a Leith fuera de plano.

PRIMER PLANO de Leith en la barandilla de la galería. Ve a Mary fuera de plano.

PLANO GENERAL de Leith corriendo escaleras abajo.

PRIMER PLANO de Mary. Está exhausta, pero sonríe alegremente.

PLANO GENERAL de Leith bajando los últimos peldaños de la escalera y atravesando el jardín corriendo.

PRIMER PLANO de Mary. Aparece Leith.

LEITH
¡Mary! ¿Qué estás haciendo tu aquí?

MARY
(jadeando desfallecida)
Yo, yo... pensé que nunca llegaría hasta aquí... El cochero me dejó a las afueras del pueblo. Tenía miedo de la fiebre.

LEITH
¿Y viniste caminando hasta aquí?

MARY
Está... está tan lejos... y es tan pendiente el camino.

LEITH
¿Has venido a ver a la Marquesa?

MARY
¿Marquesa?

LEITH
La vieja propietaria de este lugar... la Mansión de los Cisnes.

MARY
Ah sí, sí... eso fue lo que me dijeron allá abajo.

PRIMER PLANO de Mary por encima del hombro de Leith.

MARY
La Mansión de los Cisnes. Es muy bonita, ¿no es cierto? Por todas partes se puede oler el aroma de las flores de los naranjos y de las fresias. Estoy tan contenta de haberte encontrado.

PRIMER PLANO de Leith por encima del hombro de Mary.

LEITH
¿Has venido a verme?

MARY
El señor Tranter me contó...

PRIMER PLANO de ambos. Mary sigue respirando con dificultad.

MARY
...cogí ...cogí un carromato y pregunté. Pero sentémonos.

TRAVELLING DE SEGUIMIENTO de la pareja hasta un banco.

MARY
Yo... estoy temblando un poco... Soy tonta, ¿verdad?

PLANO CORTO del banco. Mary y Leith aparecen y se sientan en él.

MARY
Oh, pensarás... pensarás que estoy loca, realmente loca, pero ¿recuerda lo que hablamos la última noche en el barco?

LEITH
Hablamos de muchas cosas, Mary.

MARY
Pero toda la conversación giró en torno a una sola cosa, ¿no es así?... y entonces... y entonces hui como una cobarde.

LEITH
No, no fue así... Yo lo comprendí.

PRIMER PLANO de Mary.

MARY
Pero ahora no entiendes. Pensé que sería fácil decírtelo... no harían falta palabras... sólo necesitaría encontrarte y tú te darías cuenta.

PRIMER PLANO de Leith.

LEITH
Lo sé. Sé que mi vida hasta ahora no tenía ningún sentido, Mary.

PRIMER PLANO de ambos.

MARY
Y la mía no tiene ningún sentido sin ti.

Se besan.

PLANO CORTO de ambos.

MARY
Estaba... estaba tan cansada.
(se levanta)
y me dolía la cabeza, pero ahora todo eso ha desaparecido.

Mary da unos pasos y LA CÁMARA la sigue.

MARY
Soy tan feliz... puedo sentir la felicidad como late en mi corazón.

PRIMER PLANO de Leith que observa, con preocupación, las palabras y los actos de Mary que se encuentra fuera del plano.

MARY (fuera de campo)
Ayer desde mi balcón vi partir tu barco. Estabas en él y nunca iba a volver a verte.

PLANO CORTO de Mary.

MARY
Elissa se rio y...

Leith entra en plano.

LEITH
¡Mary!

Mary se vuelve hacia Leith y coloca sus manos en los hombros de él.

MARY
Oh, pero esto es real, ¿no es así? ¿No se trata de un sueño?

PRIMER PLANO de ambos.

LEITH
Es un sueño hecho realidad.

MARY
Y yo estoy junto a ti.

LEITH
Y está bien, Mary.

MARY
Yo... me siento tan ligera... como el aire.

LEITH
Mary... estás enferma.

MARY
No.

LEITH
Sí... sí...

MARY
No... sostenme.

Leith sujeta a Mary y ella se desmaya entre sus brazos.

LEITH
¡Mary!

PLANO MEDIO de ambos. Leith trata de levantarla.

LEITH
¡Mary! ¡Mary!

La coge entre sus brazos y sale.

CUARTO ROLLO

PLANO LARGO de Leith corriendo por el jardín hacia la casa llevando a Mary en los brazos.

INT. MANSIÓN DE LOS CISNES
PLANO MEDIO

Leith entra en la habitación con Mary en los brazos.

LEITH
¡Manuela!

Leith corre hacia la escalera.

INT. ESCALERA
PLANO MEDIO

Manuela baja la escalera y se tropieza con Leith que sube con Mary en brazos.

LEITH
¡Manuela!

PRIMER PLANO de Manuela. Ve a Mary fuera de plano, y retrocede asustada.

MANUELA
Tiene la enfermedad... Lo puedo ver.

PRIMER PLANO de Mary.

MANUELA (fuera de campo)
Lo puedo ver en su cara...

PLANO MEDIO de Manuela, Leith y Mary.

MANUELA
En su cara...

LEITH
Tráigame un poco de agua.

MANUELA
¡No, no... yo me voy!

Manuela se marcha escaleras abajo.

LEITH
¡Marquesa!

Sube las escaleras corriendo con Mary en brazos.

LEITH
¡Marquesa!

INT. DORMITORIO DE LA MARQUESA
PLANO CORTO de la Marquesa sentada en una cama con mosquitera.

EXT. JARDÍN
PLANO GENERAL de Manuela corriendo hacia las verjas.

CORTINILLA

INT. DORMITORIO
PLANO CORTO

Mary está acostada en una cama y Leith la cubre con las sabanas. Moja una toalla en una palangana con agua situada junto a la cama.

PLANO CORTO desde otro ángulo. Leith escurre la toalla y la coloca sobre la cabeza de Mary. PANORÁMICA hacia la puerta. Sue entra en el dormitorio.

LEITH (fuera de campo)
¡Gracias al cielo que has venido!

PRIMER PLANO de Sue. Su sonrisa desaparece cuando ve, fuera de plano, a Mary.

PLANO MEDIO de Sue. La CÁMARA la sigue desde el fondo de la escena mientras avanza hacia el lugar donde se encuentra sentado Leith.

PRIMER PLANO de Sue. En su cara hay una expresión contrariada y herida. PANORÁMICA DESCENDENTE hasta PRIMER PLANO de Mary que tiene todavía la toalla sobre su cara. PANORÁMICA hacia la ropa de Mary que se encuentra sobre una silla y después PRIMER PLANO de Sue.

LEITH (fuera de campo)
Es esa maldita fiebre.

SUE
¡Por qué está ella aquí?

PLANO MEDIO de los tres.

LEITH
Vino hasta aquí... ¿qué importa eso ahora?

SUSAN (fuera de campo)
Oh.

LEITH
¿Te quedarás y me ayudarás?

PRIMER PLANO de Sue.

SUE
Pues claro, es mi deber.

PLANO CORTO de Leith junto a la cama cuidando de Mary.

SUE (fuera de campo)
Yo lo haré.

Aparece en plano Sue. Leith se levanta, y mientras Sue se coloca junto a la cama, él se adelanta.

LEITH
¿Cómo es que tu hermano no se ha dado prisa en traer esos medicamentos?

FUNDIDO EN NEGRO

EXT. MANSIÓN DE LOS CISNES
PRIMER PLANO de la aldaba de una puerta.

La mano de Jimmy coge la aldaba y golpea con ella la puerta. TRAVELLING DE ALEJAMIENTO hasta PLANO CORTO de Jimmy. Vuelve a golpear, y después de unos instantes, Sue abre la puerta.

SUE
Oh, hola.

JIMMY
Hola.

SUE
Entre.

Jimmy entra en la casa.

FUNDIDO ENCADENADO

INT. MANSIÓN DE LOS CISNES
PLANO GENERAL CORTO

La CÁMARA se mueve siguiendo a Jimmy y a Sue mientras se dirigen hacia la escalera y comienzan a subir.

JIMMY
Dios santo, pensé que nunca encontraría este lugar. Traje estos medicamentos... Su hermano no estaba dispuesto a arriesgar su salud, pero en cualquier caso aquí estoy yo. ¿Y Leith?

SUE
Arriba. Lady Fielding está aquí, enferma por culpa de la epidemia.

JIMMY
(se detiene asombrado)
¡Qué demonios está usted diciendo!

Continúan escaleras arriba.

FUNDIDO ENCADENADO

EXT. PUERTA DEL DORMITORIO
PLANO CORTO

Sue abre la puerta y entra con Jimmy en la habitación.

PRIMER PLANO de Leith mirando el termómetro.

LEITH
Hola, Jimmy.

PLANO MEDIO Al fondo, Jimmy y Sue. Leith se encuentra en primer plano junto a la cama donde yace Mary.

JIMMY
He traído los medicamentos.

LEITH
Bien.

(dirigiéndose a Sue)

Trae agua caliente.

Sue sale y cierra la puerta.

PLANO MEDIO Leith, al fondo, está junto a la cama con Mary. Jimmy se acerca hasta él. Leith coge el paquete de medicamentos y lo abre.

JIMMY
¿Cómo está?

LEITH
Mal.

JIMMY
¿Existe alguna posibilidad de que recobre la salud?

LEITH
No lo sé.

JIMMY
¿Ha avisado a los de abajo?

PLANO CORTO de Leith y Jimmy. Leith está abriendo los medicamentos y manipulándolos.

LEITH
¿A quién?

JIMMY
A su amiga la señora Bayham y a su marido.

LEITH
No.

JIMMY
Si está tan mal quizá debería hacerlo. Iré yo si usted quiere.

LEITH
No, prefiero que se quede. La sirvienta ha huido. Aquí no hay nadie más que Susan... y a ella la necesito a mi lado en todo momento. Pronto la fiebre alcanzará su punto más álgido.

PRIMER PLANO de Leith buscando un instrumento para inyectar el suero.

FUNDIDO EN NEGRO

FUNDIDO DE APERTURA

INT. SALA.
PLANO CORTO de Jimmy. La Marquesa se acerca hasta él.

MARQUESA
¿Dónde está Manuela?

JIMMY
Se marchó hace tres días, señora.

MARQUESA
Ah, sí. Lo había olvidado.

JIMMY
Y lo dejó todo en perfecto estado. Debería ver la cocina... está hecha un asco. Estoy haciendo lo que puedo por limpiarla y dejarla en condiciones.

MARQUESA
Usted, un invitado ¿degradándose de ese modo?

JIMMY
Ah no, el trabajo duro no degrada a nadie, ni a la familia más elegante de esta tierra.

MARQUESA
¿Pertenece usted a una buena familia, *senor*?

JIMMY
Soy descendiente de los reyes de Irlanda.

MARQUESA
(impresionada)
¡De reyes!

JIMMY
Bueno no quiero mentirle, los Vorcorans [sic] son poca cosa, pero un irlandés es siempre un caballero independientemente de cuál sea su origen.

MARQUESA
Ay, Ay... Usted es un caballero... Se ve en esa cara tan fea y valiente que usted tiene. ¿Dónde está el *senor* guapo?

JIMMY
Está arriba junto a la dama que se encuentra enferma.

MARQUESA
¿No está mejor?

JIMMY
Peor, señora, peor.

INT. DORMITORIO
PRIMER PLANO de Mary con un termómetro en la boca. Su cabeza se mueve de un lado para otro sin parar. Aparece en plano la mano de Leith que coge el termómetro y la CÁMARA se mueve hacia PRIMER PLANO de Leith mirando el termómetro. Con gesto preocupado, apoya su cabeza en su mano.

INT. ESCALERA
PLANO MEDIO

Sue baja la escalera, con expresión fatigada, portando una bandeja en sus manos. La CÁMARA se mueve hacia atrás siguiéndola hasta la mesa donde está Jimmy encendiendo unas velas.

SUE
No ha comido nada. No puedo obligarlo.

LA CÁMARA se mueve hasta un PLANO CORTO de ambos.

JIMMY
Pobre hombre, está como aturdido, y usted, usted misma parece cansada.

SUE
Oh, yo estoy bien.

JIMMY
Porque no entra y toma algo de sopa.

SUE
No, yo... yo no puedo... tengo que volver.

JIMMY
Venga ya... tómese un respiro durante un minuto.

PRIMER PLANO de Sue.

SUE
(cansinamente)
Ella está peor... delira... desvaría acerca de un jardín, de las flores de fresia y de él.

PRIMER PLANO de Jimmy.

JIMMY
Tómeselo con calma, lo está haciendo lo mejor posible.

PRIMER PLANO de Sue.

SUE
¿Lo mejor posible?

JIMMY (fuera de campo)
Sí.

SUE
Por supuesto que estoy haciendo lo mejor posible. Estoy luchando... luchando con él para salvarla. Pero no se da usted cuenta... no se da cuenta de que lo amo... no quiero que se cure.

PLANO CORTO de ambos.

JIMMY
Vamos, vamos, en estos momentos está usted trastornada por no haber dormido.

SUE
Bueno, usted ahora ya lo sabe. Al menos le he contado a alguien quien soy en realidad.

Sue se vuelve fatigosamente y se dirige al fondo de la escena, hacia la escalera. Jimmy la sigue con la mirada.

PRIMER PLANO de Sue subiendo por la escalera. De pronto se detiene. Alguien toca a la puerta.

PLANO MEDIO

Al fondo está Sue en la escalera. Jimmy, en primer plano, se vuelve al oir tocar la puerta de forma impaciente.

EXT. MANSIÓN DE LOS CISNES
PLANO CORTO de la puerta. Fielding está golpeando la puerta impacientemente. Jimmy abre la puerta.

FIELDING
Soy Fielding.

INT. MANSIÓN DE LOS CISNES
PRIMER PLANO de Sue en la escalera. En su rostro aparece una sonrisa triunfante.

PLANO LARGO. Sue está al fondo en la escalera. En primer plano se ve entrar a Fielding que camina hacia Sue. Jimmy aparece en escena siguiendo a Fielding.

FIELDING
Mi esposa se encuentra aquí. ¿Dónde está?

Fielding comienza a subir la escalera.

EXT. DORMITORIO
PLANO MEDIO

Fielding abre la puerta y entra en el dormitorio. Al fondo, Leith se encuentra sentado junto a la cama donde descansa Mary.

PLANO CORTO de Leith sentado junto a la cama. Mira hacia arriba.

LEITH
¿Quién es usted?

PLANO CORTO de Fielding.

FIELDING
Fielding.

LA CÁMARA sigue a Fielding mientras se acerca a la cama. Cuando está junto a ella mira a Mary.

PRIMER PLANO de Mary que, con los ojos cerrados, yace silenciosamente sobre la cama.

PRIMER PLANO de Leith.

FIELDING (fuera de campo)
¿Es usted Leith?

LEITH
Sí, soy yo.

PLANO MEDIO de todos.

FIELDING
Tengo que sacarla de aquí.

LEITH
No, no, no puede ser trasladada.

FIELDING
Bueno, creo que soy yo quien debe decidirlo.

PRIMER PLANO de Leith.

LEITH
¿No se da cuenta de la gravedad de su estado?

PRIMER PLANO de Fielding.

FIELDING
Tengo un coche cubierto. Todo irá bien.

PRIMER PLANO de Leith.

LEITH
¿Todo irá bien? Probablemente ella morirá.

PLANO MEDIO de todos los personajes.

FIELDING
En cualquier caso, esa es mi responsabilidad.

Leith furioso da la vuelta a la cama hasta donde se encuentra Fielding.

LEITH
Usted no sabe lo que está haciendo. Yo soy médico.

FIELDING
Un médico muy conocido.

PRIMER PLANO de ambos.

FIELDING
Pero difícilmente el tipo de médico que yo dejaría que atendiese a mi esposa.

Por un momento Leith se siente injuriado, pero rápidamente recobra su determinación.

LEITH
No importa... ella no se moverá de aquí.

FIELDING
Y usted va a impedírmelo... un curandero.

Fielding se va.

PLANO MEDIO de Leith junto a la cama. Fielding que se marcha tropieza con Sue que está entrando en la habitación. Él se vuelve y le dirige la palabra a Leith que está al fondo de la escena.

FIELDING
Tal vez.

PLANO MEDIO. CONTRAPLANO. Leith en primer plano junto a la cama. Sue y Fielding al fondo.

FIELDING

Usted pueda aclararme algo. ¿Por qué ella vino hasta aquí?

Leith se encamina hacia Fielding.

PLANO CORTO de Fielding. Leith entra en plano.

LEITH

Ella vino... bueno estaba enferma, deliraba... Me cuesta creer que ella supiera hacia donde se encaminaba o por qué.

FIELDING

Eso es mentira.

LEITH

Bueno si consigue sobrevivir quizá ella misma podrá contestarle.

PLANO MEDIO de todos los personajes. Fielding sale. Leith vuelve a la habitación y cierra la puerta tras de sí.

INT. SALÓN
PLANO AMERICANO

Jimmy se encuentra al fondo sentado junto a una mesa. Fielding baja las escaleras y se marcha. Jimmy le sigue con la mirada.

INT. DORMITORIO
PLANO MEDIO

Leith y Sue junto a la cama de Mary.

PRIMER PLANO de Leith sentado junto a la cama.

LEITH

Se está debilitando... apenas tiene pulso. Tráeme el suero.

PRIMER PLANO de Sue.

SUE

Será mejor que no le inyecte más esa cosa.

PLANO CORTO de los tres. Leith, con toda la razón, le grita a Sue.

LEITH
¿Es que no me has oído? ¡Suero!

Sue, protestando, comienza a preparar el suero mientras Leith, impaciente, da chasquidos con sus dedos para que se dé prisa.

SUE
Pero si no funciona volverán a hacerle responsable como la última vez. Lo acusarán de...

PRIMER PLANO de Leith mientras le quita a Sue, que está fuera de plano, la aguja hipodérmica.

LEITH
...haberla matado.

PLANO CORTO de Sue y de Leith. Leith y Sue preparan el brazo de Mary para poder inyectarle el suero.

PRIMER PLANO de Leith y de Sue. Le inyectan el suero. Cansado, Leith apoya la cabeza en su mano.

SUE
Tendría que dormir un poco... es necesario, por amor de Dios. Aunque sólo sea esta noche, por favor.

LEITH
Sabe que no habrá más noches.

SUE
Pero ha hecho todo lo posible por salvarla.

LEITH
Y he fallado. Ahora ya nada importa.

INT. VESTÍBULO
TRAVELLING

La Marquesa atraviesa el vestíbulo y abre la puerta del dormitorio donde están Leith, Sue y Mary.

MARQUESA
¡Madre de Dios!

PRIMER PLANO de Mary.

```
MARQUESA (fuera de campo)
¡Y tan joven!
```

PLANO MEDIO de todos.

MARQUESA
Lo siento, *senor*.

Para confortarlo, la Marquesa le da a Leith una palmadita en el brazo.

PRIMER PLANO de Leith observando atentamente a Mary.

```
LEITH
¡Miren!
```

PRIMER PLANO de Mary. Su rostro comienza a sudar.

PRIMER PLANO de Leith. La CÁMARA lo sigue para incluir a Mary en el momento en el que él se arrodilla junto a ella.

PRIMER PLANO de Mary abriendo los ojos.

```
MARY
Hola.
```

PLANO CORTO de Leith arrodillado junto a Mary.

```
LEITH
Hola.

MARY
Me siento fatigada.

LEITH
Entonces duerme, duerme.
```

Mary cierra los ojos y duerme.

PLANO MEDIO de Leith, Mary, Sue y la Marquesa. Él se levanta lleno de felicidad.

```
LEITH
¡Han visto, la hemos salvado!
```

PRIMER PLANO de Leith y de Sue.

SUE
Sí... nosotros. Pero usted debe descansar un poco.

PLANO MEDIO de todos. Leith rodea la cama y la CÁMARA lo sigue hasta la puerta.

CORTINILLA

INT. ESCALERA
PLANO MEDIO

Leith, con expresión fatigada, baja las escaleras y sale.

FUNDIDO EN NEGRO

FUNDIDO DE APERTURA
PLANO MEDIO de un molino girando al amanecer.

CORTINILLA

PLANO MEDIO de un campesino arando el campo con un camello.

CORTINILLA

EXT. JARDÍN
PLANO CORTO

Leith está dormido en el banco donde él y Mary habían hablado anteriormente. Se despierta con mejor aspecto, ve su sombrero y el de Mary. Los recoge. La CÁMARA lo sigue mientras atraviesa el sendero del jardín.

CORTINILLA

INT. DORMITORIO
PLANO MEDIO

Leith entra y se queda en el umbral de la puerta. PANORÁMICA hacia la cama vacía y de vuelta sobre Leith.

LEITH
¡Susan! ¡Susan!

PLANO CORTO

Leith se encuentra al fondo de la habitación. Sue entra en primer plano.

LEITH
¡Susan! ¿Dónde está Mary?

SUE
Bueno, vino su marido.

LEITH
¿Cuándo?

SUE
Bueno... esta mañana... temprano.

PRIMER PLANO de Leith completamente angustiado.

LEITH
¿Y permitió que se la llevara?

SUE (fuera de campo)
Bueno... él insistió.

LEITH
Debería haberme llamado.

SUE (fuera de campo)
Bueno... me dijo que no le molestase.

LEITH
¡Le dijo eso!

PRIMER PLANO de Sue.

SUE
Bueno... Él tenía derecho... es su marido.

LEITH (fuera de campo)
Aún a riesgo de la vida de su esposa.

SUE
No, vino en un coche cubierto.

PLANO CORTO de ambos.

SUE
La Sra. Bayham estaba con él.

LEITH
Es igual, debería haberlo impedido... debería haberme llamado.

SUE
No pensé que...

LEITH
No pensó... no pensó... ha infringido su deber como enfermera... ¡eso es lo que ha hecho!

SUE
Oh, lo siento...

LEITH
Usted lo siente...

SUE
Bueno, usted también violó sus obligaciones como médico.

LEITH
¿Qué quiere decir? ¿Cuándo?

SUE
No permitiendo que su marido se enterase... abandonando a todas aquellas personas del pueblo. Ellas también estaban enfermas, estaban muriendo... pero usted estaba aquí con ella constantemente, día y noche. ¿Es que eso no importaba?

LEITH
No... nada importaba.

SUE
Nada excepto el amor. Bueno ese es el motivo de que...

PRIMER PLANO de Sue.

SUE

...me haya quedado, porque no soportaba que usted la tocase, la razón de por qué en algunas ocasiones rezaba para que ella muriera...

PRIMER PLANO de ambos. Leith se detiene su ir y venir por la habitación, y mira a Sue con perplejidad.

SUE

... por eso no lo avisé... quería que ella se fuera de aquí.

LEITH

¡Está loca!

SUE

Sí, lo sé, soy una persona horrible y detestable. El amor nos transforma en seres horribles.

LEITH

No es cierto... no siempre ocurre así.

SUE

Ciegos y egoístas...

LEITH

No lo sabía... no lo comprendí.

SUE

Mejor que no. Usted sólo reparaba en mí para darme órdenes.

LEITH

Lo siento... lo siento de veras.

SUE

Usted no puede hacer ya nada.

PRIMER PLANO de Sue.

SUE
Pero pensé cuando vinimos aquí a trabajar juntos que yo podría... o que usted podría... yo... yo pensé que las cosas podrían ser distintas.

PRIMER PLANO de Leith.

SUE (fuera de campo)
Y entonces apareció ella.

LEITH
Nada podía haber sido diferente.

PRIMER PLANO de Sue.

SUE
No, supongo que no. Usted la ama y la tendrá. Usted la arrancará de los brazos de su marido sin importarle el dolor y el sufrimiento que eso causará. Y eso es el amor.

PRIMER PLANO de Leith.

SUE (fuera de campo)
Eso tan... tan horrible que todos deseamos...

LEITH
¡Susan!

PLANO CORTO de ambos.

SUE
Vaya... váyase con ella... tómela... supongo que yo haría lo mismo.

Leith se dirige hacia la puerta.

FUNDIDO EN NEGRO

FUNDIDO DE APERTURA

INT. CABAÑA
PLANO MEDIO

Los enfermos se encuentran ahora descansando sobre camas limpias. Jimmy y Leith están junto a una de las camas donde yace una mujer. Le dan de beber agua.

MUJER
Gracias, señor.

Leith coge la botella y la CÁMARA lo sigue mientras se dirige hacia la siguiente cama donde está acostado un niño pequeño. Jimmy, que lo ha seguido, entra en plano.

LEITH
Bueno muchacho, tienes mejor aspecto.

Vierte un poco de agua en un vaso para el niño.

LEITH
Y ahora un poco de agua.

Leith le acerca el vaso a la boca.

PLANO CORTO de Leith, Jimmy y el niño. El niño termina de beber y acaricia cariñosamente la cara de Leith.

JIMMY
También ha conseguido salvarlo. Su pócima funciona como si fuera un hechizo.

LEITH
Siempre supe que funcionaría si se le daba una oportunidad. En un par de semanas todo esto habrá terminado y nos podremos ir de aquí.

JIMMY
Y podré regresar junto a la anciana de la colina. Me pidió que me quedase de forma permanente.

LEITH
Podría haber sido peor.

JIMMY
Esa Mansión de los cisnes es como un pequeño reino. Y vaya vida para un caballero.

LEITH
Usted se convertirá en Don Corcoran.

Leith, en un gesto amistoso, aprieta el brazo de Jimmy.

CORTINILLA

EXT. CALLE
PLANO MEDIO

Actividad general. Leith entra en escena y la CÁMARA lo sigue en su recorrido por la calle.

INT. BALCÓN
PRIMER PLANO de Daisy. Ve pasar, fuera de plano, a Leith y lo llama.

DAISY
Hola...

PLANO MEDIO

En primer plano, sobre el balcón, se encuentra Daisy. Al fondo, en la calle, Leith se para y mira hacia arriba.

DAISY
Pero si se trata de nuestro héroe en persona.

LEITH
Hola, ¿cómo está usted?

DAISY
Entre.

LEITH
De acuerdo.

Daisy entra en el hotel.

EXT. HOTEL
PLANO MEDIO de Leith entrando en el hotel.

CORTINILLA

INT. HOTEL
PLANO CORTO de Leith y Daisy sentados junto una mesa.

DAISY
Se ha convertido en un maldito héroe. Aquí abajo no se habla de otra cosa... el Doctor Milagro.

LEITH
Le aseguro que no hago milagros.

PRIMER PLANO de Daisy

DAISY
En una semana no hemos vuelto a tener otro caso.

LEITH (fuera de campo)
Eso es cierto, ni uno sólo.

DAISY
¿Admitirá que usted ha visto ungida su cabeza por la Providencia?

PLANO CORTO de ambos. Leith, riendo, se rasca la cabeza.

LEITH
Pero, ¿no fue una silla?

DAISY
¿Qué más da? Hizo que usted perdiese aquel barco.

LEITH
Ah, pero no va a hacer que pierda el siguiente.

Leith se levanta.

DAISY
¿Pero qué prisa tiene? Siéntese... tómese un trago.

LEITH
Oh no, no puedo... gracias. Por cierto, Jimmy Corcoran le manda recuerdos.

PRIMER PLANO de Daisy.

DAISY
¿En serio? Ese farsante.

Ella se levanta y la CÁMARA la sigue hasta incluir en plano a Leith en el momento en que ella le estrecha su mano.

DAISY
Bueno pues adiós, doctor.

LEITH
Adiós.

DAISY
Sinceramente, en un primer momento no esperaba mucho de usted, pero ahora creo que usted es un ser humano, y eso es lo que cuenta.

PLANO CORTO de ambos.

LEITH
Gracias. Adiós.

DAISY
Adiós.

Leith sale.

ROBERT (fuera de campo)
(cantando)
You can make the pathway bright...

EXT. CALLE
PLANO MEDIO
Desde el interior de la misión, a través de una ventana, vemos salir a Leith a la calle que se detiene, escucha durante unos instantes a Robert cantando y se acerca a la ventana.

ROBERT (fuera de campo)
Fill you soul with heaven's light
If there's sunshine in you heart
Turning darkness into day
As the shadows fly away

INT. MISIÓN
PLANO CORTO
Sue está tocando en un órgano portátil. Robert está junto a ella cantando.

ROBERT
(cantando)
If there's sunshine in your heart today
If there's sunshine in...

PRIMER PLANO de dos mujeres nativas.

ROBERT (fuera de campo)
(cantando)
...your heart.

PRIMER PLANO de dos hombres nativos.

ROBERT (fuera de campo)
you can send the shining ray.

EXT. MISIÓN
PLANO MEDIO de Leith de pie junto a la ventana mirando al interior.

ROBERT (fuera de campo)
That will turn the night to day.

Leith mira fuera de plano. PANORÁMICA hasta PLANO CORTO de un hombre pintando un letrero sobre la pared donde se puede leer lo siguiente: CENTRO DE BENEFICENCIA-DIRECTOR, ROBERT TRANTER.

LA CÁMARA se mueve hacia PRIMER PLANO de la mano del pintor terminando su trabajo.

ROBERT (fuera de campo)
and your cares will all depart.
If there's sunshine in your heart today.

CORTINILLA

INT. HOTEL
PLANO MEDIO del vestíbulo. Un botones, seguido por Leith, entra en escena. El botones señala algo fuera de plano y se va. La CÁMARA sigue a Leith mientras cruza el patio hacia el lugar donde se encuentra Elissa sentada junto a una mesa.

LEITH
¿Cómo está usted, señora Baynham?

ELISSA
¿Y usted? Ha venido a ver a Mary.

LEITH
¿Qué tal se encuentra?

ELISSA
Maravillosamente. Le diré que usted está aquí.

LEITH
No, no, no por favor no lo haga. Sólo quería asegurarme de que se encontraba bien. Yo... yo regreso a Inglaterra. ¿Podría decírselo, por favor?

ELISSA
Claro que sí, pero...

LEITH
Ella lo entenderá. Adiós.

Leith se vuelve, dejando tras de sí a Elissa perpleja. Ella se encoje de hombros y comienza a subir la escalera que conduce a la galería.

INT. VENTANA DE LA GALERÍA

La ventana está abierta, Mary aparece nerviosa, mirando fuera de plano.

INT. PATIO

Leith sale a la calle desde el patio.

INT. GALERÍA
PLANO MEDIO

Mary apoyada en la baranda de la galería ve salir a Leith. Se dirige hacia la escalera, mientras con una PANORÁMICA la cámara la sigue hasta encontrarse con Elissa que acaba de subir a la primera planta.

MARY
Elissa, ¡ese era el doctor Leith!

ELISSA
Sí.

MARY
¿Por qué no me avisaste?

ELISSA
No hubiera esperado. Me ha dicho que te dijera que regresaba a Inglaterra.

PRIMER PLANO de Mary

MARY
¡Inglaterra!

PLANO MEDIO de Mary y Elissa. Elissa coge a Mary una de sus manos y la consuela

ELISSA
Sí
(observando la total perplejidad de Mary)
...es mejor así.

PRIMER PLANO de Mary

MARY
(angustiada y sin resignarse)
No... no puede ser. No lo permitiré.

PLANO MEDIO de Elissa y Mary. PANORÁMICA mientras abrazadas se retiran a sus aposentos.

FUNDIDO

EXT. DESEMBARCADERO

El Aureola acaba de atracar en el puerto de Liverpool.

PLANO CORTO

La pasarela para desembarcar está siendo colocada.

CORTINILLA

EXT. CUBIERTA DEL BARCO
PRIMER PLANO de Leith leyendo el periódico con expresión satisfecha.

PLANO MEDIO

Ismay en primer plano. Al fondo se ven los pasajeros desembarcando del Aureola.

EXT. CUBIERTA DEL BARCO
PLANO CORTO

Leith camina a lo largo de la cubierta buscando con la mirada a Ismay. Lo ve y lo saluda.

PRIMER PLANO de Ismay saludando.

EXT. PASARELA DE EMBARQUE
PLANO MEDIO

El pasaje continúa desembarcando. Leith aparece en plano y sigue a los demás. La CÁMARA lo sigue en su descenso por la pasarela hasta encontrarse con Ismay.

LEITH
¡Ismay!

ISMAY
Harvey...

PLANO CORTO de ambos.

ISMAY
¡Bienvenido!

LEITH
Gracias.

ISMAY
Eres un hombre nuevo, pero también famoso... mira la Sociedad Médica se dispone a recibirte con todos los honores.

Le muestra a Leith el periódico.

LEITH
Lo único que deseo es trabajar.

ISMAY
Tendrás muchas ofertas después de lo que hiciste allá fuera. Pero eso no es todo lo que tú quieres.

Ismay saca un telegrama de su bolsillo y se lo entrega. Leith lo abre y lo lee.

INSERTO DEL TELEGRAMA

...ME TOMO LA LIBERTAD DE PEDIRLE QUE LE TRASMITA UN MENSAJE PARA EL DR. LEITH. POR FAVOR DÍGALE QUE ME HE ENTERADO DEL HOMENAJE QUE LE VA A RENDIR LA SOCIEDAD MÉDICA Y QUE ME ALEGRO POR ÉL.

MARY FIELDING

PRIMER PLANO de Leith que sonríe.

ISMAY
Sabía que lograrías juntar todos los pedazos.

LEITH
Están todos juntos de nuevo.

PRIMER PLANO de ambos.

LEITH
pero me temo que no fui yo quien lo hizo. Fue...

PLANO CORTO de ambos.

LEITH
...gracias a Gran Canaria.

Leith y Ismay se van. La CÁMARA traza una PANORÁMICA hasta la bodega del barco. En ese momento un hombre coloca una caja voluminosa. Impresas en uno de sus lados se pueden leer las siguientes palabras: PROCEDENTE DE GRAN CANARIA. Otro hombre coge la caja la coloca sobre una carretilla y la CÁMARA la sigue mientras es trasladada hasta la entrada. Al fondo del plano se ve como Leith e Ismay toman un taxi. Entonces el hombre que lleva la caja le da la vuelta y en esa cara se puede leer: **THE END.**